ベーシック建築材料

野口貴文＋今本啓一＋兼松学＋小山明男＋田村雅紀＋馬場英実・著

彰国社

装丁・デザイン　柳忠行

はじめに

　建築家を目指す——それは，建築を学び始めた人の誰もが抱いていることであろう。

　しかし，建築物の形態をデザインするだけの建築家であってはいけない。人間が生活を営み，仕事を行う空間を線で描いただけで，設計を終わらせてはいけない。

　大量生産・大量消費を美徳とした20世紀。その負の遺産に対する反省から，工学が提供すべきものは物質ではなくサービスではないかと，ここ数年問いかけられている。すなわち，物質を生産する工学からサービスを提供する工学へのパラダイムシフトが叫ばれている。

　そのようなとき，建築界からは，形態主義や機能主義の時代から素材主義の時代へと移ろうとする兆しを感じとることができるようになってきた。しかし，決して間違えてはならない。素材主義と物質文明とは似て非なるものなのである。実際の建築物をつくるには，建築材料という物質は必要不可欠である。ありきたりの工業製品ではなく，その地で手に入れられる素材に着目し，使い手の意志に沿うべく建築物を構築していこうとする建築家が現れてきた。カタログから建築材料や建築製品を選択する時代から，新たな素材を自らの手で発掘したり，旧来の素材に新しい息吹を吹き込んだりと，従来とは異なる素材の使い方を考え，新たな建築の構築を模索しようとする時代が到来しつつある。建築物を構成している物質は多種多様であるが，われわれが手に取り，目で見て確かめることのできる建築の最小構成単位，それが素材なのである。素材を使いこなし，名建築へと仕上げていくためには，素材の属性・特性を熟知しておく必要がある。時代の潮流にただ翻弄され，基礎知識もなく闇雲に素材の斬新な使い方を追い求めても，満足のいく建築は得られない。

　本書は，一から建築を学ぼうとする学生が，建築の素材にこだわり使いこなしていくために知っておいてほしい基本事項について解説した教科書であり，素材のサイエンスから建築のデザインへと発展していくように構成されている。建築材料としての開発・利用の歴史に始まり，素材の属性・特性，建築材料の製造・施工方法および利用方法に至るまでわかりやすく解説がなされており，さらに，特徴的な適用がなされた建築物の紹介がなされている。「ベーシック建築材料」というタイトルを付けてはいるが，決して平易な文章表現に終始しているわけではない。深く読み込み理解してほしい箇所もある。実務者にとっても，建築材料を原点に立ち戻って勉強してみようと思った場合に，役立つ情報が提供されていると思う。

　本書が，素材の面白さ・大切さを知るきっかけとなれば，幸いである。

2010年3月

野口貴文

目 次

はじめに 3
序　建築材料とは何か 6

素材から建築へ

1 ｜ スチール　越後松之山「森の学校」キョロロ 13
2 ｜ ステンレス　東京カテドラル聖マリア大聖堂 14
3 ｜ アルミニウム　ウォーカー・アート・センター増築 15
4 ｜ チタン　ビルバオ・グッゲンハイム美術館 16
5 ｜ 石　佐川美術館　樂吉左衞門館 17
6 ｜ 土　マリ共和国ジェンネの泥のモスク 18
7 ｜ コンクリート　ブルーダー・クラウス・フィールド・チャペル 19
8 ｜ セメント系材料　まつもと市民芸術館 20
9 ｜ れんが　世界平和記念聖堂 21
10 ｜ タイル　武庫川女子大学 甲子園会館（旧甲子園ホテル） 22
11 ｜ ガラス　ウィーン郵便貯金局 23
12 ｜ 石膏　日本生命日比谷ビル 24
13 ｜ 木　旧イタリア大使館夏期別荘 25
14 ｜ 木質材料　牧野富太郎記念館 26
15 ｜ 和紙とカヤ　高柳町 陽の楽家 27
16 ｜ プラスチック系　北京国家游泳中心（水立方） 28

I　メタル素材

メタル素材とは 30
1 ｜ **スチール** 31
2 ｜ **ステンレス** 43
3 ｜ **アルミニウム** 47
4 ｜ **銅・チタン・亜鉛** 53
　　［銅］ 53
　　［チタン］ 56
　　［亜鉛］ 57

II　セラミック素材

セラミック素材とは 60
5 ｜ **石** 61
6 ｜ **土** 69

7	コンクリート	75
8	セメント系材料	87
	[ALC]	87
	[繊維強化セメント系パネル]	90
9	れんが・瓦	97
	[れんが]	97
	[瓦]	100
10	タイル	105
11	ガラス	113
12	石膏・漆喰	121
	[石膏]	121
	[漆喰]	124

III 高分子素材

	高分子素材とは	128
13	木材	129
14	木質材料	141
15	植物材料	149
	[カヤ・ワラ]	149
	[イグサ]	151
	[竹]	154
	[紙]	157
16	プラスチック系材料	161

索引 ……… 175

COLUMN

金属の変形と応力	42	れんがとモジュール	104
不動態皮膜	46	タイルの落ちるメカニズム	112
環境性能とアルミニウム	52	ガラスはなぜ透明か	120
異なる金属を重ねるとどうなるか	58	カーボン・ニュートラル	126
石と宝石とその色	68	木造と耐火性能	140
土壁は呼吸する	74	木材・木質材料はなぜ水に弱いか	148
摩天楼の構造材料	86	茶室と自然素材	160
石綿の功と罪	96	化学結合と結晶構造	174

●写真撮影
畑拓（彰国社）：p.14, 17, 20, 21, 22, 27, 31, 43, 47, 61, 69, 70, 87, 97, 105, 113, 129, 141, 149, 161
彰国社写真部：p.13, 24, 25, 26, 100, 121

序　建築材料とは何か

◎**建築物は地域性が豊かで，建築材料も地域特有のものだった**

　建築材料は，人間が生活を営むうえで必須の基本的要素である「衣食住」の住を構成する物質である。

　旧石器時代に出現し，新石器時代に盛んにつくられた日本の竪穴住居では，柱や梁は木材からなり，アシ・カヤなどの茎や草で屋根が葺かれていた。また，掘り下げた土間の床には草やワラなどを編んだむしろ状の敷物や動物の毛皮が敷かれており，壁には崩れてこないように板材などが張られていたと考えられている。

　当時の建築材料は，人工的な精錬・焼成・合成などが施されていない天然の有機材料であった。そのため，建築物も小規模な住宅に限られていた。世界四大文明に代表されるように，人類の文明獲得に伴い，建築材料として人工材料が用いられるようになった。石灰を原料とするコンクリート製の床がつくられたり，切り出した岩石を精巧に積み上げるのに石膏を原料とする目地材が用いられたり，壁を構築するのに日干しれんがが使用されたりというように，人工的に製造された一定の強さを有する無機材料が建築物の各所で利用された。また，青銅の屋根が葺かれたりするなど，展延性を有する延性的な金属材料も建築材料として利用され始めた。それに伴って，エジプト文明におけるピラミッドやローマ時代のコンクリート建造物などに代表される大規模な建築物が出現する。

　世界の気候は，気温については熱帯から寒帯まで，湿度については乾燥から湿潤までというように，地域によって千差万別の違いがある。気候の違いによって生育する植物は異なり，地質に応じて存在する鉱物資源は異なる。このような気候・生態系・鉱物資源など環境の異なるさまざまな地域で人間は生活を営んでいる。環境は異なっても，人間が暮らしていくためには建築物には共通した性能が求められるため，各地域の気候に適応するように，それぞれの地域で産する建築材料を用いて建築物はつくられてきた。

　また，文化や宗教の違いによっても，異なる様式の建築物がつくられ，異なる建築材料が使用されてきた。このように，本来，建築物は地域特性が豊かなものであり，建築材料も地域特有のものが多かった。しかしながら，18世紀半ばに起こった産業革命は，物質文明の発達と工業化を促した。その結果，建築材料も，生産の効率化と高性能化・多機能化が図られるとともに，流通する範囲が格段に拡大した。特に，20世紀には，科学技術の飛躍的な進歩と機能主義・実利主義の旗印のもと，建築材料の大量生産・大量消費が繰り返されるとともに，建築物の高層化・大規模化と工期短縮が促された。これらのことは，建築物のグローバルな均質化を生じさせてしまう結果となった。

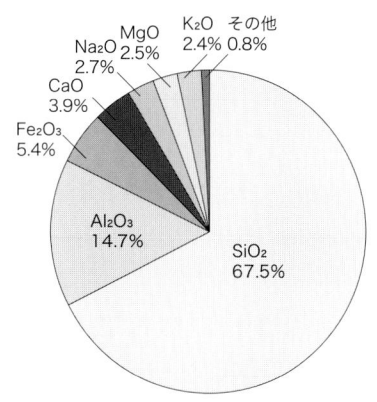

図1 日本の地殻の鉱物組成（水を除く）
Togashi,S. et al. (2000): Young upper crustal chemical composition of the orogenic Japan Arc, Geochemistry Geophysics Geosystems, Vol.1, November 27, 2000

◎建築物はさまざまな材料が組み合わされて構築されている

　日本の地殻を構成する物質（鉱物）の存在割合を**図1**に示す。人類は，地殻から鉱物資源を採掘し，精錬・焼成・合成などの化学的なプロセスと，混合・積層・圧延などの物理的なプロセスを加えて建築材料をつくり出し，それを組み合わせて建築物をつくっている。特に，都市には，鉱物資源から製造された膨大な建築材料が建築物という形で集積されている。これが，「都市鉱山」といわれる由縁である。建築材料の資源循環を考えるとき，鉱物の希少性・枯渇性への配慮は重要であり，利用可能な鉱物の存在割合を考慮しなければならない。

　建築物は，**図2**に示すようにさまざまな部位・部材から成り立っている。すなわち，建築物全体を支えて地盤に荷重を伝える基礎，人や家具・設備機器などの荷重を支える床と梁，床や梁の自重とそれらに加わる荷重を支える柱，地震時の水平力に抵抗する壁や斜材，屋外環境から不快なものが侵入するのを遮断し室内環境を保護する屋根や外壁，そして室内空間と屋外環境および室内空間同士をつなぐ開口部などが建築物を構成する部位・部材であり，さらに空調設備・給排水設備・非常用設備などが加わって，建築物は人間のための生活空間・作業空間として機能するようになる。さらに，これらの部位・部材は，目的とする機能がいかんなく発揮できるように，さまざまな材料が組み合わされて構築されている。たとえば，**図2**に示される外壁は，屋外環境にさらされる外装材，室内空間に面する内装材，外装材や内装材が取り付けられる下地材，室内と屋外との間の熱伝達を抑制する断熱材，および荷重を支えるという構造機能を有する構造材である柱から構成されている。

　また，外装材・内装材・下地材・構造材などの建築材料の中には，複数の素材でつくられているものもある。たとえば，コンクリートは骨材（砂利や砂）がセメントペーストでつなぎ合わされたものであり，合板は薄い単板（ベニア）

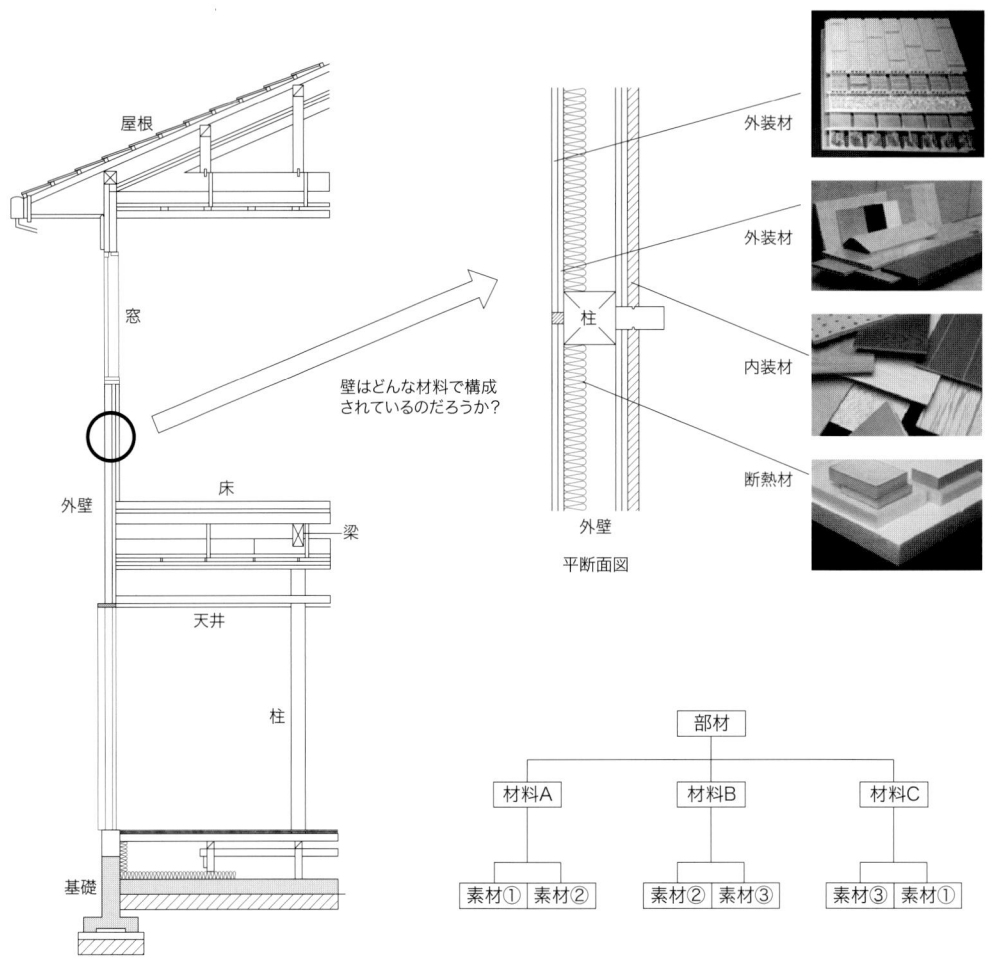

図2 建築物の部位・部材と材料

が接着剤で張り合わされたものである。したがって，複数の建築材料から構築された部位・部材の性能，ひいては建築物全体の挙動を理解するためには，それらの構成物質である建築材料の性質を理解しておかなければならない。同様に，複数の素材からつくられた建築材料の性質を理解するためには，その構成物質である素材の性質を理解しておかなければならない。

では，建築材料を構成する素材にはどんなものがあるのであろうか。**図3**の右側の部分に示すように，建築材料は，炭素を含み動植物体を構成する化合物からなる有機材料と，炭素を含まない化合物からなる無機材料とに大別でき，さらに無機材料は，特定の原子に属さない自由電子を有する金属結合で成り立つ金属材料とそれ以外の非金属材料とに分けられる。有機材料には，天然に生産された素材である木や草と，人工的に合成された高分子材料とがあるが，さらに細かく分類すると，たとえば，木には，柱・梁などの線的な架構を形成する建築材料として主に用いられる針葉樹（スギ，ヒノキ，マツなど）と，一般的に仕上げ材として用いられることの多い広葉樹（サクラ，キリ，ナラなど）

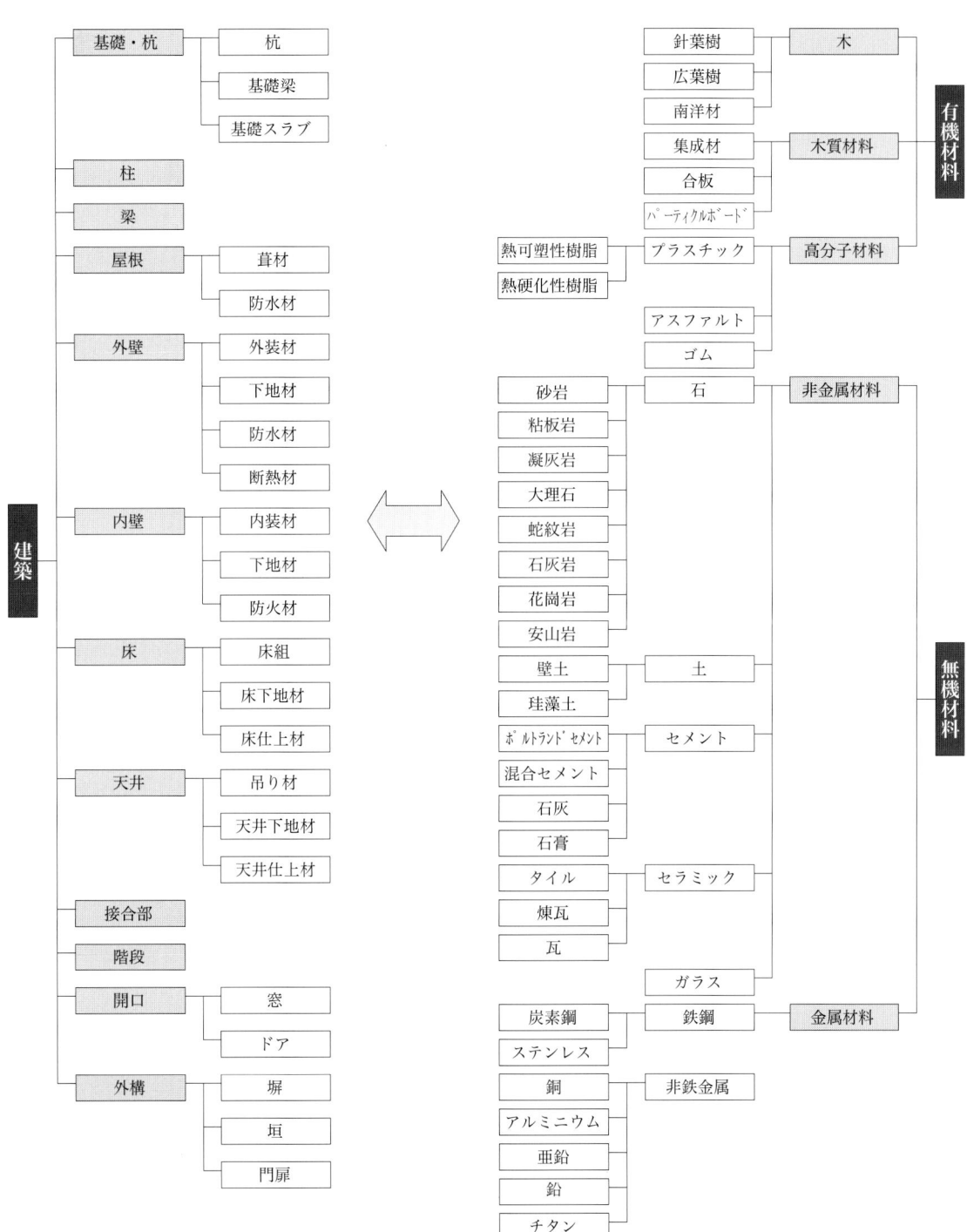

図3　建築の部位と建築材料の素材（組成分類）

表1　建築材料の用途・部位による分類と素材の例

部位＼用途	構造材	仕上材	下地材	機能材（遮断・調節）
基礎・杭	コンクリート	ー	ー	ー
柱・梁	木，コンクリート，鋼	ー	ー	ー
屋根	木，コンクリート，鋼	茅，粘土瓦，粘板岩(スレート)，金属板，アスファルト	モルタル，木板，アスファルト，土	水：アスファルト，ゴム，樹脂(シート)，ステンレス(シート) 熱：ウレタンフォーム
外壁	コンクリート，煉瓦，石，木(2×4)	モルタル，タイル，石，土，樹脂(塗料，塗膜)，漆喰(石灰)，木板，繊維強化板，金属板	モルタル，小舞竹，金網	水：樹脂(シリコン，アクリルウレタン) 熱：グラスウール，ポリスチレンフォーム，ウレタンフォーム 放射線：鉛
内壁	コンクリート，煉瓦，石，木(2×4)，ガラスブロック	木板，紙，布，樹脂(シート)，繊維強化板	合板，パーティクルボード，繊維強化板，石膏ボード	火：石膏ボード，珪酸カルシウム板，セメント繊維板 音：ロックウール，グラスウール，孔あき石膏ボード
床	木，コンクリート，鋼	モルタル，石，タイル，樹脂(シート，繊維)，ウール，木板，井草(畳)	モルタル，木板	
天井		モルタル，漆喰(石灰)，木板，紙，繊維強化板	モルタル，木板	火：石膏ボード，珪酸カルシウム板，セメント繊維板 音：ロックウール，グラスウール，孔あき石膏ボード
開口部	アルミニウム，木，鋼	ガラス	ー	熱・音：(空気層，真空層)
接合部	樹脂，ゴム，鋼(釘，ボルト)，鉛	ー	ー	ー

表2　材料・素材を理解するために必要な用語

応力（度）	材料・素材内部において単位面積当たりに作用する力の大きさ
ひずみ（度）	単位長さまたは単位体積当たりの長さまたは体積の変化量
強度	材料・素材が抵抗できる応力（度）の最大値
弾性係数	単位のひずみを生じさせるのに必要な応力
クリープ	一定の持続応力の下でひずみが時間とともに増大する現象
乾燥収縮	乾燥によって材料・素材が収縮する現象
腐食	電気化学的反応によって金属が酸化する現象
摩耗	材料・素材の表面が他の材料・素材との摩擦によって破壊され消耗していく現象
腐朽	菌によって木の成分が分解され木材が変色・変質する現象
着火点	材料・素材が酸素の存在下で燃焼を始めるときの最低温度
熱伝導率	熱の伝わりやすさを表す指標であり，材料・素材内の単位温度差がある2点間を単位面積当たり単位時間に流れる熱量
熱伝達率	材料・素材と周囲の流体との間に単位温度差があるとき，単位面積当たり単位時間に流れる熱量
線膨張率	材料・素材の単位温度上昇当たりのひずみの変化
吸水率	材料・素材が内部に吸水できる水分量を材料・素材の質量で除した値の百分率
反射率	音，光などの波が材料・素材の表面で反射されるときの入射波の強度に対する反射波の強度の割合
透過損失	遮音の程度を表す指標であり，入射音のエネルギーと透過音のエネルギーの比の常用対数を10倍したもの

表3　建築材料の機能による分類と例

区分	機能	内容	例
遮断機能	防水材料	水の浸透を防ぐ	防水シート，シーリング材
	防湿材料	水蒸気の浸入を防ぐ	ポリエチレン，塩化ビリニデン
	防火材料	火炎の侵入を防ぐ	不燃材料，難燃材料
	断熱材料	熱の移動を防ぐ	発泡プラスチック
	遮音材料	空気伝搬音の伝達を防ぐ	コンクリート，鋼板
	電磁波遮断材料	電磁波の侵入を防ぐ	鉛粒モルタル板
	免震材料	地震動の建物への入力を防ぐ	免震ゴム
	防振材料	人・機械による振動の伝搬を防ぐ	防振ゴム
	防犯材料	人の侵入を防ぐ	網入りガラス，合わせガラス
調節機能	保温材料	放熱・吸熱を防ぐ	ロックウール
	蓄熱材料	熱を蓄える	コンクリート
	吸音材料	音を吸収する	孔あき吸音板，ロックウール
	調湿材料	水蒸気を吸収・放出し，湿気を安定させる	調湿タイル，壁土
	制振材料	振動を制御する	オイルダンパー
伝達機能	透光材料	光を透過する	ガラス，アクリル板
	透湿材料	水蒸気を透過し，水・空気の移動を防ぐ	透湿防水シート
	導電材料	電気を伝える	銅板

がある。一方，非金属材料も，天然に形成された石および土と，それらを原料として，人工的に生産された無機質の反応性微粉末であるセメントと焼成によって形成されたセラミックとがある。このように，あらゆる素材が単独または複合されて建築材料となり，建築物のさまざまな部位・部材を構成している。

◎**求められる機能・性能に合わせて素材を適材適所で使う**

　上述したように，建築物を構成する柱，床，壁などの各部位・各部材はそれぞれ機能を有している。柱・梁は，主として荷重を支えるという機能を有しているだけであるが，壁，屋根，床および天井は，複数の機能を有していることが多く，これらの部位・部材では，複数の機能を達成すべく複数の建築材料が用いられることが多い。用途に応じて建築材料を分類すると，構造材，仕上げ材，下地材および機能材という4種類に分けられ，機能材には，空間同士を物理的・環境的に遮断する機能を有するものや空間の環境を調節する機能を有するものがある。**表1**は，部位と用途ごとに一般的に用いられている建築材料の素材を示しているが，素材は，その長所を活かし，短所が別の素材で補われるように，適材適所に用いる必要がある。

　素材を使いこなすためには，建築物・建築部材・建築材料に求められる機能・性能と素材の性質とを十分に理解しておく必要がある。建築部材が荷重や外力に耐え，形状を安定的に保つためには，素材の力学的性質・物理的性質（圧縮強度，引張強度，せん断強度，付着強度，弾性係数，応力ひずみ関係，クリープ係数，乾燥収縮率など）を理解しておかなければならない（**表2**）。また，建築物を長く使用していくためには，素材の劣化現象（腐食，摩耗，腐朽など）について理解し，適切な対策を施さなければならない。人間が建築物の中で安心して快適な生活を営んでいくためには，火，熱，水，空気，光，音などに対

する素材の性質（着火点，熱伝導率，熱伝達率，線膨張率，吸水率，反射率，透過損失など）を理解しておかなければならない。

　表3に示すように，建築材料に求められる機能には多様なものがあるが，設計者は求められる機能に適した素材を選択し，建築材料生産者は機能を満足する建築材料を開発・製造することが大事である。

（野口貴文）

素材から建築へ 馬場英実

素材から建築を捉える。すると，単なる性能を超えて，建築に生命力を与える素材の存在に気づかされる。本章は，素材から見た建築世界への招待状である。

1 | スチール
越後松之山「森の学校」キョロロ

◎自然のためのキャンバス

里山の豊かな自然における時の流れが，この建築の表情を育んでいる。

越後松之山「森の学校」キョロロは，里山の自然と文化の調査・研究活動，および展示などを行う研修施設である。耐候性鋼板に覆われた全長約160mのチューブが，敷地の等高線に沿うように置かれ，一方の端部は「つ」の字型に折れ曲がり，他方は立ち上がって高さ34mの展望塔となる。チューブは鉄骨をスケルトン，厚さ6mmの耐候性鋼板をスキンとしたモノコック構造である。耐候性鋼板は仕上げ材であると同時に，構造の一部としてブレースの役割を担い，鋼板同士を全溶接することで，防水層としても機能する。鋼板の表面温度は年間で80℃近く変動し，チューブが基礎に対してスライドすることで，伸縮を吸収するしくみである。目地なく連続する耐候性鋼板は，自然のための格好のキャンバスとなった。黒かった肌は雨や雪にさらされ，褐色に錆び，雨垂れの跡が美しい縦縞を描いている。

■建築概要

作品名：越後松之山「森の学校」キョロロ，設計者：手塚建築研究所＋武蔵工業大学手塚研究室＋MIAS，竣工年：2003，所在地：新潟県東頸城郡松之山町大字松口712-2，主要用途：研修施設

2 ステンレス
東京カテドラル聖マリア大聖堂

◎光り輝く曲面

外壁のしなやかな曲面が陽光を受け，光り輝いている。

東京カテドラル聖マリア大聖堂は，指名コンペに勝利した丹下健三の設計により，1964年に竣工した。8枚のHPシェルからなるボリュームは菱形状の平面形をとり，頂部で十字架をなす。外装にはステンレスが用いられ，その輝きはキリストの光を，耐久性の高さは宗教的永続性を連想させ，建築の荘厳さを高めているように感じられる。

当初，外装は直線のモールディングの間に目板を差し込むかたちで施工された。HPシェルが直線群によって曲面を構成できることを活かした，合理的ディテールといえる。浸水による下地の傷みが目立ってきたこともあり，献堂40周年となる2004年から検討を重ね，2007年に大改修工事を実施し，外壁は全面にわたり張り替えられた。既存より熱膨張係数が小さい高耐食性フェライト系ステンレスを用いた瓦棒葺きとし，原設計のイメージを維持しながら，耐候性が高められている。

■建築概要

作品名：東京カテドラル聖マリア大聖堂，設計者：丹下健三＋都市建築設計研究所，竣工年：1964，所在地：東京都文京区関口3-16-15，主要用途：宗教施設

写真撮影:Michael Abrahamson(右)
写真提供:中塚大介(左)

3 アルミニウム
ウォーカー・アート・センター増築

◎3つのテクスチュアをもつパネル

織り込まれた3つのテクスチュアが光によって浮かび上がり,重なり合う。

ウォーカー・アート・センターの増築棟は,変形されたキューブがランダムな角度で配置され,低層部のガラス・ボックスがそれらを連結する。大通りに面して片持ちで突出するキューブが印象的で,アルミのエキスパンド・メタルを箱状にしたパネルによって覆われている。

パネルはスケールの異なる3つのテクスチュアをもつ。1つ目はエキスパンド・メタルの網目。2つ目は表面のメッシュにプレス加工された,しわくちゃに丸めた紙を広げたような折り目。四辺が同断面のため,パネルを回転しても隣のパネルとパターンが連続し,全体をランダムにできる。3つ目はパネル表面と背面のメッシュの重なりによって生じるモアレ。

光の状態や見る角度により,しわくちゃのメッシュの内側にモアレが浮かび上がり,また壁面全体はパネルの反射の違いでピクセライズされる。その表情は,儚く繊細である。

■建築概要

作品名:ウォーカー・アート・センター増築(Walker Art Center Expansion),設計者:ヘルツォーク&ド・ムーロン,竣工年:2005,所在地:アメリカ合衆国ミネソタ州ミネアポリス(1750 Hennepin Ave., Minneapolis, Minnesota 55403, USA),主要用途:美術館

4 | チタン
ビルバオ・グッゲンハイム美術館

写真提供：林友斉（上下2点）

◎光輝く空想的造形

空想世界から出てきたような光り輝くボリュームが，人を惹きつけ，ワクワクさせる。

ビルバオ・グッゲンハイム美術館は，衰退した工業地域を観光業やサービス業によって再生する，総合開発計画の1つとして建設されたものである。スペイン・バスク州政府とソロモン・R・グッゲンハイム財団により，1991年に国際コンペが実施された。

金属の花とも魚とも形容される，チタンに覆われた躍動感のあるボリュームの集合体が印象的である。当初検討された鉛で被覆された銅板は，表面が有毒であるということで使用が認められなかったという。チタンは高価だが，市場価格が当時下落しており，板厚を薄くしてコストを調整したことで採用可能となった。

大地や重力から視覚的に解き放たれた造形は，空想的である。記憶の中の風景が古びてゆくことがないように，ファンタジーには経年による変化は似合わない。高い耐候性を備えたチタンの輝きが，その印象を強めている。

■建築概要

作品名：ビルバオ・グッゲンハイム美術館（Guggenheim Museum Bilbao），設計者：フランク・O・ゲーリー，竣工年：1997，所在地：スペイン ビルバオ市（Avenida Abandoibarra 2, 48001 Bilbao, BIZKAIA, Spain），主要用途：美術館

5 | 石
佐川美術館 樂吉左衞門館

◎割れ肌がつくる緊張感

足を踏み入れると,荒々しい溶岩にさらりと一枚の布を広げたような清浄な空間が広がっている。

この広間茶室「俯仰軒」は,佐川美術館の別館「樂吉左衞門館」の一部である。広間の周りには石組みの縁があり,その外側に葦の茂る水面が広がっている。石組みにはジンバブエ産の大判の黒御影石が用いられ,緻密で起伏のある割れ肌のところどころに,ドリルや矢の痕が刻まれている。石としての表情の強さを最大限引き出すため,関が原の石工,高木嗣人氏が,石それぞれに固有の目を読みながら,矢を打ち込み,手で割り開いたものだ。

石組みと畳は面一(つらいち)に納められ,その上を煤竹の天井が覆うことで,一つの床として視覚的に内部化されている。石とやわらかな畳は直接隣り合う。畳と接する石の縁は磨かれ,張りつめた美しさのある納まりである。石の割れ肌の荒々しさは,内部化されることでその迫力を増し,厳然たる自然の中に身をおくような緊張感を与えている。

■建築概要

作品名:佐川美術館 樂吉左衞門館,設計者:樂吉左衞門+竹中工務店,竣工年:2007,所在地:滋賀県守山市水保町北川2891,主要用途:美術館,茶室

6 土
マリ共和国ジェンネの泥のモスク

◎住民がその手で守るモスク

土が建築に祝祭性を与えている。

土の建造物としては世界最大級で，周囲の旧市街全体が世界遺産である。13世紀末に建設され1907年に再建されたものが現存する。急な温度変化の影響を緩和するとされるヤシ材の骨組に，日干しれんがを積み，表面に泥を塗るというスーダン様式である。約75m四方の基壇の上に，約50m四方の建物が建つ。高さは基壇が約3m，本体が約13m，中央の塔は約20mである。内部は10本の柱が9列並び，幅2mほどの廊下状の空間が交錯する。

毎年，雨季前の補修作業は宗教儀式としての側面をもち，街の人々が泥を運び，代々技術を受け継ぐ「バリ」と呼ばれる職人が，モスク全体に手で泥を塗る。泥は粘性が高く雨に強く，街の周囲を流れるバニ川のほとりの円形の貯泥場で，川の泥に米の籾殻やワラなどを混ぜ，腐るまで寝かしたものである。壁から突出した「トロン」と呼ばれる骨組の一部が足場となる。まさに住民の手が守るモスクは共同体の象徴である。

■建築概要

作品名：マリ共和国ジェンネの泥のモスク，設計者：不詳，竣工年：1907（再建），所在地：マリ共和国ジェンネ，主要用途：宗教施設

写真撮影：日暮雄一（上下2点）

7 | コンクリート
ブルーダー・クラウス・フィールド・チャペル

◎つくり手の営みが刻まれた表情

その建築のコンクリートの肌には，つくり上げた人々の手の営みが刻まれている。

ブルーダー・クラウス・フィールド・チャペルは，ドイツ・アイフェル地方の農場の中に建つ小さな礼拝堂である。設計はピーター・ズントー，施工は施主夫妻自らが，友人や職人らとともに大部分を手がけた。

円錐状に組み上げられた112本の丸太の周りに，1日に1層50cmのペースで，1年間で24層のコンクリートが打設された。川砂利に赤みのある黄色い砂と白セメントが混ぜられ，打ち継ぎ面や不均質な打設により，外壁には地層のような模様があらわれている。基壇の天端はテラゾーのように滑らかに磨かれ，全体の表情を引き締めている。

コンクリート硬化後，内部に火を入れ，丸太は3週間にわたって燻煙された。黒く炭化した内壁に刻まれた，天に伸びる無数のリブは，丸太が写し取られたものである。屋根はなく，木の洞のように静かで秘密めいた場所である。

■建築概要

作品名：ブルーダー・クラウス・フィールド・チャペル（Bruder Klaus Field Chapel），設計者：ピーター・ズントー，竣工年：2007，所在地：Wachendorf, Eifel, Germany，主要用途：礼拝堂

8 | セメント系材料
まつもと市民芸術館

◎光の粒がつくるムラ

壁面にちりばめられた光の粒が,観劇という非日常を演出する。まつもと市民芸術館は長野県松本市の中心部に立地し,オペラを上演できる大ホールなどを備える劇場である。劇場全体をやわらかな曲面で包むのは,大小さまざまのガラスが象眼されたGRCパネルによる外壁である。下地鉄骨を間に挟み,内外2枚のパネルを1組として構成されている。ガラスの配置は粗密のグラデーショナル・パターンを描き,このパターンに導かれるように,内部ではホールへと続く約200mの長い空間が展開される。変化する光の状態が,1つの連続する空間にムラをつくり出している。

全7種,最大60cmほどの大きさの手づくりガラスを並べ,周囲にGRCを流し込んだパネルは,全体を磨いて平滑に仕上げられた。またパネル素地の色の個体差は,塗装により整えられている。緻密で均質な表情をもつGRCは,意図された抽象的表現に忠実に応えられる素材といえよう。

■建築概要

作品名:まつもと市民芸術館,設計者:伊東豊雄建築設計事務所,竣工年:2004,所在地:長野県松本市深志3-10-1,主要用途:劇場

9 | れんが
世界平和記念聖堂

◎積み上げられた柔らかい陰影

   この建物の隅々までが，
  美しい精神的な労働に包まれている   村野藤吾

世界平和記念聖堂は丹下健三設計の広島平和記念資料館とともに，戦後建築初の重要文化財に指定された建築である。コンペにより日本的性格，モダン・スタイル，宗教的印象，荘厳性をもつ建築を求められたが，1等案の該当なく，審査員の1人であった村野藤吾により設計された。

外壁は露出したRCの柱梁の間に，灰色の特製れんがを積んだものである。当初計画された製鉄の副産物を利用した灰白色の鉱滓れんがは，最終的に広島の川砂を用いて現場で製作されたモルタルれんがとなった。れんがの中はくりぬかれて軽量化されている。
れんがは所々突出するように積まれ，目地は太く，モルタルが上下にはみ出すようにヘラで引っかいて仕上げられた。この表現は壁面全体に柔らかい陰影を与えるとともに，積むという手の存在を強く意識させ，ごくありふれた素材に宗教的尊さを与えているように感じられる。

■建築概要

作品名：世界平和記念聖堂，設計者：村野藤吾・近藤正志，竣工年：1954，所在地：広島市中区幟町4-29，主要用途：教会

10 タイル
武庫川女子大学 甲子園会館（旧甲子園ホテル）

◎**構成を際立たせるテクスチュア**

水平に両翼を広げ，2本の塔が立つ優雅な姿が来訪者を迎える。甲子園会館は1930年に甲子園ホテルとして誕生した。ホテルとしては短命で，戦時中は海軍病院に，戦後は米軍将校宿舎に転用されたのち，大蔵省の管理を経て，1965年に武庫川学院に譲渡された。原設計者の遠藤新はライトの愛弟子で，その作風にはライトの強い影響が感じられる。現在は竣工時の姿に修復され，学校として使われている。

両翼の緑色の瓦屋根は，周囲の松との調和が意図されている。壁面に張られたタイルは，鉄粉を混ぜて焼かれ，味わいある色むらをもつ。ボーダータイルが水平方向の目地を太くして，緻密な陰影を積層するのに対し，紋様タイルは4枚1組で織物のようなパターンをつくり，深い陰影を刻んでいる。軒飾りやレリーフは石川県小松市の日華石である。タイルや日華石は内装にも用いられ，空間の連続性を演出する。単一の材料で仕上げた要素同士が立体的に組み上げられ，そのテクスチュアの違いが建築の構成を際立たせている。

■**建築概要**

作品名：武庫川女子大学 甲子園会館（旧 甲子園ホテル），設計者：遠藤新，竣工年：1930，所在地：兵庫県西宮市戸崎町1-13，主要用途：学校

11 ガラス
ウィーン郵便貯金局

◎天井全面から降り注ぐ自然光

あふれる光が，新しい空間の装飾を紡ぎだしている。ウィーン郵便貯金局は1903年に実施されたコンペにより，37案から選ばれた，オットー・ワグナーの設計である。3層構成の立面や，左右対称の平面からは古典主義的骨格が感じられるが，新しい技術とそれを反映した装飾によって，その時代にふさわしい建築を実現しようとする意志がみなぎっている。

外壁の大理石と御影石に打ち込まれた金具は，石の薄さを暗示する装飾であり，視覚的軽さを与えている。その軽さは内部に連続し，出納ホールで頂点に達する。全面のガラス天井からの自然光が空間を満たし，ガラスブロックの床から下階へ到達する。ガラスの屋根と天井を支える鉄骨のリベットや，天井のグリッド状フレームなどの工業的要素は，リベットがついたアルミの柱脚カバーやアルミの送風口とともに，工業技術，そして充満する光のための装飾へと，その役割が拡張されている。

■建築概要

作品名：ウィーン郵便貯金局，設計者：オットー・ワグナー，竣工年：1906（第1期），1912（第2期），所在地：オーストリア ウィーン（Georg-Coch-Platz 2 1010 Vienna Austria），主要用途：事務所

12 | 石膏
日本生命日比谷ビル

◎艶やかな曲面天井

曲面で包まれた劇場はどこか海底を想わせ，構築的印象をもつ外観と対照的に，やわらかく艶やかな空間である。

日生劇場は，日本生命の創業70周年記念事業として建設された日本生命日比谷ビルの中にある。全反射音を客席と床で吸収するように天井や壁の形状が決定され，音を拡散するため，天井の材料としては硬く，曲面にできる石膏が採用された。凹凸をつくることが容易で，戦前の歴史主義建築，たとえば銀行建築の天井などに用いられた石膏は，村野にとっても馴染みの材料であった。

石膏板は薄紫色に塗装された上で，アコヤ貝が貼られている。天井はユニットに分割して製作され，ユニット間の隙間は石膏で埋められた後，カンナとペーパーで滑らかに仕上げられた。アコヤ貝の大きさに径を揃えたスピーカーと吹出し口が貝のパターンの中に配置され，くぼみには照明器具と吸音器が埋め込まれた。

あこや貝の輝きが光の点描となり，面のうねりに艶やかさを与えている。

■建築概要

作品名：日本生命日比谷ビル，設計者：村野・森建築事務所，竣工年：1963，所在地：東京都千代田区有楽町1-1-1，主要用途：事務所・劇場・会議室

13 | 木
旧イタリア大使館夏期別荘

◎野趣が和らげる表情

木の皮と板が織りなす,木漏れ日に溶け込むような空間である。旧イタリア大使館夏期別荘は中禅寺湖を一望できる湖畔の木立の中に建つ。1998年にイタリア政府から栃木県へ譲渡され,主要部分を復元し2000年に公開された。

内外の壁や天井の仕上げは,杉皮とサワラ割板を竹の押縁で模様張りしたものである。杉皮は別荘建築として当時珍しい仕上げではなかったが,さまざまな模様による装飾である点が特筆される。外壁は横縞が基調で,市松がアクセントとなる。外壁の杉皮は虫害や雨風の傷みを考慮し,約10年ごとに張り替えられるという。当時屋根は柿葺きであったから,その姿は森に溶け込んでいたに違いない。

主要室の天井や壁の模様は部屋ごとに異なり,また平面の主要部分は左右対称で,2階と暖炉の煙突により強調されながら,ファサードにも表れる。こうした装飾と対称性により与えられた風格を,杉皮などの野趣あふれる材料がくつろいだ表情に和らげている。

■建築概要

作品名:旧イタリア大使館夏期別荘,設計者:アントニン・レーモンド,竣工年:1928,所在地:栃木県日光市中宮祠2482(イタリア大使館別荘記念公園内),主要用途:別荘

14 | 木質材料
牧野富太郎記念館

写真提供：内藤廣建築設計事務所（上）

◎大地に伏せる屋根

山の尾根に呼応するように，その屋根はしなやかなカーブを描く。牧野富太郎記念館は高知市郊外の五台山の山頂近くの尾根に建ち，高知県に生まれ，日本植物分類学の父と言われる牧野富太郎の功績を紹介する施設である。

高知は台風の通り道であり，雨は下から吹き上げてくるといわれる。その大きな風圧力と五台山の景観に配慮し，大地に伏せたような屋根形状が導かれた。また高知は全国有数の林業県で，木造が求められたことから，外部デッキのヒノキ，野地板や内部の壁や天井のスギは県産材とし，さらに屋根架構に集成材を採用することで，その要望に応えている。

鋼管の柱で支持した2本の鋼管を棟梁と内周の桁梁とし，それらに外周のRC壁を加えた3列の支持構造の間に，大断面集成材を掛け渡している。複雑な形状ゆえ，部材の加工と施工には高い精度が求められた。日照時間の長い高知の材は目が広く，耐力が出ないため，集成材にはベイマツが用いられている。

■建築概要

作品名：牧野富太郎記念館，設計者：内藤廣建築設計事務所，竣工年：1999，所在地：高知県高知市五台山4200-6（高知県立牧野植物園内），主要用途：博物館

15 | 和紙とカヤ
高柳町 陽の楽家

◎やわらかく隔てられた内と外

和紙とカヤでくるまれた，植物のやわらかさをもつ建築である。高柳町陽の楽家は古いカヤ葺きが残る集落に建つ，カヤ葺きの交流施設である。ガラス戸のない時代，障子に張られた和紙は内外の境界であったことに注目し，壁や建具，床や柱を和紙で包みこんでいる。和紙を守るため庇を深くし，落とし板と呼ばれる建具を外側に立て，冬の豪雪に対処した。夜，温かく光る姿は行灯のようである。

こんにゃくと柿渋を塗ることで撥水性を与え，耐久性を高めた和紙は，日本酒「久保田」のラベルの和紙でも知られる，地元の手漉き和紙職人の小林康生氏によるものである。繊維の長さが異なる中国やタイからの輸入品が最近増える一方で，日本のコウゾがもつ質感にこだわり，自ら庭で育てたコウゾを原料としている。

和紙の建具を開け放つと縁側の先はすぐ水田である。やわらかく弱い和紙を自然という外部に直接ぶつけることで，自然に対する身体の感覚が研ぎ澄まされるような空間が生まれた。

■建築概要

作品名：高柳町 陽の楽家，設計者：隈研吾建築都市設計事務所，竣工年：2000，所在地：新潟県柏崎市高柳町荻ノ島，主要用途：集会施設

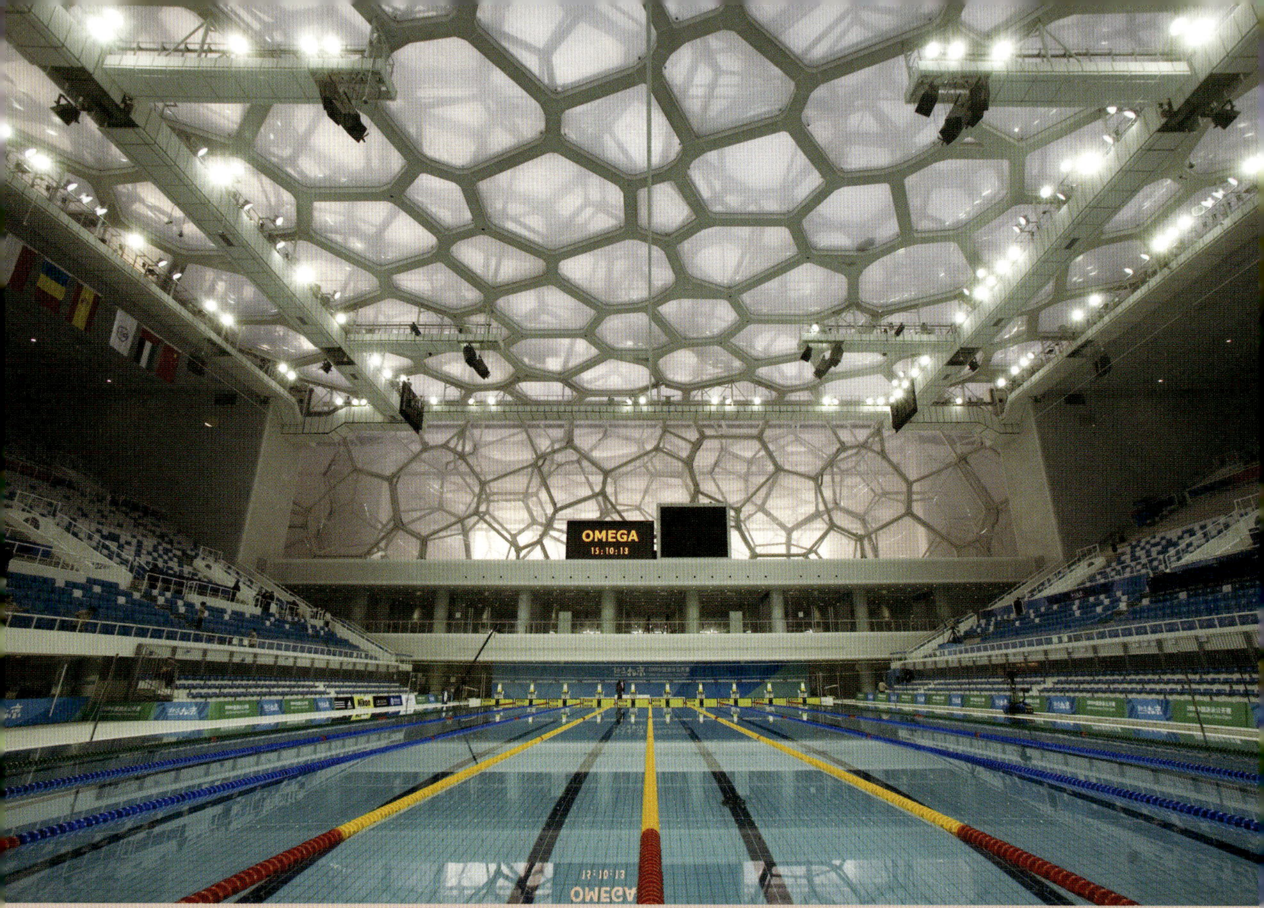

写真撮影：Ben McMillan（上）、Zhou Ruogu Architecture Photography（下）
写真提供：Arup

16 | プラスチック系
北京国家游泳中心（水立方）

◎泡を固めたような壁と屋根
その泡は1粒で3度おいしい。構造であり，環境装置であり，そして見て楽しい。
水立方は2008年北京五輪の水泳競技場である。泡を固めたような壁と屋根は，鉄骨の泡状構造体の両面にETFE膜のクッションを固定したもので，ガラスの約1％の重量で済むETFE膜が可能とした軽量な構造である。壁，屋根内の空洞は外部や塩素から鉄骨を保護し，また導入した外気をコントロールして空調負荷を低減する。14面体と12面体の規則的配列を回転し，切断して得た自然なパターンには，壁15種，屋根7種のクッションが計約3,500個使用された。クッションの空気圧は機械的に管理され，膨らむことで互いに引張りあい，全体が面として自立するしくみである。
クッションは2～4枚の膜で構成され，膜厚ではなく枚数を増やすことで，より大きな荷重を負担する。場所に応じた密度のドットが内側の膜に印刷され，流入する熱や光の量が最適化されている。

■建築概要
作品名：国家遊泳中心（水立方），設計者：PTW Architects，中国建築工程総公司，Arup，竣工年：2008，所在地：北京市朝陽区天辰東路11号（オリンピック公園内），主要用途：スポーツ施設

I

メタル素材

メタル素材とは

　メタル素材とは，特有の光沢を有し，電気や熱をよく通し，固体状態で展性・延性に富む物質の総称で，単体で金属結合をもつ物質として定義される。化学的には，Fe（鉄）やCu（銅），亜鉛（Zn）を代表とする遷移金属元素に加え，ナトリウム（Na）やカリウム（K）などのアルカリ金属元素，Mg（マグネシウム）などのアルカリ土類金属元素が挙げられる。また，それ以外に，アルミニウム，鉛などもメタル素材として分類される。

　また，メタル素材と他元素の混合物である合金も上述したメタル素材同様の性質を示し，単体ではないがメタル素材と呼ばれる。建築材料に限らず，鉄や銅，アルミニウムなどのメタル素材は，さまざまな金属元素と組み合わせて合金化され，高機能化・多機能化されている。

　建築材料としてのメタル素材は文明の進歩とともに利用が広がり，鉄，銅，鉛といった材料が古くから用いられてきた。20世紀になると近代三大建築材料（鉄，ガラス，コンクリート）の1つとして，鉄の利用が飛躍的に伸びる一方で，アルミニウムやチタンなどの新しいメタル素材の利用が進んでおり，構造上，意匠上，設備上重要な役割を担うようになってきている。メタル素材は，圧縮強度のみならず曲げ強度および引張強度も高く，水密性・耐水性に優れ，腐食する（錆びる）ことを除けば耐久性に優れる。多くは工業製品として加工されるため，信頼性が高く，現在の建築には不可欠の材料である。

　建築材料としてメタル素材を区分すると，鉄を中心にとらえ，鉄と非鉄金属に分類されることが多く，鉄はさらに炭素鋼と合金鋼に分類されることが多い。本書では，建築材料として重要度の高い，鉄，ステンレス，アルミニウム，銅，亜鉛，チタンについて述べる。

（兼松　学）

メタル素材の物性比較

	鉄	ステンレス	アルミニウム	銅	チタン	亜鉛	鉛	単位
比重	7.8	7.93	2.69	8.93	4.51	7.12	11.3	
融点	1530	1400	660	1080	1668	419	327	℃
比熱	0.11	0.5	0.223	0.092	0.125	0.0918	0.0302	cal/g/℃
電気比抵抗	$10\sim20\times10^{-6}$	72×10^{-6}	2.65×10^{-6}	1.55×10^{-6}	50×10^{-6}	5.9×10^{-6}	21×10^{-6}	Ω cm
熱伝導率	32.4	14	191	228	14.4	97.2	30.2	kcal/m・h・℃
線膨張率	11×10^{-6}	10.4×10^{-6}	24.6×10^{-6}	16.5×10^{-6}	9.0×10^{-6}	30.0×10^{-6}	29.0×10^{-6}	/℃
弾性係数	$200\sim216$	200	71	132	10.9	80.0	16.1	kN/mm^2
降伏点	$235\sim620$	—		60	—	—	—	N/mm^2
引張強度	$380\sim700$	520.0	$86\sim195$	245	$300\sim700$	$110\sim280$	$9\sim23$	N/mm^2
伸び	$20\sim40$	$30\sim40$	$4\sim50$	$40\sim60$		$30\sim50$	$20\sim60$	%

スチールシート
(「鉄の茶室」,設計:木村博昭+ケイズアーキテクツ,2004年)

I メタル素材

1 スチール

　スチールはコンクリート・ガラスとともに近代・現代の三大建築材料の1つである。その高い力学的性能と加工性・信頼性から，現在の建築を材料技術的に支えてきた。黎明期のスチール建築は，ロンドン万博のクリスタルパレスのような大空間，パリ万博のエッフェル塔のような高層構造物，シカゴの高層建築群といった新しい建築像を提示するものであった。わが国においても，高度成長期につくられた，東京タワー，霞が関ビルディングなど著名な建築の多くがスチールにより実現している。

　建築材料としてのスチールは，鉄骨鉄筋コンクリート造（SRC造）や鉄骨造（S造），鉄筋コンクリート造（RC造）などを構成する鋼材や鉄筋として用いられる他，ボルトや金物，床材や屋根材，外壁の仕上げ材，水回りや手すり・ノブなど広範に用いられている。

1 スチールの歴史

　最初に，製鉄技術が普及したのはB.C.15世紀ごろのヒッタイトとされているが，鉄の利用自体はそれよりもはるかに古く，有史以前から*隕鉄などを利用していたという。鉄は，B.C.3世紀ごろには日本に伝わり，その後たたら製鉄と呼ばれる技法で鉄づくりがなされてきた。たたら製鉄は，明治時代初期まで利用されてきたが，高炉など近代製鉄技術が導入されるのにともない，衰退

*隕鉄（いんてつ）
隕石のうち，鉄とニッケルを主成分とするもの。

表1 スチールの歴史

年	項目
B.C.3000年	エジプトでの使用確認
B.C.1500年	ヒッタイトでの浸炭法による製鉄
10世紀	日本　たたら製鉄の普及
1735年	ダービー（英）による鋳鉄の実用化
18C末〜19C初	鋳鉄を構造用に利用
1856年	ベッセマー（英）による転炉法の発明
1861年	シーメンス（独）・マルタン（仏）による平炉法の発明
1901年	官営八幡製鉄所，日本初の鉄鋼生産
現在	溶鉱炉の大型化，電気炉法の普及

した。現在，日本刀の原料用として冬季に製造されているのみである。

　鉄鉱石を原料とする近代製鉄は1856年に始まったとされ，1901年には官営の八幡製鉄所が開業し近代日本の発展に大いに貢献した。現在の日本では，鉄鉱石から鉄を取り出す高炉法と，スクラップ（くず鉄）から鉄を再生する電炉法で大半のスチール製品が製造されている。

2 スチールの種類

　鉄類とは，鉄元素（Fe）を主とする金属の総称である。一般に，微量の炭素やケイ素（Si），マンガン，リン，硫黄などを含むが，その性質に最も大きく影響するのが炭素である。したがって，炭素の含有量によって名称が異なり，炭素含有量が0.02％程度までを純鉄（iron），0.02〜2.1％程度を炭素鋼（carbon steel），2.1％を超えるものを鋳鉄（cast iron）と呼ぶ。純鉄は非常に軟らかく一般的な使用には適さず，現在われわれが鉄と呼ぶものの多くは，鋼（steel）であり鉄（iron）とは区別される。また，硬さによって軟鋼，硬鋼等に分類す

表2 鉄類の種類

名称	名称	備考
鉄	−	炭素量0.02％以下
炭素鋼	極軟鋼〜最硬鋼（表3）	0.02%〜2.1%［wt%］
鋳鉄	−	炭素量2.1％以上
合金鋼	ステンレス鋼	Al, Cr, Cu, Ni, Pb, Zrなど
合金鋼	モリブデン鋼	Al, Cr, Cu, Ni, Pb, Zrなど
合金鋼	ニッケルクロム鋼	Al, Cr, Cu, Ni, Pb, Zrなど
合金鋼	ニッケルモリブデン鋼	Al, Cr, Cu, Ni, Pb, Zrなど
合金鋼	クロムモリブデン鋼	Al, Cr, Cu, Ni, Pb, Zrなど
合金鋼	銅鋼	Al, Cr, Cu, Ni, Pb, Zrなど
特殊鋼	高張力鋼	微量元素
特殊鋼	高耐候性鋼	微量元素
特殊鋼	耐火鋼	微量元素

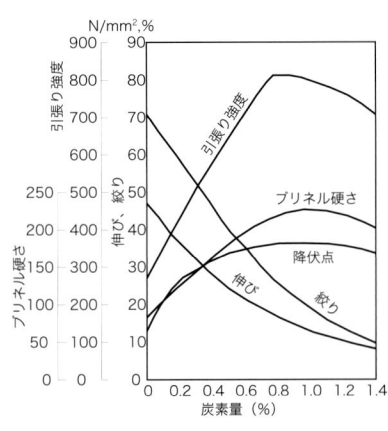

図1　炭素量と各物性の関係

表3　炭素鋼の種類

区分	炭素量[%]	引張強さ[N/mm²]	降伏点[N/mm²]	伸び[%]	ブリネル硬さ	融点[℃]	焼入れ効果	用途
極軟鋼	0.12以下	294〜412	196〜265	30	85〜115	1,500	ない	薄板, 釘, 針金, リベット, サッシュ
軟鋼	0.12〜0.20	333〜441	235〜275	25	100〜125	1,470〜1,490	ない	鉄骨, 橋, 造船用形鋼, 鋼板など
半軟鋼	0.20〜0.30	432〜539	235〜343	24	115〜145		少ない	ボルト, 矢板など
半硬鋼	0.30〜0.40	490〜588	294〜392	22	140〜165	1,420〜1,450	やや可	
硬鋼	0.40〜0.50	588〜686	294〜441	17	165〜205	1,390〜1,420	よい	工具, 軸類, ばね, ピアノ線など
最硬鋼	0.50以上	686〜834	392〜490	12	205〜250		よい	ばね, その他

る場合もあり, おおむね炭素量によって区分される（表3）。建築用に用いられるのは炭素含有量 0.1 〜 0.2% 程度の軟鋼が多い。

炭素鋼は, 通常, 炭素量が多いほど硬度（ブリネル硬さ）が高く, 融点が低くなる傾向を示す（図1）。他にも, 各種微量元素の割合や熱処理によって, 強度を高めながら靭性を確保した高張力鋼や, 耐食性を向上した高耐候性鋼, 耐火性能を向上させた耐火鋼など, 特殊鋼材も開発されている。

ちなみに, 純鉄は温度に応じて相変化があり, 912℃以下でフェライト相（BCC構造：体心立方格子）, 912 〜 1,392℃でオーステナイト相（FCC構造：面心立方格子）, 1,392 〜 1,536℃でδフェライト相（BCC構造）となる。これはちょうど, 水が 0℃と 100℃を境に固体から液体, 液体から気体に変化するのに似ている。それぞれ各相には温度に応じて固溶できる炭素量が決まっており, それを超えた炭素はセメンタイト（Fe_3C）として存在する。このような鉄の相変化は, 後述する熱処理と大きく関わっている。

3 スチールの製造

現在, 世界の粗鋼の年間生産量は 13.3 億 t（2008 年）であり, 日本は年間約 1.2 億 t（2008 年）を生産しており, 中国に次いで世界第 2 位となっている（図2）。リサイクル鋼の生産を行う電気炉による生産量は全体の 30%弱であるが, 建築用に用いられている鉄鋼に占めるリサイクル鋼の割合は 80%程度と高い水準にある。

3-1　原料

鉄は最も一般的な金属元素の 1 つで, 化学記号 Fe, 原子番号 26 の重金属であり, 地殻の 5.05%を占めるとされるが, 鉄の原鉱の多くは酸化鉄であるため, これを還元して炭素との合金にしている。

スチールの生産には, 主原料として鉄鉱石, コークス, 石灰石が必要であり,

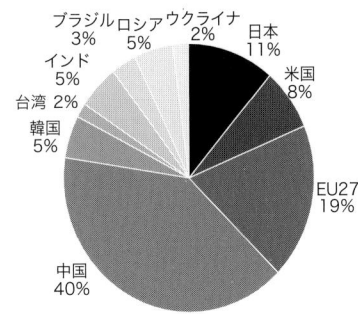

図2 世界のスチール生産量

表4 銑鉄の原材料と材料収支

材料	概要
鉄鉱石	磁鉄鉱，赤鉄鉱，褐鉄鉱，菱鉄鉱など。通常鉄1tの製造に1.6tの鉄鉱石が必要
コークス	燃料兼還元材。銑鉄1tに対し約0.4～0.45t使用される
石灰石	鉄鉱石中の不要部分であるAl_2O_3，SiO_2などの岩石質は融点が高いため，石灰石をスラグ形成材として混入するとこれらと反応し融点の低い化合物となりスラグが形成される。スラグは銑鉄1t当り0.3t程度副産される

わが国では鉄鉱石と，コークスの原料となる石炭のすべてを海外からの輸入に頼っている。主な輸入先はオーストラリアが過半を占め，残りはブラジル，カナダ，中国，インドなどから輸入している。

鉄鉱石にもさまざまな種類があり，わが国で主に使われているのは赤鉄鉱（Fe_2O_3）であり，次いで磁鉄鉱（Fe_3O_4），褐鉄鉱（$Fe_2O_3 \cdot nH_2O$），砂鉄（磁鉄鉱の粒状鉱物）などが使われている。他に針鉄鉱（$FeO(OH)$），針鉄鉱と組成は同じだが鉱物としては区別される鱗鉄鉱（$FeO(OH)$），菱鉄鉱（$FeCO_3$）などがある。

コークスとは，石炭を乾留（蒸焼き）した燃料のことであり，製鉄所内のコークス炉で製造される。蒸焼きにすることで石炭から硫黄，コールタール，ピッチなどの成分が抜ける。石炭をコークス化するのは，硫黄分がスチールの品質低下を招き，コールタールやピッチが高炉の高温燃焼を妨げるからである。

3-2 製鉄

スチールの製造工程は，主に，高炉（溶鉱炉）により銑鉄を製造する工程と，銑鉄から炭素およびその他の不純物を除去し，微量成分を調整する製鋼と呼ばれる工程からなる。製鋼には，転炉と電気炉のいずれかが利用されるが，電気炉は主にスクラップを原料とするリサイクル鋼に用いられる。

(1) 高炉

鉄鉱石から銑鉄をつくり出すのが高炉（溶鉱炉）である。近年，大型化が進み，わが国では高さ100m以上，内容積4,000m³以上の世界最大級の設備が主流である。鉄鉱石の元素組成からわかるように，鉄鉱石から鉄分を取り出すには酸素を除去（還元）する必要がある。そのため燃料兼還元材としてコークスが使われる。高炉頂部より鉄鉱石とコークスを交互に投入して積み重ね，炉の下部より熱風または酸素を吹き込むと，コークスと反応して一酸化炭素や水素などの高温のガス（還元ガス）が発生する。このガスが炉内を吹きのぼり，鉄鉱石を溶かしながら酸素を奪う（間接還元）。溶けた鉄は流れ落ちながら，コークスの炭素と接触することでさらに還元（直接還元）され，炉底の湯溜り部にたまる。原材料中，石灰石は岩石質の除去に利用され，副産物として高炉スラグが発生する。この高炉スラグは産業副産物としてその利用が図られ，セメントや路盤用骨材などとして利用される。

図3 高炉からの出銑の様子

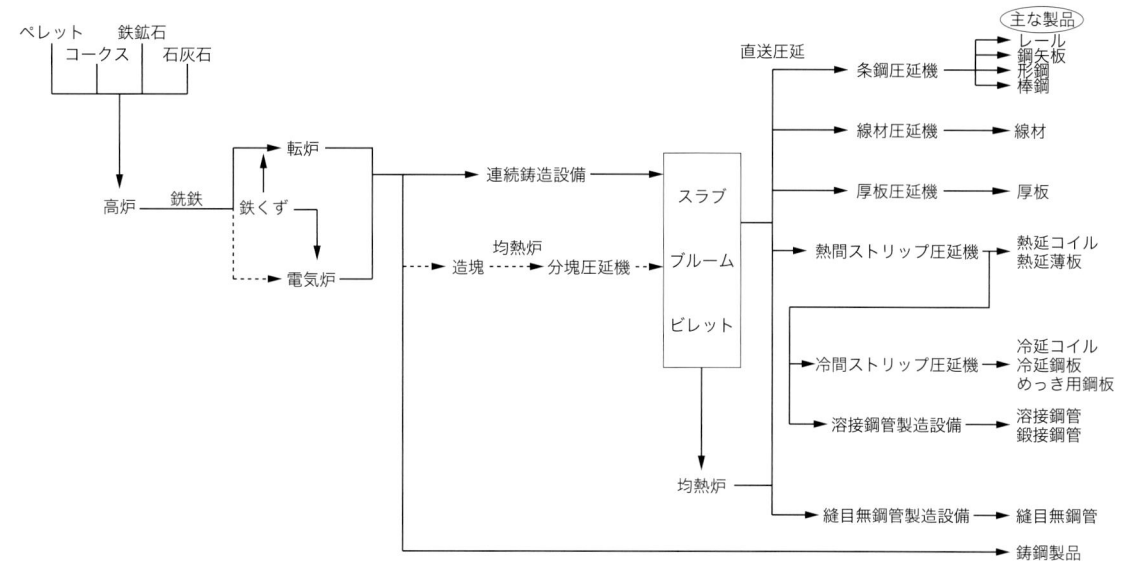

図4 鋼材のできるまで

(2) 転炉製鋼

転炉の役割の1つは，溶銑中にある炭素を取り除く脱炭である。転炉内の銑鉄に空気や純酸素を主体とするガスを吹き付けると，銑鉄に含まれる炭素が燃えて失われ溶鋼へと転換される。

(3) 電気炉製鋼

電極でアーク放電した熱で溶融して製錬する方法であり，成分調整が容易であるため高級鋼や鋳鋼に用いられる。また，小サイズの形鋼や鉄筋などの棒鋼も，経済性に優れる電炉によるものが多い。

3-3 加工成形

製鋼の工程を経たスチールを加熱（800～1,000℃）して圧延することを熱間加工と呼び，720℃以下，場合によっては常温で圧延することを冷間加工と呼ぶ。一般に熱間加工は加工形状に応じて組織が並び変えられるため*残留応力が小さく変形に強く，対して冷間加工は塑性域での変形となるため少ない応

*残留応力（ざんりゅうおうりょく）物体に作用する外力が除かれた後も，物体内に残る応力。

表5 スチールの熱処理

熱処理	特徴
焼ならし	鉄鋼を800～1,000℃に熱し，その温度で数十分間保存したのち大気中で冷却して，組織を正常化することをいう。焼ならしによりもろかったものが強くなる。常温加工は通常焼ならしをしてから行われる
焼なまし	鉄鋼を800～1,000℃に熱したのち，炉中で徐々に冷却すると引張り強度は低下するが，均質でやわらかくなる
焼入れ	焼きなましにおける除冷の際に，冷水や温水，油にひたして急冷すると，伸びが減少しもろさは増すが，強度および硬さが増大して磨滅が小さくなる。鋼材を溶接するとその部分は一種の焼入れ処理をしたのと同様になる
焼きもどし	焼入れした鋼はもろくて使用に適さない場合があるが，これを再度200～600℃に熱し数十分したのち空気中で冷却しもろさを著しく少なくする処理

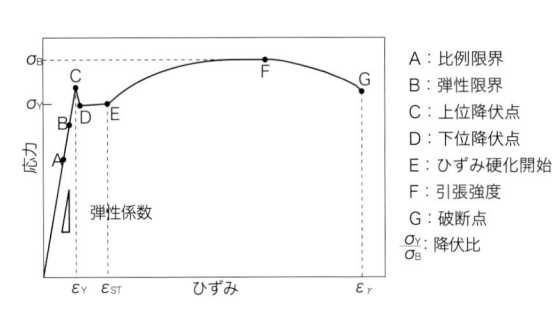

図5 鋼材の応力ひずみ曲線

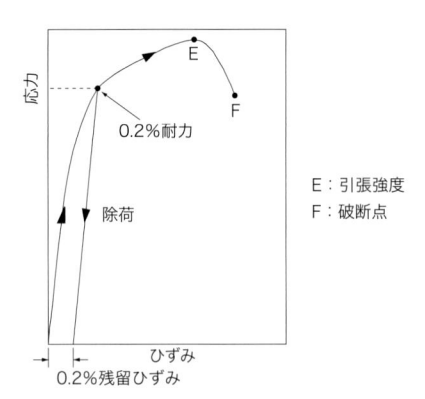

A：比例限界
B：弾性限界
C：上位降伏点
D：下位降伏点
E：ひずみ硬化開始
F：引張強度
G：破断点
σ_Y / σ_B：降伏比

図6 高強度鋼材の応力ひずみ曲線

E：引張強度
F：破断点

表6 スチールの物性

物性	説明
比例限界	応力とひずみが直線関係を示す限界点を比例限界という。比例限界までは，ひずみと応力は弾性係数を介して比例関係で示され，除荷しても残留変形が生じない
弾性限界	鋼材に引張力を加えて伸びを生じさせた後，引張力を除去すると元の状態に戻る範囲を弾性範囲といい，その限界点を弾性限界と呼ぶ
弾性係数	弾性限界内の応力度／ひずみ度で求め，一般的な鋼材の弾性係数は $185 \sim 205 kN/mm^2$ であって，コンクリートの約10倍である。せん断弾性係数はおよそ $80N/mm^2$ である。弾性係数およびせん断弾性係数は鋼材の種類によらずほぼ一定の値を示す
永久ひずみ	鋼材に生じる引張力が弾性限界を超えると，引張力を除いても元の長さに戻らなくなる。このとき戻らなかったひずみを永久ひずみまたは残留ひずみと呼ぶ
上位降伏応力	降伏に際して最初に引張力の減少が確認される地点を上位降伏点といい，その際の引張荷重を原断面積で除した値を上位降伏応力と呼ぶ
下位降伏応力	上位降伏点を過ぎた後の荷重がほぼ一定となる区間（降伏棚）では，塑性降伏が進む。この区間の引張荷重の最小値を原断面積で除した値を下位降伏応力という
0.2%耐力	永久ひずみが0.2%に達したときの最大荷重を原断面積で除した値をいう。降伏点が明確に現れないPC鋼材などの場合に上位降伏点と同義に用いている
引張強さ（引張強度）	鋼材が耐えた最大荷重を原断面積で除した値。通常，降伏後の破断の直前あるいは破断と同時に最大荷重となる
伸び	評点距離に生じた伸びを百分率で表した値。永久伸び，破断伸び，破断時全伸び，最大力時伸び，降伏時伸びなどがある。通常，破断伸び（破断後の伸びを百分率で示した値）をいう
絞り	試験中に発生した断面積の最大変化量で，原断面積に対する百分率で示される

力で割れや破断が生じやすい。一般に，冷間加工は熱間加工した材をさらに加工する場合に用いられる。

同様に，スチールは熱処理を行うことにより性質が変化する。熱処理として，焼ならし，焼きなまし，焼入れ，焼もどしが挙げられる（表5）。

4 スチールの性質

スチールは，他の材料（木材やコンクリート）に比べて強度が高く，剛性・弾性係数が大きく，さらに塑性材料として破断に至るまでの変形量が大きい。デメリットとしては，気中で腐食する，重い，火災など高温時には強度が低くなることが挙げられる。

スチールの物性としては，（引張り）強度，*降伏点，降伏比（降伏応力／強

*降伏（こうふく）
応力が一定の値を超えると，応力はそのままでひずみだけが増加する現象。スチールなどで観察される。

表7 SN鋼の物理的性質

種類の記号	降伏点または耐力 N/mm²					引張強さ N/mm²	降伏比 %					伸び %		
	鋼材の厚さ mm						鋼材の厚さ mm					1A号試験片	1A号試験片	4号試験片
												鋼材の厚さ mm		
	6以上12未満	12以上16未満	16	16を超え40以下	40を超え100以下		6以上12未満	12以上16未満	16	16を超え40以下	40を超え100以下	6以上16以下	16を超え50以下	40を超え100以下
SN400A	235以上	235以上	235以上	235以上	215以上		—	—	—	—	—	17以上	21以上	23以上
SN400B	235以上	235以上355以下	235以上355以下	235以上355以下	215以上355以下	400以上510以下	—	80以下	80以下	80以下	80以下	18以上	22以上	24以上
SN400C	該当なし	該当なし	235以上355以下	235以上355以下	215以上355以下		該当なし	該当なし	80以下	80以下	80以下			
SN490B	325以上	325以上445以下	325以上445以下	325以上445以下	295以上415以下	490以上610以下	—	80以下	80以下	80以下	80以下	17以上	21以上	23以上
SN490C	該当なし	該当なし	325以上445以下	325以上445以下	295以上415以下		該当なし	該当なし	80以下	80以下	80以下			

度），伸び，0.2％耐力など，引張りに関する物性値（**表6**）に加え，シャルピー吸収エネルギーなどが挙げられる。

4-1 機械的性質

スチールは，引張り材として用いられることが多く，引張応力とひずみの関係はその機械的性質を評価するうえで重要である。一般に，応力ひずみ曲線は**図5**，**図6**のような外形を取る。図中にもあるように，機械的性質を捉えた物理量は，スチールの特徴を示す物理量として用いられる。例としてSN鋼（建築構造用圧延鋼材）の物理的性質を**表7**に示す。

スチールの機械的性質の重要な特徴として，降伏が挙げられる。降伏現象は鋼材に作用する応力がある限度を超えると，それ以上の応力を加えなくとも変形が進む現象である。これは，同じ金属材料でも高強度の鉄筋やアルミニウムなどには見られない性質である。

降伏点を超えると，載荷試験体は断面が局所的に細くなりその箇所の変形が卓越する。このとき，応力の算定には原断面積を用いる。通常，降伏後も弾性変形は起こっており，除荷後再載荷すれば塑性域までは弾性変形する。鉄筋の冷間加工など，鉄を冷間で物理的に曲げて使用する際は，鉄筋を部分的に降伏させて使っていることにほかならない。

スチールは，規則的な結晶構造の隙間に炭素原子が入り込んでいる構造（これを固溶という）をもつ。弾性範囲では，変形を加えることで原子間距離が変化し，分子間力の作用により応力が発生する。降伏域では，格子欠陥が移動し結晶粒界を超えて伝播することで（転位と呼ばれる），応力を発生させる格子部分の原子間距離は変わらないまま変形が進展する。

4-2 熱的性質

スチールの強度や各種性質は温度に大きく依存する。通常温度下では熱膨張による変形が，火災などに伴う高温域では引張強度の低下などが問題となる。

スチールの熱に関する性質は，おおよそ**表8**に示すとおりである。金属全般

表8 スチールの熱に関する性質

融点	1,390～1,500 [℃]
比熱 (20℃)	474～491 [J/kg·K]
熱伝導率 (18℃)	44.2～58.8 [W/m·K]
線膨張率 (20℃)	10.7～11.7 × 10^{-6} [/℃]

図7 高温下におけるスチールの各種物性

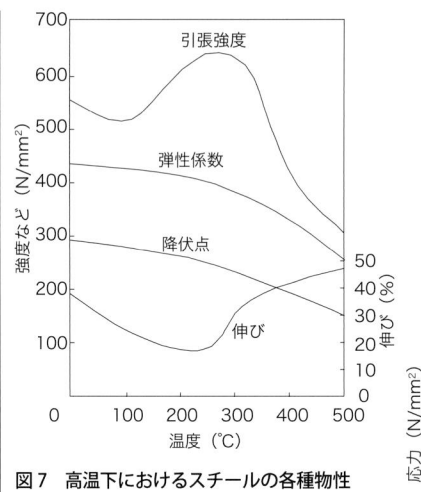

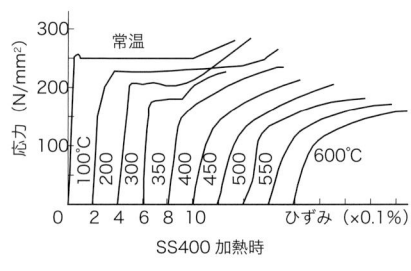

図8 高温時における応力ひずみ曲線

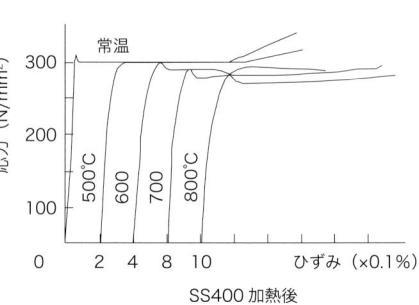

図9 加熱後の応力ひずみ曲線

にいえることだが，他の建築材料に比べて熱伝導率が高く，熱を伝えやすい。

また，通常のスチールの線膨張率は常温で 10.7～11.7 × 10^{-6} [/℃] 程度の値であるが，これはコンクリートの線膨張率（10×10^{-6} [/℃]）とほぼ同等である。すなわち SRC 造や RC 造などでは，温度変化により材料間に生じるひずみが少ないため，スチールとコンクリートは相性がよいとされる。

一方，高温下におけるスチールの性質は，図7 に示すとおりである。

鉄は熱に強いと思われがちだが，500℃程度の熱で強度や降伏点が急低下する。引張強さは 300℃前後から急激に低下し，降伏値は温度上昇にともない緩やかに減少していく。その結果，500℃では常温の 1/2 程度の引張強さ，降伏値しかもたない。また，図8 に示すとおり，温度が高くなってくると，応力ひずみ曲線において降伏点が徐々に不明瞭になる傾向を示し，SS400 では，400℃程度で降伏点が見られなくなる。

しかし，こういった性質は受熱時の性質であり，受熱した鋼材を再び常温に戻せば，500℃程度までの受熱であればその性能は回復する。

4-3 化学的性質（腐食・防食）

スチールを含む金属の代表的な劣化に，腐食現象がある。鉄の腐食には水と酸素が必要であり，水中であっても酸素がなければ鉄の腐食は進行しない。したがって，港湾構造物などでは，水面近傍の大気と水が同時に存在する部位がもっとも腐食しやすい。水中での鉄の反応は以下のとおりであり，水酸化第一鉄 $Fe(OH)_2$ を生成する。

$$Fe^{2+} + 2OH^- \rightarrow Fe(OH)_2 \quad ①$$

$Fe(OH)_2$ は酸素によりただちに酸化され，水酸化第二鉄 $Fe(OH)_3$ となる。さらに水分が取れるといわゆる赤錆であるオキシ水酸化鉄（$FeOOH$）となる。

また，腐食は，酸化還元反応により鉄が電子を失うことで進行する電気化学的反応でもある。電気化学的には，①式は，アノードと呼ばれる腐食の進行により電流が流れ込む箇所と，カソードと呼ばれる電流が流出する箇所で，以下の２つの式に分解される。

　アノード　：　$Fe \rightarrow Fe^{2+} + 2e^-$　　②

　カソード　：　$H_2O + \frac{1}{2}O_2 + 2e^- \rightarrow 2OH^-$　　③

　すなわち，アノード箇所では鉄が電子を失い鉄イオンとなって水中に脱落し，カソード部では，水が電子を受け取ってOH^-となり，アノードとカソード間には腐食電池が形成される。

　スチールは腐食することで，美観を大きく損なうだけでなく，その構造的性能を失い，建築物の安全性に大きく影響する。一般的なスチール構造物においては，各種防錆塗料が施されることが多く，鉛を含有させた赤錆色の防錆塗料が一般的であったが，近年では環境への配慮から脱鉛化が進められている。

　一方，スチールはアルカリ性下では不動態皮膜と呼ばれる耐食性の皮膜に覆われている。したがって，鉄筋コンクリート造のようにコンクリート中に鉄筋を埋設した場合，不動態皮膜の存在により内部の鉄筋は容易には腐食しない。ところが，コンクリートが大気中の二酸化炭素などの作用により中性化が進行すると不動態皮膜は破壊されてしまい，腐食が進行することになる。また，塩分は，塩化物イオン濃度に応じて不動態皮膜の生成を妨害する作用があり，海中や飛来塩分の作用するような地域においては，塩害による腐食が問題となる。

5 スチールの種類と用途

　建築や建築工事に用いられるスチールの種類は多様で，その用途も形鋼，鋼管，鉄筋，デッキプレート，溶接金網，PC鋼棒，ボルトや釘，その他金物，スチールファイバーなど多岐にわたっている。

5-1　建築材料としてのスチールの分類

　一般的なスチールの種類とその品質については日本工業規格（JIS）に定められており，JIS G 3136（建築構造用圧延鋼材），JIS G 3101（一般構造用圧延鋼材），JIS G 3106（溶接構造用圧延鋼材）の３つが代表的であり，製品形状としては鋼板，鋼帯，形鋼および平鋼について定めている。

　建築に限らない汎用スチールの規格が，一般構造用圧延鋼材および溶接構造用圧延鋼材であり，それぞれ記号を用いてSS鋼，SM鋼と呼ばれる。建築はスチールを構造材料として用い，塑性域の靭性に期待した設計を行うことから，塑性変形などの品質を高めた規格として建築構造用圧延鋼材が定められており，記号を用いてSN鋼と呼ばれる。

　他の鋼材についても表9に示すとおり各種規格が定められており，表に示す以外にも，ボルトやナット，ターンバックル，座金や各種仕上げ用鋼板など，数多くの規格が定められている。

表9　主要なスチールの種類

規格番号	名称	記号
JIS G 3136	建築構造用圧延鋼材	SN400A，SN400B，SN400C
JIS G 3101	一般構造用圧延鋼材	SS400，SS490，SS540 など
JIS G 3106	溶接構造用圧延鋼材	SM400A，SM400B，SM400C，SM490A，SM490B，SM490C など
JIS G 3475	建築構造用炭素鋼管	STKN400W，STKN400B，STKN490B など
JIS G 3444	一般構造用炭素鋼管	STK400，STK490 など
JIS G 3466	一般構造用角型鋼管	STKR400，STKR490 など
JIS G 3350	一般構造用軽量形鋼	SSC400 など

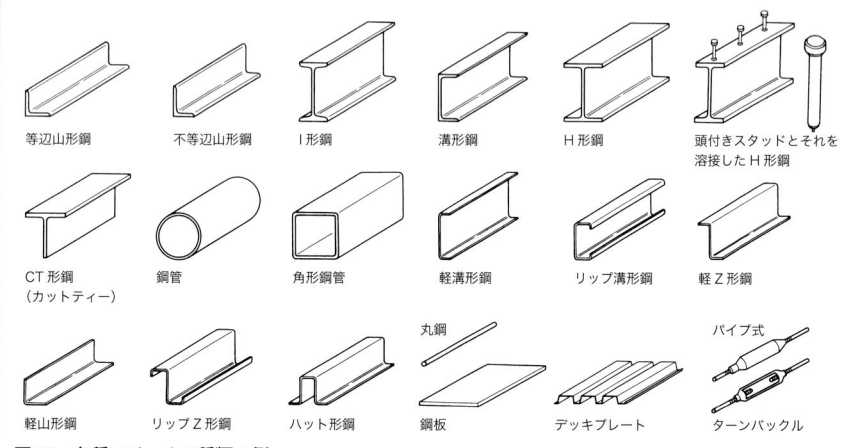

等辺山形鋼　不等辺山形鋼　I形鋼　溝形鋼　H形鋼　頭付きスタッドとそれを溶接したH形鋼

CT形鋼（カットティー）　鋼管　角形鋼管　軽溝形鋼　リップ溝形鋼　軽Z形鋼

軽山形鋼　リップZ形鋼　ハット形鋼　丸鋼　鋼板　デッキプレート　パイプ式ターンバックル

図10　各種スチールの種類の例

表10　形鋼の名称・通称と用途

名称	通称	用途
H形鋼	H	ラーメン構造の各所で用いられる
角形鋼管	コラム	正方形または長方形で，特に正方形は純ラーメン構造に用いられる
鋼管	パイプ	円形断面の形状を活かし柱やトラスの材料として用いられる
山形（L形）鋼	アングル	等辺・不等辺があり，下地材やトラスの材料として用いられる
軽量リップ溝形鋼	Cチャンネル シーチャン	リップ溝形（U形）鋼とも呼ばれ，胴縁や母屋などの下地材に使用される

5-2　構造用スチール

　スチールは，スチール建築物の主要構造部材として，高層・超高層建築や体育館やホールなどの長大空間，工場やオフィスビルなどの柱や梁部材に用いられるとともに，鉄筋コンクリート造建築物の補強用に用いられる。

(1) 形鋼

　スチール構造では，部材の形状によりその構造特性が異なるため，断面形状により分類される。一般的な仕様のスチールは形鋼と呼ばれるものである。超高層建築などでは厚板と呼ばれる鋼板を溶接によりコラム形やH形に加工して用いる。代表的な形鋼の種類と用途について**図10**に示す。

(2) 棒鋼

棒状に熱間圧延または鍛造したスチールは棒鋼と呼ばれ，鉄筋コンクリート造の鉄筋や，ブレース材として用いられる。

コンクリートは圧縮強度に比べて引張強度が低いことから，引張応力を負担する目的でスチールが用いられる。コンクリートはそもそも脆性的な破壊形態を示すが，塑性変形能力の高いスチールの使用により，部材としての靱性を高めることができる。また，スチールとコンクリートの線膨張率はほぼ等しく，温度変化に伴う内部応力の発生も少ないうえ（4-2 参照），コンクリートのアルカリ性が内部のスチールを腐食から保護する働きもある。

コンクリートの補強用スチールとしては，主に鉄筋，PC 鋼，H 形鋼（SRC 造）が用いられる。鉄筋コンクリート造の補強に用いられる鉄筋は，鉄筋コンクリート用棒鋼と鉄筋コンクリート用再生棒鋼に分類される。

鉄筋コンクリート用棒鋼には，表面に突起を設けて付着性を高めた異形棒鋼と，突起のない丸鋼がある。異形棒鋼では，**図 11** に示すように，軸方向の突起をリブ，その他の突起を節と呼ぶ。一般に D4～D51（公称直径 4.23～50.8mm）が工業製品として規定されている。

(3) PC 鋼材

PC 鋼材とは，鉄筋などの補強用鋼材と比べて高い引張強度を有する，プレストレストコンクリート（PC）用緊張材のことをいう。PC 鋼材は，PC 鋼棒，細径異形 PC 鋼棒，PC 鋼線および PC 鋼より線，PC 硬鋼線に分類される。一般に PC 鋼棒はポストテンション方式に，細径異形 PC は PC 杭などの*プレテンション方式で用いられ，異形 PC 鋼線，PC より線のうち 2 本，3 本，7 本より線がプレテンション方式や*ポストテンション方式に用いられる。

いずれも高強度の鋼材であり，通常の棒鋼が $300N/mm^2$ 前後の降伏点をもつのに対し，$1,000N/mm^2$ 前後の耐力を有する。PC 鋼材は高強度であるため，明瞭な降伏点を示さず，0.2％耐力により評価される。

(4) 鋼板

屋根に用いられる鋼板は，瓦を代表とする窯業系の屋根材料と異なり，薄くて長い板を自在に加工して使うことができ，曲線や円形など複雑な形状の屋根をつくることができる。戸建て住宅から体育館などの大型建築物まで幅広く利用される。鋼板をそのまま屋根材料として用いると簡単に腐食してしまうため，通常はめっき処理したり，塗装を施したり，合金化して耐候性を高めた鋼板が用いられる。

中でも，めっき金属としてアルミニウム（55wt％），亜鉛（43.4wt％）およびケイ素（1.6wt％）の合金を用いたガルバリウム鋼板は，高い耐候性をもち，塗装鋼板の母材として一般的に利用されている。ガルバリウム鋼板は，アルミニウムがめっき層表面に強固な不動態皮膜を形成して，めっき層を保護する構造を有する。劣化が進行すると，亜鉛含有量が低下して犠牲防食性能は低下するが，アルミニウムの不動態皮膜と亜鉛腐食部の腐食生成物がめっき層の腐食

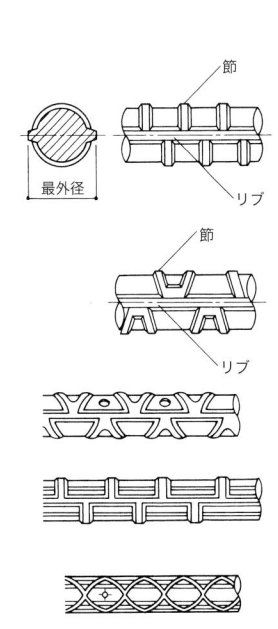

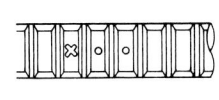

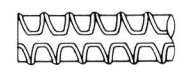

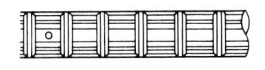

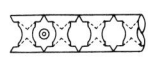

図 11 異形棒鋼の種類と形状

＊プレテンション方式
先にスチールを引っ張っておいて後からコンクリートを流し込み，部材に圧縮力を導入する方式。

＊ポストテンション方式
コンクリートが固まった後に，あらかじめ空けておいた穴に通したスチールを引っ張り固定し，部材に圧縮力を導入する方式。

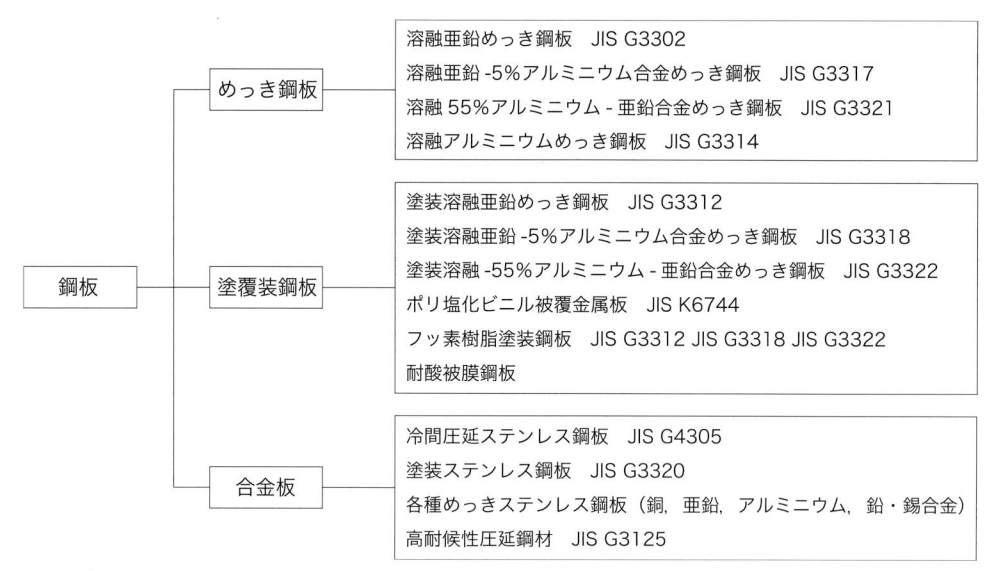

```
                    ┌─ めっき鋼板 ── 溶融亜鉛めっき鋼板　JIS G3302
                    │              溶融亜鉛 -5％アルミニウム合金めっき鋼板　JIS G3317
                    │              溶融 55％アルミニウム - 亜鉛合金めっき鋼板　JIS G3321
                    │              溶融アルミニウムめっき鋼板　JIS G3314
                    │
                    │              塗装溶融亜鉛めっき鋼板　JIS G3312
                    │              塗装溶融亜鉛 -5％アルミニウム合金めっき鋼板　JIS G3318
    鋼板 ───────────┼─ 塗覆装鋼板 ─ 塗装溶融 -55％アルミニウム - 亜鉛合金めっき鋼板　JIS G3322
                    │              ポリ塩化ビニル被覆金属板　JIS K6744
                    │              フッ素樹脂塗装鋼板　JIS G3312 JIS G3318 JIS G3322
                    │              耐酸被膜鋼板
                    │
                    │              冷間圧延ステンレス鋼板　JIS G4305
                    │              塗装ステンレス鋼板　JIS G3320
                    └─ 合金板 ──── 各種めっきステンレス鋼板（銅，亜鉛，アルミニウム，鉛・錫合金）
                                   高耐候性圧延鋼材　JIS G3125
```

図12　金属屋根に用いられる鋼板の種類

進行を抑制するため，全体として高い防食性を発揮する。

構法的には，鋼板屋根は折板屋根と，瓦棒葺きや横葺きなど折板以外の屋根（平板葺き屋根）に大別される。

（兼松　学）

COLUMN

金属の変形と応力

金属（ここでは炭素鋼を想定）は，圧縮，引張りのいずれの力に対しても元に戻る力が生じる。しかし，降伏点を超える力が作用すると変形は元にもどらなくなる。この現象を理解する鍵は，原子間力と金属の結晶構造にある。

炭素鋼は，Fe元素（大きさは0.25nm程度と考えられている）が規則正しく並んだ構造をしているが，実際のスチール製品は，このような規則正しく並んだ結晶粒と呼ばれる鉄元素の塊（大きさ10〜20μm程度）が，たくさん集まった多結晶体であると考えられている。

これらの規則正しく並んだ元素同士には，式のような斥力と引力が作用している。外力の作用しない状態では，この原子間力が0となる状態，すなわち原子間に作用する引力と斥力がバランスした状態で存在することになる。しかし，ひとたび外力が作用して，原子間距離が狭まる（圧縮力が加わる）と斥力が，離れる（引張り力が加わる）と引力が作用する。これが金属の変形と応力の基本的な考え方になる。

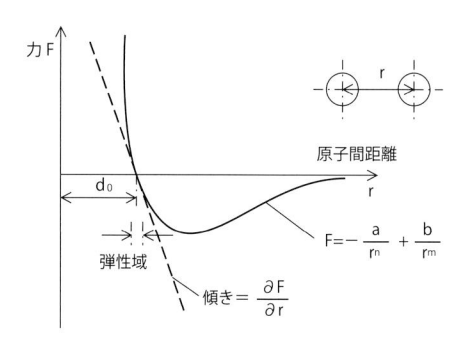

$$F = \frac{\partial V}{\partial r} = \frac{\partial}{\partial r}\left\{-\frac{A}{r^n} + \frac{B}{r^m}\right\} = -\frac{a}{r^N} + \frac{b}{r^M}$$

F：原子間力，r：原子間距離，A：引力に対する比例定数，B：斥力に対する比例定数

また，実際には，鉄原子の並びが乱れた箇所（格子欠陥と呼ばれる）があり，鉄元素の配置される場所（格子点）に鉄原子が存在しない空孔という点状の欠陥と，転位という線状の欠陥がある。この転位が移動することで金属の塑性変形が起こると考えられている。

（兼松）

I メタル素材

2 ステンレス

ステンレス
(「a MATRIX ビル」,設計：下吹越武人／A. A. E., 2008 年)

　錆びない鋼材は，鉄と人類の関わりの中でも最も大きな関心事であり，多くの研究者がその開発に注力してきた。ステンレスが実用化されるのは20世紀初頭のことである。初期のステンレスを用いた建築物としては，クライスラービル（ニューヨーク, 1930年）のアールデコ調の尖塔部分が有名である。また，1980年代にはロンドンシティに出現したロイズビル（ロンドン, Richard Rogers, 1986年）をはじめとしてハイテクなテクスチャーと耐久性を兼ね備えた材料として注目された。国内では，丹下健三の東京カテドラルの外壁などが有名である。

1
ステンレスの種類

＊ステンレス
正確には「ステンレス・スチール」，つまり，錆びないスチールのこと。ここでは，単にステンレスと表記する。

　＊ステンレスは，鉄にクロムを11%以上含有する金属の総称であり，ステンレスとしての種類は100を超え，性質・用途も幅広い。現在，汎用的に使用されているステンレスは，大きく分けてクロムとニッケルの両方を添加したCr-Ni系ステンレス（SUS300系）と，クロムのみを添加したCr系ステンレス（SUS400系）に分類され，代表的なものとしては，SUS304（18Cr-8Ni，オーステナイト系），SUS430（18Cr，フェライト系），SUS410（13Cr，マルテンサイト系）などが挙げられる。また，建築構造用途として，2000年にJIS G 4321（建築構造用ステンレス鋼材）が制定されている。

表1 代表的ステンレスの種類と特徴

		400系 （クロム系）		300系 （クロム・ニッケル系）
例		SUS410	SUS430	SUS304
成分		13% Cr	18% Cr	18% Cr-8% Ni
金属組織		マルテンサイト	フェライト	オーステナイト
磁性		あり	あり	なし
耐食性 （孔食指数 Cr+3.3Mo）		★ (12.5)	★★ (17.0)	★★★ (19.0)
特徴		焼入れ可能汎用鋼種	耐食性，加工性，溶接性に優れる汎用鋼種	耐粒界腐食性，成形性，溶接性に優れる汎用鋼種
用途		排ガス処理設備・マフラー・ボルト	厨房用品・建築内装・自動車部品・化学プラント	建材・構造材・内外装・化学プラントタンク

表2 建築構造用ステンレスの種類と特性（JIS G 4321）

種類の記号	代表的化学成分		0.1%耐力 N/mm^2	引張強さ N/mm^2	降伏比 %	伸び %
	Ni	Cr				
SUS304A	8.00～10.50	18.00～20.00	235≦	520≦	≦60	35～40
SUS304N2A	7.50～10.50	18.00～20.00	325≦	690≦	≦60	30～35
SUS316A	10.00～14.00	16.00～18.00	235≦	520≦	≦60	35～40
SCS13AA-CF	8.00～11.00	18.00～21.00	235≦	520≦	≦60	35～40

2 ステンレスの性質と用途

　ステンレスの力学的特徴は，たとえば*SUS304と普通鋼を比較すると，強度および塑性変形能力に優れていることである。しかしながら，スチールは応力とひずみの関係が線形で明確な降伏点をもつのに対して，ステンレスは降伏点が不明瞭で，弾性領域の応力とひずみの関係は非線形である。したがって，建築構造用材料としてステンレスを用いる場合，基準強度としては，0.1%オフセット耐力を用いた設計を行う（例:SUS304Aの場合，235N/mm^{2}以上（**表2**）が基準強度）。

　ステンレスは，スチールと比較すると，熱伝導率が低く，線膨張率は大きい。この性質はたとえば溶接などの際に生じる熱応力が大きいことを意味する。また比抵抗（電気抵抗率）は炭素鋼に比して大きく，他の金属材料に比しても大きい。

　ステンレスの特徴は，なんといってもその耐食性にある。一般環境下では，表面にクロム酸化物の不動態皮膜を生じるため，腐食の進行はきわめて遅く，その名称通り（Stainless）ほとんど錆びることはない。この不動態皮膜はたかだか3nm程度の厚さであるが，多少傷ついても周囲のクロムが選択的に酸化して被膜を再生することから，高い耐食性を示すのである。

　しかしながら，環境条件によっては腐食が進行することが知られており，代

＊SUS（サス）
JISで用いられる「ステンレス・スチール」略号。一般に，「サス」と呼ばれる。

表3　代表的ステンレスの物性値比較

材料		SUS 430	SUS 304	炭素鋼
密度	g/cm^3	7.70	7.93	7.87
線膨張率	(× 10^{-6}/℃)	10.4	17.3	11.0
比熱	J/kg・℃ (× 10^3)	0.46	0.50	0.42
熱伝導率	W/m/K	26	16	58
比抵抗	nΩ・m (× 10^{-6})	60	72	9.71

表的には，海水中等のCl$^-$イオンにより不動態皮膜が破壊されて腐食が進行する。また，応力がかかった状態で腐食環境作用を受けると割れが生じる応力腐食割れと呼ばれる現象を生じることもある。

ステンレスの建築材料としての用途は，耐久性，メンテナンス性，耐火性などに期待した，屋根材や外装材としての利用が多く，競技関連施設や空港，工場設備などの大空間の屋根材として用いられる。意匠性の面からは，商業施設や美術館などで利用される。内外装材としてはSUS304の利用が多いが，近年では屋根材としてはフェライト系冷延ステンレス鋼（SUS445など）が開発され用いられている。

その他の用途では，レンジフードやシンクなどの厨房関連設備，給湯機器などに使用されているほか，手すり，ガラス取付け用金物，ドアノブなど耐久性や強度の要求される建築金物としての利用が多い。また，港湾コンクリート構造物の鉄筋として，JIS G 4322に規定された鉄筋コンクリート用ステンレス異形棒鋼が用いられることもある。特殊な例では，低温での特性に期待して寒冷地施設や冷凍庫などでの利用も見られる。

（兼松　学）

参考文献
1）桑村仁，磯崎あゆみ「ステンレス鋼薄板ファスナ接合部の終局挙動軽量ステンレス鋼構造に関する研究　その4」（日本建築学会構造系論文集 No.559, 2002年6月）

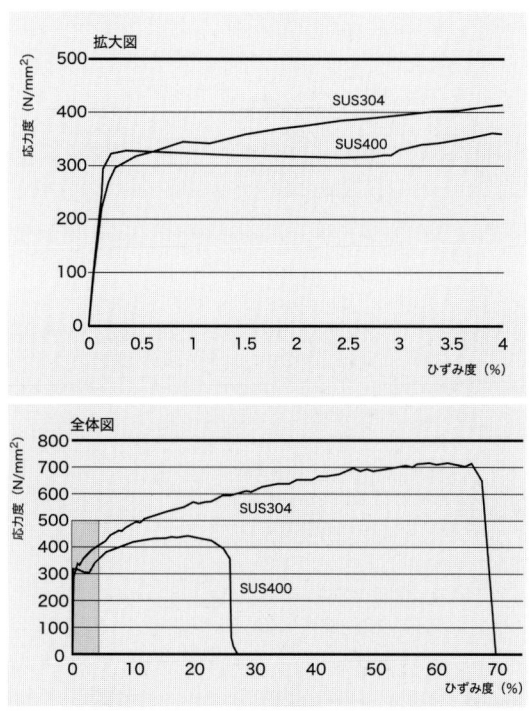

図1　SUS304とSUS400の応力・ひずみ関係の比較[1]

COLUMN

不動態皮膜

　金属の最大の弱点は水と酸素の働きで錆びること（腐食）である。酸素は大気中にふんだんに存在するため，雨がかかったり結露したりする箇所での腐食は避けられない。世の中の金属の多くが酸化物として存在することからもわかるように，金属にとって腐食した（酸化した）状態はきわめて安定な状態である。

　錆びない鉄は古くからの人類の夢であったといっても過言ではなく，古くはインドのウーツ鋼やダマスカス鋼が錆びにくい鉄として知られている。19世紀から20世紀ごろ活発に研究・開発が行われた結果，20世紀初頭にはステンレスが開発された。

　ステンレスが錆びない理由は，その表面に形成される不動態皮膜にある。不動態皮膜は，ステンレスに限らず鉄やアルミ，銅など各種金属の表面に生じる化学的に安定な酸化皮膜のことで，その厚みはたかだか数nm程度と薄い。

　ステンレスの場合，鉄にクロムを添加すると，金属表面のクロムは酸素と結合して薄くて緻密な酸化物の皮膜をつくる。この皮膜は緻密なため，外環境の劣化因子の侵入を防ぎ内部の金属を守る効果をもっている。さらに，この不動態皮膜は損傷に対する抵抗性も高く，外力などにより多少痛められても，内部の金属が酸化して膜を再生するため，安定して母材を腐食から守ることができる。

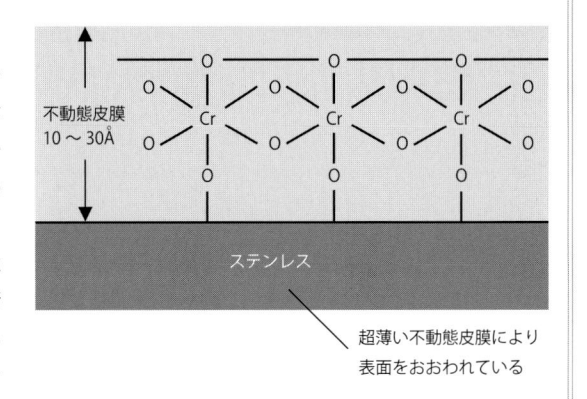

〔兼松〕

I メタル素材

3 アルミニウム

アルミニウム
(「A-ring」，設計：アトリエ・天工人，2009年)

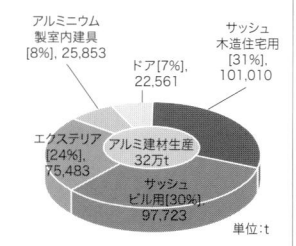

アルミニウム製室内建具
[8%], 25,853
ドア[7%], 22,561
サッシュ木造住宅用[31%], 101,010
エクステリア[24%], 75,483
アルミ建材生産 32万t
サッシュビル用[30%], 97,723
単位：t

図1　アルミニウム建材の用途別利用（2008年）

　アルミニウムが建築に使われるようになったのは，およそ100年前のことであり，初めて本格的に使用された建築物は，オットー・ワグナー設計のウィーン郵便貯金局（1904年）といわれている。
　日本においてアルミニウムが一般化するのは1960年代の高度成長期である。1952年に本格的な押出し成形のアルミサッシュが日本相互銀行（前川國男）で使用されると，その後，スチールサッシュに代わるものとして爆発的に普及していく。1968年に竣工した初の高層建築である霞が関ビルディングでは，外壁にアルミカーテンウォールが採用されている。現在では，サッシュの利用に加え，外装材，建具，ドアなどその利用は多岐にわたる。また，環境配慮の観点から，アルミニウムのリサイクルの容易性が注目されている。

1 アルミニウムの歴史

　アルミニウムの存在が初めて知られるようになったのは18世紀も終わりのころのことであり，鉄や銅などに比べて新しい金属材料である。現在のボーキサイトからアルミニウムまでの製造法（ホール・エルー法）が確立したのは，1880年代後半で，日本でも，その直後からアルミニウム地金の輸入を開始している。当初は航空機や軍事用途だったアルミニウムも，徐々に輸送用，建築用，包装用と人々の日常生活に使用されるようになり，現在では金属の中の使

表1　アルミニウムの歴史

1782	フランスのA.L. ラヴォワジェが，みょうばん石（アルミナ）が何らかの金属の酸化物である可能性を提唱。アルミーヌと命名
1807	イギリスのH. デービーが，電気化学的手法により金属アルミニウムの存在を確認。アルミアム（Alumium）と命名
1855	フランスのH.E.SC. ドビルが，化学還元法によりアルミニウム製錬を開始
1886	アメリカのC.M. ホールが，電気製錬法を発明
	フランスのP.L.T. エルーが，ほぼ同時期に電気製錬法を発明。ホール・エルー（Hall-Héroult）法の確立
1887	オーストリアのK.J. バイヤーが，湿式アルカリ法によるアルミナ製造法を発明
1904	オーストリアのオットー・ワグナーが建築で本格的に使用
1929	日本で，アルマイト処理の発明
	アメリカのバックミンスター・フラーが，ダイマキシオン・ハウスをつくる
1931	アメリカのアルバート・フライが，アルミネア・ハウスをつくる
1934	日本でのアルミニウム製錬開始

用量においては，鉄に次ぐ第2位となっている。

2 アルミニウムの種類

　アルミニウムのうち純度99.00％以上のものを純アルミニウムと呼び，種々の元素を添加して強度を高めるなど，性質を改善したものをアルミニウム*合金と呼ぶ。アルミニウムは，少量の不純物の添加により合金化することで，さまざまな性質をもつ。工業的に用いられるアルミニウム合金としては，加工材の圧延用合金（1000系から8000系）と，鋳物・ダイカストの鋳造用合金（鋳物はAC1～9，ダイカストはADC1～14）に分類される。

　たとえば，圧延用合金は主要添加元素などによって系統分けされており，工業用純アルミ（1000系），Al-Cu-Mg系合金（2000系），Al-Mn系合金（3000系），Al-Si系合金（4000系），Al-Mg系合金（5000系），Al-Mg-Si系合金（6000

*合金（ごうきん）
金属単体の性能を向上させるため，2種類以上の金属，あるいは金属と非金属を溶融凝固させたもの。

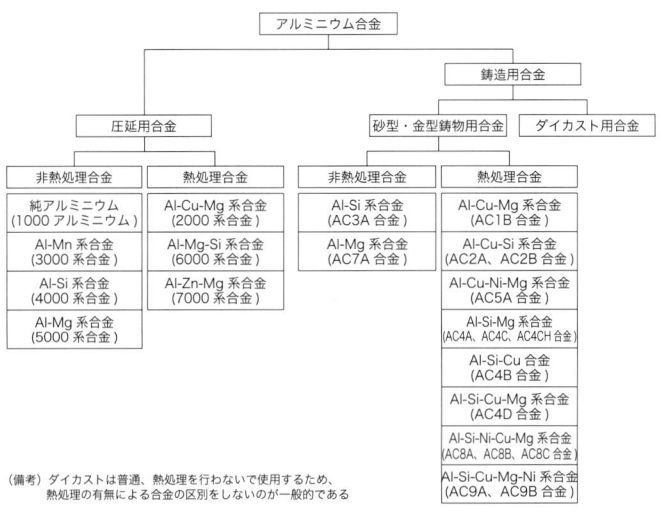

図2　アルミニウムの用途と種類（日本アルミニウム協会）

系），Al-Zn-Mg系合金（7000系），その他の系統合金（8000系）に分類される。

　合金の中では，銅を添加し強度を著しく増強したジュラルミン（Al-Cu-Mg系）が有名である。建築材料としては，パネル類として一般的なマンガンを添加した合金（Al-Mn系），ダイカスト製品用に用いられるマグネシウムとケイ素を添加したもの（Al-Mg-Si系），カーテンウォールなどに用いられるケイ素を添加したもの（Al-Si系）などがある。

3
アルミニウムの製造

3-1　アルミニウム製品の素材の製造

　アルミニウムは，地殻に含まれる元素としては酸素，ケイ素に次いで3番目に多く，金属資源としては最も多い。アルミニウムはボーキサイトを原料として製造される。アルミニウム製品の原料となるアルミニウム地金の製造には多大な電力（生産エネルギーの97％）が必要であり，このことがアルミニウム製品の価格を押し上げる要因となっている。その一方で，ひとたびアルミニウム地金にすれば，電力消費の工程が省略され，わずかなエネルギーで再利用可能である。このため，リサイクルの視点からは環境にやさしい材料といえる。

　わが国の新地金精錬は，1970年代をピークに減退し，現在では国内需要の99％以上をオーストラリアやロシア，ブラジルなどからの輸入に頼っており，エネルギーの必要な新地金の精錬工程は海外で行われている。

(1) ボーキサイトからアルミナを抽出する工程

　現在，ボーキサイトからアルミナを抽出する工程は，バイヤー法（湿式アル

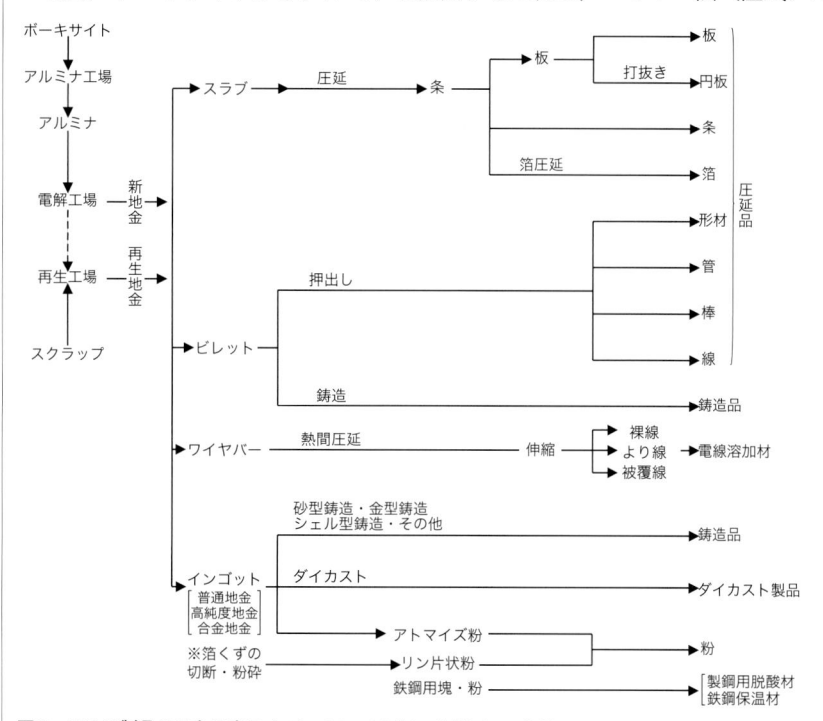

図3　アルミ製品のできるまで（日本アルミニウム協会の資料をもとに作成）

カリ法）により行われている。ボーキサイトを苛性ソーダ液と混ぜ加圧加熱すると，ボーキサイト中のアルミナ分が溶け出してアルミ酸ソーダ液となり，ここから苛性ソーダ液を分離し約1,000℃前後で焼成すると純白の粉状のアルミナが製造される。おおよそボーキサイト2tからアルミナ1tが製造される。

(2) アルミナからアルミニウム地金を製造する工程

ボーキサイトから製造されたアルミナに溶融氷晶石やフッ化アルミニウムを混合し，電気炉中で電気分解してアルミニウム地金を製造する。アルミニウム合金を製造する場合，保持炉に移した後に必要な他の金属類を添加する。

アルミニウム地金は，普通純度地金，高純度地金，合金地金に分類され，形状・用途に応じて，スラブ（圧延材），ビレット（圧延，鍛造），ワイヤバー（電線溶加材），インゴット（鋳造・ダイカスト他）などの形状に成形される。

(3) アルミニウム地金から合金をつくり製品化する工程

得られたスラブ，インゴットなどの素材原料は，各種製品メーカーへと持ち込まれ，圧延・押出し・鍛造・鋳造などの加工を施して，さまざまな形状の製品素材に成形する。

3-2 アルミニウム製品の成形方法

アルミニウム製品の代表的成形法としては，圧延，押出し，引抜き，鍛造，鋳造などが挙げられる。建築用製品の成形には，押出しや鋳造（ダイカスト）などが利用される。

(1) 押出し加工

押出し加工とは，円柱のアルミ合金の塊（ビレット）を用い，アルミニウムやアルミ合金を400～500℃の熱間で押し出す加工方法で，押出し機を用いて強い圧力を加えて所要の形状をもつダイス穴から押し出して，細長い加工製品（押出し材）をつくる成形方法のことである。高い寸法精度を確保することができ，複雑な断面形状や中空断面を容易に成形することが可能である。

アルミ建材の代表格であるアルミサッシは押出し加工により製造され，他の金属材料では難しい複雑な断面を実現している。

(2) ダイカスト

耐熱性鋼でつくられた複雑な形状の金型に，溶融したアルミを高速・高圧で注入し，成形する。寸法精度に優れた薄肉鋳物を短時間で大量に生産できる。

3-3 表面処理

建築材料としてアルミニウムを用いる場合，表面処理が行われることが多い。表面処理としては陽極酸化法（アルマイト処理），着色，塗装，機械的表面処理，化成皮膜処理，光輝皮膜処理（光沢処理），ほうろう，めっきなどが挙げられ，これらの処理と着色技術を組み合わせることでさまざまな発色が得られる。最も一般的に用いられる陽極酸化処理法は，アルミニウムの表面に数μm～数十μmの酸化アルミニウムの薄い皮膜を発生させる処理で，耐食性，耐摩耗性を付与するとともに，アルミニウムの美しい金属光沢を保持することができる。

代表的なアルミ塗装板は，アルミコイルに塗料（ポリエステル系，アクリル

図4 アルミの押出し加工の断面
押出し成形により複雑な断面成形が可能である（提供：昭和電工）

系, エポキシ系, フッ素系など) を連続的に焼付けしたもので, カラーアルミと呼ばれ, 外壁や屋根材などに利用されている。また, アルミサッシュ, ブラインドなどは, アルマイト下地に塗装を施して利用されることが多い。

4 アルミニウムの性質

アルミニウムは軽くて, 熱・電気の良導体であること, 非磁性で, 反射率に優れていること, 加工性に優れていることなどが特徴として挙げられる (表2)。

(1) 軽い

アルミニウムの比重は2.7と小さく, 鉄 (7.8) や銅 (8.9) と比較すると1/3程度の軽さである。密度が小さく比強度 (単位密度当りの強度) が大きいため, 車などの構造材料として多く使用されている。

(2) 力学的性質

アルミニウムの強度は, 種類によって異なり, 純アルミニウムの$60N/mm^2$から7000系合金の$600N/mm^2$近くまで幅広い。

建築に用いられるアルミニウムは, 強度は$80〜120N/mm^2$程度であり, 強度や弾性係数はスチールと比較して小さく, 応力ひずみ曲線には明確な降伏現象が現れないため, 0.2％耐力を降伏点の代わりとして用いる。融点が660℃と低く, 高温では強度低下がみられるため, 構造材料として使用されることは少なかった。ところが, 2002年に技術基準が定められ, 原則として$50m^2$以下の建築物に使用できるようになった。

(3) 耐食性

アルミニウムは, 空気中では表面に緻密で安定な自然酸化皮膜が生成するため, 錆にくく耐食性が高い。しかし, アルミニウムは両性金属であり, 酸およびアルカリ存在下で表面の酸化皮膜が溶解し腐食につながる。また, この酸化皮膜は10nm程度の厚さしかないため, 表面の汚れ防止, および耐久性向上のために表面処理が行われる。

(4) 熱伝導性

アルミニウムは, 熱伝導率が鉄の3倍程度と特に高い。その利用先として各種の熱交換器や放熱器, 調理器具など熱伝導が重要な分野が挙げられる。

他の金属材料と同様に, 材を通じて室内外の熱を伝達しやすい*熱橋 (ヒートブリッジ) には注意が必要である。結露の一因となる。

(5) 光や熱の反射性

アルミニウムの表面は反射性に優れており, 赤外線や紫外線などの光線, 電磁波, 各種熱線をよく反射し, 暖房機の反射板, 照明器具, パラボラアンテナなどにも使用される。純度が高いほど反射率が高い。

(6) リサイクル性

アルミニウムは融点が低く, 使用済み製品を溶かして再利用することが容易である。再生地金をつくるのに必要なエネルギーは新地金をつくる場合の3％

表2 アルミニウムの物性

項目	値
原子量	26.98
原子番号	13
密度(20℃)	$2.70g/cm^3$ (鉄の1/3)
線膨張係数	$23.7×10^{-6}/℃$
融点	660.4℃
比熱	$24.3 J/(K·mol)$ (鉄の倍)
熱伝導率	$237W/(m/K)$ (鉄の3倍)
比抵抗	$2.65×10^{-6} Ω cm$ (低)
引張強度	$86〜195N/mm^2$
比強度	$11.5N/mm^2$ (鉄の2倍)
伸び	$4〜50％$
弾性係数	$68.3kN/mm^2$
ポアソン比	0.34

＊熱橋 (ねつきょう)
建築物の壁などの熱の伝わりやすい, 断熱材の接合部などのこと。ヒートブリッジ。

*カスケードリサイクル
カスケードとは階段状の小さな滝のこと。たとえば、バージンパルプがトイレットペーパーに再生されるように、ものが品質を落としながら段階的に再利用されることをいう。

で済む。そのため、アルミ缶のリサイクル率は70％強に達し、アルミサッシュでは90～100％となっている。ただし、再利用に際しては、合金化により添加された不純物のコントロールが必要であり、鋳物への*カスケードリサイクルを行ったり、純度の高いインゴットを添加して再生したりするなどといったことが行われることもある。

(7) その他

その他の特性として、非磁性（電気機器，測定機器，医療機器に使用），導電性（銅の約60％だが同重量で2倍，高圧線に使用），無毒性（包装材，飲料缶に使用）などを有する。また，近年のIT化に伴い，電磁波を遮断する目的で，コンピュータルームの壁面やフリーアクセスフロアなどに用いられる。

5 アルミニウムの用途

アルミの用途として代表的なものがアルミサッシュである。鉄や木のサッシュに代わるものとして一般化した。木サッシュや鉄サッシュなどに比べて耐久性が高く，軽いために開閉のストレスが少なく，雨仕舞いなどの複雑な断面形状を押出し成形により容易に加工できる。用途に応じたサッシュの種類としては一般用，防音用，断熱用，改修用などが挙げられるが，そのいずれもアルミサッシュで対応可能である。また近年では，ヒートブリッジや結露の対策として，断熱性を高める各種の工夫がなされている。

（兼松　学）

参考文献
1) 日本リビングアメニティ協会資料
2) 日本アルミニウム協会資料

COLUMN

環境性能とアルミニウム

最近，環境性能という言葉をよく耳にする。環境性能とは，モノやサービスが環境に及ぼす影響または負荷に関わる性能であり，地球温暖化だけではなく，オゾン層破壊や，土壌酸性化，大気汚染，化石系の燃料・資源の枯渇化といったさまざまな側面が関係する。京都議定書以来，環境問題としては，地球温暖化が特にクローズアップされているが，より多様な視点で環境問題をとらえる必要がある。

アルミニウムは環境に優しい材料といわれているが，一方で，いわゆる「電気の缶詰」と呼ばれるほど，製造時に多量の電力を必要とする。特に主要な発電源である石炭火力発電では二酸化炭素を大量に排出しているため，多量の電力を使用するアルミの製造は環境に優しいとはいえない。しかし，ひとたびアルミニウムを精錬してしまえば，アルミニウムは融点が低いため，使用済み製品を溶かして再利用することが容易であり，効率的なリサイクルを行うことができる。

さらに，別の視点で考えると，自動車などに用いられる

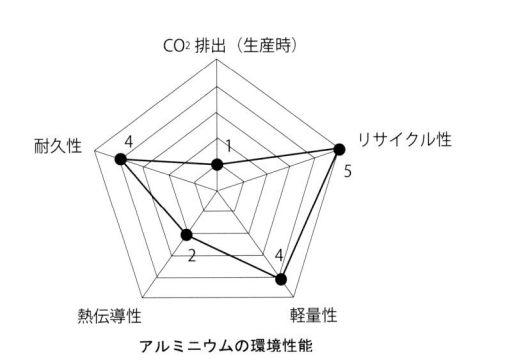

アルミニウムの環境性能

アルミは，自動車の軽量化に大きく貢献するため，エンジンの負荷を減らすことで車の省エネルギー化に貢献している。また，アルミサッシュは，それまで使われてきた鉄サッシュに比べて錆びにくく耐久性が高いため，環境に優しい材料といえるが，熱を伝えやすいため，室内の冷暖房負荷の軽減のためには，さらなる改善が必要となる。このように，環境性能は見方によって大きく変わるため，さまざまな角度から検証する必要がある。

（兼松）

Ⅰ　メタル素材

4 銅・チタン・亜鉛

チタン
(「ビルバオ・グッゲンハイム美術館」, フランク・O・ゲイリー, 1998年)（写真提供：林友斉）

[銅]

　銅は，チタン，亜鉛，アルミなどとともに，スチール以外の金属材料である「非鉄金属」に分類される。これら非鉄金属は，金属種・合金種により千差万別なため，建材分野ではそれぞれの特徴を活かし建築金物をはじめ内外装や装飾金物，屋根材などとして幅広く利用されている。中でも銅は，耐食性，加工性，意匠性に優れ，屋根材として用いると，当初の赤銅色から経年により美しい緑青色に変化し，神社仏閣や洋風建築などに用いられている。

1 銅の歴史

　銅の歴史は鉄などと比べて古く，自然界から得た自然銅の使用は B.C.9000 年以前とされており，B.C.5000 年ごろにはエジプトでの使用が認められている。本格的に銅が使用されるようになったのは，B.C.3500 年ごろのメソポタミアで，銅に比べて強度が高い青銅は，道具や武具として文明を支える金属として利用された。B.C.2800 年にはアプシル神殿（エジプト）で給水管として銅が利用されていた。

　わが国での銅の利用は B.C.300 年ごろの弥生時代といわれており，A.D.700 年前後には銅鉱脈が発見され，銅が生産されるようになった。和同開珎（708年）

に代表される銅貨や，大仏をはじめとする仏像，工芸品などに利用された。その後，江戸時代には世界一の銅生産国となった。現在では，銅鉱石はほとんど採掘しておらず100％輸入に頼っているが，銅地金の生産および消費量は世界3位と依然高水準にある。

2 銅の種類

銅は，純銅あるいは，銅合金として用いられる。添加物の種類に応じて，丹銅・黄銅（亜鉛），青銅（錫），洋白（ニッケル）などの種類に大別される。

たとえば丹銅・黄銅は亜鉛との合金で，別名真鍮と呼ばれる。亜鉛の含有量が多いものが黄銅である。黄金色の美しい色合いを示し，古くから手すりなどの金物に用いられてきた。青銅は別名ブロンズと呼ばれ，耐食性が高く，内外装の装飾金物として用いられる。建築用途では，純銅が80％を占め，次いで黄銅が多く，用途別では，銅管用途の純銅が最も多い。

表1　銅および銅合金の成分組成と引張強度の例

合金番号	名称	引張強度 (N/mm²)	Cu	Pb	Fe	Sn	Zn	Al	Mn	Ni	P
C1020	無酸素銅	195〜275	99.96 ≦	―	―	―	―	―	―	―	―
C1100	タフピッチ銅	195〜275	99.90 ≦	―	―	―	―	―	―	―	―
C1201, C1220, C1221	リン脱酸銅	195〜275	99.75 ≦	―	―	―	―	―	―	―	0.004〜0.040
C2100, C2200, C2300, C2400	丹銅	205〜550	94.0〜78.5	≦ 0.05	≦ 0.05	―	残部	―	―	―	―
C2600, C2680, C2720, C2801	黄銅	275〜620	71.5〜59.0	≦ 0.10	≦ 0.07	―	残部	―	―	―	―
C5191, C5212	リン青銅	275〜	Cu+Sn+P ≦ 99.5	≦ 0.02	≦ 0.10	5.5〜7.0	≦ 0.20	―	―	―	0.03〜0.35
C7060	白銅	345〜690	Cu+Ni+Fe+Mn ≧ 99.5	≦ 0.02	1.0〜1.8	―	≦ 0.50	―	0.20〜1.0	9.0〜11.0	―
C7150, C7250	ニッケル・すず銅（洋白）	195〜275	Cu+Fe+Mn+Ni ≧ 99.5 (C7150) Cu+Pb+Fe+Sn+Zn+Mn+Ni ≧ 99.8 (C7250)	≦ 0.05	≦ 0.6	≦ 2.8	≦ 0.50	―	≦ 0.20	8.5〜33.5	―

複数種類のJIS規格値の範囲をまとめて記載した。引張り強度は，JIS規格値の最低値を示した

表2　銅・チタン・亜鉛の物性

	密度 (g/cm³)	比熱	融点 (℃)	線膨張率 (1/℃)	熱伝導率 (kcal/m·h·℃)	弾性係数 (GPa)	引張強度 (MPa)	耐食性
銅	8.9	0.093	1,083	1.7×10^{-5}	338	120	140〜270	湿度環境下で緑青を生成する．酸・アルカリ（特にアンモニア）中で激しく腐食
チタン	4.5	0.125	1,668	0.9×10^{-5}	16.7	110	290〜690	ほとんど腐食しない
亜鉛	7.1	0.094	420	2.9×10^{-5}	79.2	770	110〜270	酸・アルカリで腐食

3 銅の性質と用途

3-1 銅の性質

銅は，単体では美しい赤橙色の金属で，銀の次に導電性が高いことから一般的には電線やケーブルなどに用いられる。

銅は他金属に比べて熱伝導率が高いことを利用して銅鍋など調理道具にも用いられる。建築分野では給排水・設備配管への利用が多いが，これは，耐食性が高く熱伝導率が高いことに加え，展延性・加工性に優れ，現場での曲げ加工に適しているからである。

図1 屋根の銅板葺き作業（提供：A.A.E.）

銅には殺菌消毒作用があることが知られており，複数の人が触れる手すりやドアノブでの利用や，給湯器の配管などでの利用は理に適っている。

一定の湿度のもとで経年すると，空気中の二酸化炭素の作用で赤褐色から暗褐色へと変化し，さらに表面に美しい緑青を生成し安定する（$2Cu + O_2 + CO_2 + H_2O \rightarrow CuCO_3 \cdot Cu(OH)_2$）。一時期，緑青に毒性があるといわれたことがあったが，現在では毒性がないことが証明されている。

銅や銅合金はスクラップ価値が高いのが特徴で，使用済みの銅は積極的にリサイクルされ，製造時の銅くずもほぼ100％再利用されている。

3-2 銅の用途

建築材料としては，配管利用が最も多く，次いでその耐久性の高さと加工性のよさから建築金物や装飾建材として広く用いられる。屋根材としての利用も一般的で，神社仏閣などに利用され，付随する庇や笠木，樋などにも使われる。屋根材としては多くは純銅が用いられるが，ごくまれに真鍮も用いられる。

通常の環境下においては，屋根が緑青色に色づくまで十数年かかるが，現在では薬品の塗布により化学的に緑青を生成させた人工緑青処理を施したものが製品化されている。

表3 建築用途の銅

用途	適用合金	形態
給水管	C1020, C1201, C1220, C2200, C2300	管
	C1220	溶接管
給湯管	C1020, C1201, C1220, C2200, C2300	管
	C1220	溶接管
スプリンクラー	C1220	管
ガス管	C1201, C1220	管
	C1220	溶接管
衛生管	C2600, C2700, C2800, C1220	管
	C2600, C2680	溶接管
医療用ガス管	C1220, C1100	管
冷媒用配管	C1220	管
床暖房用配管	C1220	管
建材	C7060, C7150	溶接管
屋根板	C1220	板・条
化粧板	C2801	板・条

[チタン]

　チタンを用いた建築物としては，なんといってもフランク・O・ゲーリー設計のビルバオ・グッゲンハイム美術館が有名である。その奇抜なフォルムに目が行きがちであるが，チタン特有の金属素地の美しさは，その耐食性に支えられて長きにわたって維持されることだろう。わが国では，海浜地区のような厳しい腐食環境で使用がはじまり，その後美術館・博物館をはじめとする公共建築物や，神社仏閣等の恒久建築物へと適用範囲を広げてきており，東京ビッグサイト国際会議場外壁や島根県立美術館の屋根などが有名である。

　また，チタンは塗料の白色顔料（酸化チタン）として最も多く利用されており，金属材料として使用される以前より工業生産されてきた。近年では，酸化チタンの光触媒機能が注目され，建材への応用が検討されている。

1 チタンの歴史

　金属としてのチタンは，他の金属材料に比べて歴史は浅い。軍事利用が主であったチタンが，建築材料として利用されるようになったのは1970年を過ぎてからである。チタンの特徴はなによりもその高い耐食性にあり，一般環境下では腐食することがないため，当初は沖縄などの厳しい環境での腐食対策として用いられていた。1987年に「不燃材料」として認定されると，防災上の各種制限のある大規模建築物や，特定行政庁が指定した区域での屋根，内外装材料として使用することが可能となり，その利用が拡大した。

2 チタンの種類

　チタンは，αチタン，βチタン，α-βチタンの3種類に分類される。αチタンは純度の高い純チタン（工業用純チタン）であり，アルミニウムやバナジウム，モリブデンなどを加えたα-βチタン（Ti-6Al-4V合金など）とβチタン（Ti-15V-3Cr-3Sn-3Al合金など）を総称してチタン合金と呼ぶ。主として加工性の観点から，建築には工業用純チタンが用いられることが多い。

表4　チタンおよびチタン合金の化学組成

試料名	化学成分（%）								機械的特性		
									引張強さ	耐力	伸び
	H	O	N	Fe	Al	V	Sn	Cr	N/mm²	N/mm²	%
純チタン（JIS 第2種）	0.0022	0.082	<0.001	0.05	—	—	—	—	270-410	≧165	≧27
α-βチタン (Ti-6Al-4V)	—	—	—	0.17	6.23	4.23	—	—	340-510	≧215	≧23
βチタン (Ti-15V-3Cr-3Sn-3Al)				0.17	3.30	15.0	2.98	3.01	480-620	≧345	≧18

3 チタンの製造

チタンは地殻を構成する成分としては9番目に多い元素で，遷移元素としては鉄についで多い。自然界には，ルチル（金紅石，TiO_2），ペロブスカイト（灰チタン石，$CaTiO_3$），イルメナイト（チタン鉄鉱，$FeTiO_3$）などの鉱石中に酸化物として存在しているが，集積度は低い。

チタンの製造では，まず，約900℃の高温で炭素の共存下でチタン鉱石中の酸化物を塩素と反応させて四塩化チタン（$TiCl_4$）を得る。そして，この四塩化チタンからマグネシウム（Mg）還元法（クロール法），またはナトリウム（Na）還元法（ハンター法）のいずれかにより塩化物イオンを取り除くとチタンが得られる。現在では，クロール法が世界の主流となっている。こうして得られるスポンジチタンを破砕・粉砕し，溶解・凝固を繰り返すことにより，チタンインゴットに成形し，展伸や加工を施して建材製品が製造される。

4 チタンの性質と用途

4-1 金属チタン

金属チタンの特徴としては，酸，アルカリ，有機酸などの腐食因子に対して圧倒的な耐食性を有することが挙げられる。比重は鉄の60％程度，アルミニウムの1.7倍程度と軽く，線膨張率が小さく，熱伝導率も小さい。チタンの表面処理としては，酸洗処理，ロールダル仕上げ，アルミブラスト仕上げなどが挙げられ，さらにこれらと陽極酸化被膜処理を組み合わせることで豊富な色調を得ることができるため，意匠性が高い。欠点としては，スチールなどに比べて価格が依然として高い点が挙げられる。これらの特徴を活かし，屋根材や外装材を中心とした利用が多く，メンテナンスコストを低く抑えられることでコストメリットが得られる公共建築物や神社仏閣などに用いられることが多い。

4-2 光触媒建材

近年，酸化チタン（TiO_2）による光触媒技術が注目されている。光触媒塗料などに加え，種々の建築材料に数十〜百nm（ナノメートル）程度の無色透明のコーティングを施した光触媒建材が開発されている。

酸化チタンの光触媒機能は，有機物を強力に分解（酸化分解）して建築材料の表面の汚れを自然に除去する効果と，建築材料の表面の濡れ性（濡れやすさ）を高めて少量の水で汚れを洗い流し付着しにくくする効果を有している。

［亜鉛］

戦後，安普請の建築物にはトタン板が多用された。これは，鋼板に薄く亜鉛めっきを施したもので，安価な割に耐久性が高いためであった。現在，スチールにアルミニウムと亜鉛合金めっきを施したガルバリウム鋼板が，耐久性とコ

ストの有利さから，建築物の外壁を中心に幅広く用いられている。

1 亜鉛の性質

　亜鉛は，イオン化傾向が大きく，酸やアルカリに弱い特徴をもつ。亜鉛単体で用いられることはまずなく，多くの場合，めっき用材料として用いられる。

　亜鉛めっきには，傷などが生じてもイオン化傾向の差から亜鉛が優先的に腐食することで鉄を腐食から守る「犠牲防食作用」と，めっき自体の緻密な層自体が鉄を守る「保護作用」がある。このため，高い防食作用と耐久性を発揮する。

2 亜鉛の用途

　亜鉛めっきの処理法には，電気亜鉛めっきおよび溶融亜鉛めっきがあるが，溶融亜鉛めっきした鋼板（トタン板）が建築材料として一般的に用いられている。55％アルミニウムと亜鉛合金めっきを施した鋼板は，ガルバリウム鋼板と呼ばれ，腐食しにくく美観を損なわず，意匠建築に多用されている。ガルバリウム鋼板は，めっき中の亜鉛が犠牲防食により溶け出す作用に加え，溶け出した後の空間にアルミニウムが充填されることで組織を修復し緻密化する「自己修復作用」を有する。このため，通常の亜鉛めっきに比べて数倍の耐久性をもつ。

〔兼松　学〕

参考文献
1）日本伸銅協会統計資料など
2）社団法人日本チタン協会資料
3）芦原幸一「チタン建材用途開発」（神戸製鋼技法，Vol. 49, No. 3, pp. 61-64, 1999）
4）重石邦彦「チタンの建材としてのポテンシャルを探る」（施工と管理，2008.1）

COLUMN

異なる金属を重ねるとどうなるか

　我々が普段使用している電池の中身はどのようになっているのだろうか。一般に使われているアルカリ電池は，二酸化マンガンと黒鉛の粉末を正極，亜鉛を負極として苛性アルカリ水溶液中に漬けたものである。水溶液といっても，実際の電池では織布に染み込ませるなどの処置をして固体化しているので，乾電池と呼ばれる。さて，異なる金属からなる2つの電極を電気回路としてつなげると，イオン化傾向の大きい金属が溶け出して負極となり，イオン化傾向の小さい方は正極となって，両者の間には電気が流れる。

　実は，建築において異種の金属材料を接触させた場合も同様となる。鉄を亜鉛で覆った亜鉛メッキ鋼板，いわゆるトタンは，雨水などが作用して腐食環境が整うとイオン化傾向の大きい亜鉛が溶け出して酸化し，逆にイオン化傾向の小さい鉄は錆びることなくそのままの状態に保たれる。このような機能は「犠牲防食」と呼ばれ，さまざま金属の耐久性を高めるのに応用されている。ほかにも，アルミ建材に鉄釘を使うなど異なる金属を接触させた場合も同様

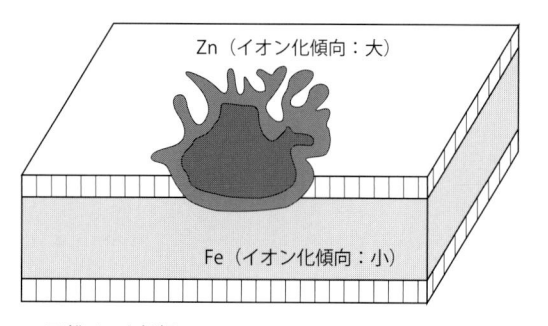

亜鉛メッキ鋼板

に，両者の間で腐食電池が形成されて，著しい錆が生じることがある（ガルバニック腐食という）。

　このように，異種の金属を接触させると，犠牲防食により耐久性を高めることができることもあるが，腐食電池の形成により耐久性を損ねる場合があるので，細心の注意を払う必要がある。

〔兼松〕

II　セラミック素材

セラミック素材とは

　セラミックスの語源は，インド・ヨーロッパ語族の中でも最も古い言語の歴史をもつギリシャ語の「keramos」に由来し，「粘土を焼き固めたもの」を意味する。

　本章では，粘土を構成する非金属無機材料を，素材の全体もしくは一部に含んだものを「セラミック素材」とし，石，土，コンクリート，セメント系材料，れんが，瓦，タイル，ガラス，石膏および漆喰に分類したうえで，建築材料としての特性と建築物への使われ方を学ぶ。

　セラミック素材全般に共通する特性として，地球の地殻・表層材料である岩石や粘土を多く用いるため，ある共通する物理化学的特性をもつようになる。具体的には，金属素材よりも軽いが，プラスチックよりは重くなること，常温では固体であり，硬度・強度は高いが，破壊が内部の局所的な欠陥に左右され，脆性破壊しやすいこと，その他，耐熱性に優れるが，熱による衝撃破壊を起こしやすいことなどが挙げられる。

　現在，セラミック素材を用いた建築材料は内外装材料に非常に幅広く普及しており，耐久性・安全性さらには美観についても配慮がなされるようになってきている。目を他の分野に向けると，電子機械産業，化学工業ほか，さまざまな分野でも数多くのセラミック素材を用いた製品が生み出されている。　（田村）

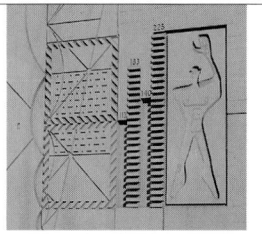

古代ローマンセメントの発祥地（イタリア・ポッツォーリ）

コンクリートの壁画（ドイツ・ベルリンのユニテ）

粘土瓦と漆喰によるなまこ壁（静岡・伊豆長八美術館）

れんがに刻まれた年符（デンマーク・コペンハーゲン中央駅）

れんがと漆喰のエンタシス（イタリア・ポンペイ遺跡）

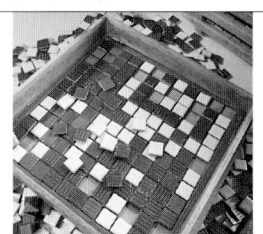

モザイクタイルの製造（岐阜）

スパニッシュ瓦による色彩（クロアチア・ドゥブロヴニク）

伝統的建築に用いられる鬼瓦（奈良・橋本瓦工業）

極彩色のタイル施工（タイ・バンコク寺院）

長く続く石畳（イタリア・ポンペイ遺跡）

湿式タイルの焼成（岐阜）

歴史的な衛生陶器（福岡・TOTO博物館）

II セラミック素材

5 石

ジンバブエ産の黒御影石
(「佐川美術館樂吉左衞門館」,設計:
樂吉左衞門＋竹中工務店,2007年)

　石は,世界各地において,建築のみならず都市の基盤を形成するうえで重要な役割を担ってきた。街を歩けば,石の建材を見かけないことはないほどである。

　地域によって違いはあるものの,1900年ごろまでは建築の歴史といえば,石材の歴史であり,構造材料,仕上げ材料ならびに床材料など数多くの部位に使用されてきた。近年は,建築における工業化生産の流れの中で,構造材料としてではなく内外装仕上げ材料を中心に用いられている。

　石材は色彩さらにはテクスチャーなどに配慮して用いられることが望ましい。それは石材によって与えられる建築物の印象が,建築物の意匠的価値,さらには景観的価値にまで影響を及ぼすためである。

1 石材の歴史

　石は,旧石器時代における農耕の始まりとともに,住居をはじめとする生活を形成するための材料として多種多様に用いられてきた。その後,文明が発達し,ピラミッドなどの巨大建造物の主要材料として用いられ,建設材料としての確固たる地位を築くことになる(表1,図1)。

　日本では,伝統的木造建築において,掘立て柱から石場建てへ変化を遂げたことは建築構法から見て重要な転機といえる。日本建築学会では1960年に石

図1 石材とピラミッド

表1 石材の歴史

年	項目
B.C.10000年ごろ（旧石器時代）	石器を用いた農耕文化が始まり，住居にも石材が使用されたと考えられる
B.C.3500年	メソポタミア文明において，建築物の礎石としての使用が確認されている
B.C.2500年	エジプト文明において，オベリスク，ピラミッドなど巨大石材建造物に使用された
B.C.25年	ローマ・パンテオン，世界最古の教会建築の石造ドーム等に使用された
1870年（明治時代）	日本最初の石造灯台，和歌山・樫野埼灯台が建設された
1891年（明治時代）	日本最古のれんが・石造建築，東京・ニコライ堂が建設された

工事の標準仕様書をまとめているが，その序で「従来，石工事の仕様は明確を欠く点が多く，施工の段階においてしばしば困惑する場合もあった」と記されており，石材を用いる工事を近代的な建築生産技術として確立するうえでの苦心がうかがえる。現在は，石工事をめぐる材料・工法は合理的な変化を遂げ，乾式工法を中心とする躯体との接合方法や構法の変化に伴う新しい加工・施工方法などが展開されている。

2 石材の種類

石材はその成因上，火成岩（地下深部のマグマが地殻内でまたは地上に噴出して冷却固結したもの），変成岩（火成岩または堆積岩が形成過程と異なる岩石に再生されたもの）および堆積岩（地表に露出した岩石の風化物などが地表または水中で堆積したもの）に分類される（**図2，表2**）。これらは，建築用石材をはじめ，土工石材，墓石ならびに工芸品等に加工され，広く社会に流通している。

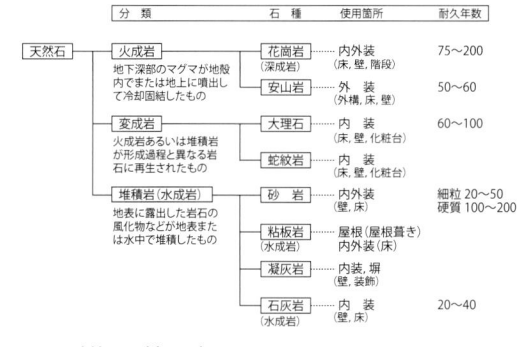

図2 建築用石材の分類

分類	石種	使用箇所	耐久年数
天然石 火成岩（深成岩）地下深部のマグマが地殻内でまたは地上に噴出して冷却固結したもの	花崗岩	内外装（床，壁，階段）	75～200
	安山岩	外装（外構，床，壁）	50～60
変成岩 火成岩あるいは堆積岩が形成過程と異なる岩石に再生されたもの	大理石	内装（床，壁，化粧台）	60～100
	蛇紋岩	内装（床，壁，化粧台）	
堆積岩（水成岩）地表に露出した岩石の風化物などが地表または水中で堆積したもの	砂岩（水成岩）	内外装（壁，床）	細粒 20～50 硬質 100～200
	粘板岩（水成岩）	屋根（屋根葺き）内外装（床）	
	凝灰岩	内装，塀（壁，装飾）	
	石灰岩（水成岩）	内装（壁，床）	20～40

建築用石材に関しては，建築物の壁や床内外装仕上げ材としての使用実績がある。主な使用石材は花崗岩，大理石，砂岩および石灰岩の4種類である（**表2**）。石材に共通する特徴は，自然石を原料とするため，機械的な性質にある程度のばらつきが生じることである。そのため，各部位ごとに使用上の安全性を確保したうえで，使い方を検討する必要がある。

表2 主な建築石材の種類と性質

種類	密度 (g/cm³)	空隙率 (%)	圧縮強さ (N/mm²)	曲げ強さ (N/mm²)	ショア硬度	線膨張率 (×10⁻⁶/℃)
花崗岩	2.5～2.7	0.5～1.5	90～310	9～39	85～100	3.7～6.0
	火成岩の代表。結晶質で硬く，耐久性に富むため，建築物の外装を中心に使用される。鉱物組成は主に長石，石英，雲母からなり，化学組成に関してはケイ酸質を65～70%以上含有している。硬質であるため，加工費は一般に嵩む					
大理石	2.4～3.2	0.5～2.0	70～250	4～28	45～56	2.7～5.1
	変成岩の代表。堆積岩である石灰岩が熱と圧力により変性，再結晶化したもので，鉱物は無色または白色の方解石で，炭酸カルシウムが主成分となる。混入鉱物により，さまざまな色彩を有し，また材質が軟らかいため，表面を磨くことで彩りのある光沢感が得られる。化学組成上，酸性雨などで溶け出すために，内装で用いられるのが一般的である。なお，大理石の呼称は，中国の雲南省大理府で産出する石材に由来する					
砂岩	2.0～2.6	5.0～25.0	52～110	7～18	20～70	3.7～6.3
	堆積岩の代表であり，さまざまな岩石片が細粒分となり堆積したもので異方性がある。ケイ酸塩を主成分としたものと炭酸塩が主成分としたものがあり，前者は一般に硬く耐久性に富む材料となる。汚れや苔などが付着しやすく，清掃等を適切に行う必要がある					
石灰岩	1.8～2.9	5.0～20.0	14～260	4～37	10～60	1.7～6.8
	堆積岩の代表。大理石に変成していない岩石といえる。異方性があり，軟らかく加工性に富む一方で，酸性雨による溶出や凍害劣化を受ける場合があるため，内装の壁材や床材として用いられる					

3
石の製造・性質

　国内で流通する建築石材の大半はイタリア，スペイン，中国などからの輸入品であり，年間当たりの花崗岩，大理石，砂岩，石灰岩などの原石に加えて板材や舗装用石までを含むすべての石類輸入量は約160万t程度で，国内における採石量はきわめて少ない。また近年は，環境保護の観点から，採石規制や土

a) 輸入された大理石の原石（1.5×1.5×6.0m程度） 　　b) 平板で輸入された大理石板材 　　c) ダイヤモンドソー切断

d) 仕上げ工程ラインの例  　　e) 磨き仕上げの状況 　　f) 研磨後の花崗岩

図3　石材の製造・加工の状況

表3 主な建築用石材と適用部位

石種 \ 部位	壁 外部	壁 内部	床・階段 外部	床・階段 内部	上げ裏アーチ	笠木	甲板	浴室各部など	隔て板
花崗岩	○	○	○	○	○	○	○	○	○
大理石	−	○	−	○	−	−	○	○	○
砂岩	○	○	○	○	○	○	−	−	○
石灰岩	−	○	−	○	−	−	−	−	○
テラゾ タイル	−	○	−	○	−	−	−	○	○
テラゾ ブロック	○	○	○	○	−	○	−	○	○
擬石	○	○	○	○	○	○	−	−	−

凡例）○：標準　−：標準外

表4 石材の種類と表面仕上げ工法の分類

	手加工 のみ切り	手加工または機械加工 びしゃん	手加工または機械加工 小たたき	手加工または機械加工 ジェットバーナー	手加工または機械加工 割り肌	機械加工 ウォータージェット	機械加工 ブラスト	機械加工 粗磨き	機械加工 水磨き	機械加工 本磨き
花崗岩	○	○	○	○	○	○	○	○	○	○
大理石	−	−	−	−	−	○	○	○	○	○
砂岩	−	−	−	−	○	○	○	−	−	−
石灰岩	−	−	−	−	○	○	○	−	−	−
テラゾ	−	−	−	−	−	−	−	○	○	○
擬石	−	−	○	−	−	○	−	−	−	−
加工方法	石材表面をのみで粗く平坦に加工する。熟練工の減少で採用が少ない	多数の格子状突起をもつハンマーでたたき仕上げる。機械びしゃんが増加	びしゃん仕上げの後、くさび状ハンマーで約2mm幅の平行線状の平坦面をつくる	石材表面に火炎を当て鉱物の熱膨張差で表面層をはじき飛ばし粗面仕上げとす	矢またはシャーリングで凹凸の大きな割裂面をつくる	石材表面に高圧水を噴射し、なめらかな粗面仕上げとす	石材表面に砂粒や鋼鉄粒子を圧縮空気でたたきつけ表面を荒らす	炭化ケイ素砥石、または同程度のダイヤモンド砥石で次の目粗さで磨く 粗磨き：#20〜30（粗目） 水磨き：#400〜800（中目） 本磨き：#1500〜3200（細目） （#は石材加工業の番手表示）		

備考）○：標準　−：標準外

地の緑化返還などの法的義務が生じていることも石の採取に影響を与えている。

　天然石を用いた建築石材は、JIS A 5003（石材）の規定にもとづき、主に板状、棒状または塊状のものに成形された後、製品化されている。板状の石材は、中心的な製品であるが、その挽き板加工では、板の寸法精度と切断効率の関係から大鋸（ガンクソー）や大口径丸鋸（ダイヤモンドソー）など、複数種の専用切断機が用いられており、所定の厚さの板が得られるように加工されている。仕上げ工程に関しては、本磨き仕上げの場合には、カーボランダム砥石やダイヤモンド砥石が用いられ、つや出し粉を用いたバフ仕上げなどが最終的に実施される（**図3**）。

　一方、人工の建築石材として、テラゾと擬石がある。テラゾはJIS A 5411（テラゾ）の規定にもとづき、一般的なモルタルを裏打ち層として、大理石や花崗岩を種石としたモルタルを上塗りし、振動加圧成型をしてモルタルを十分に硬化させた後に、上塗り層を切削研磨して大理石のような光沢に仕上げ、最終的にブロックおよびタイルの形状とする。擬石は、テラゾと同様の裏打ち層を形

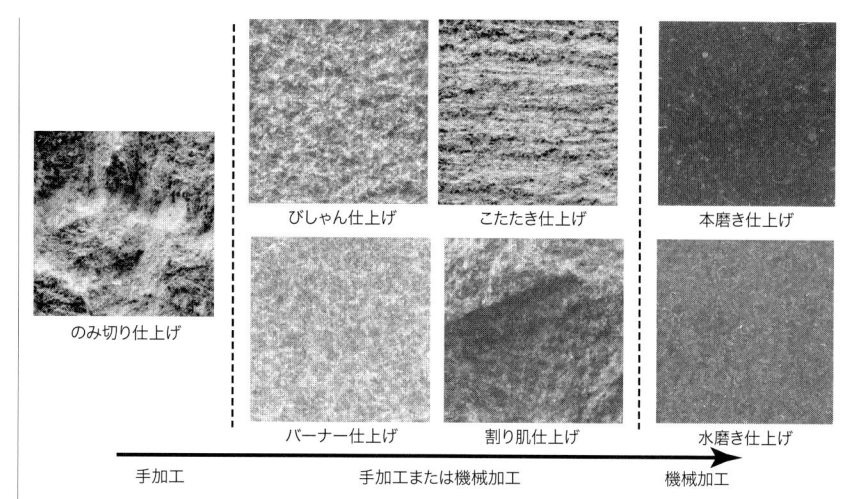

図4 花崗岩の仕上げ状態

成した後に，上塗り層をたたき仕上げとして，天然石に似せ加工されるものをいう。

天然石材および人工石材は，岩石自身の特性および石材の製造方法を理解したうえで，建築の外部・内部ならびに壁部・床部などの部位に適切に用いる必要がある（表3）。

石材の表面仕上げ工法に関しては，のみ切りなどの手加工による伝統的な仕上げから，たたき，びしゃん，小たたき，ジェットバーナー，割り肌などの手加工または機械加工によるもの，そしてウォータージェット，ブラストなど機械加工に限定される自動化・量産化に対応できるものまである（表4）。これらのうち，花崗岩は，さまざま仕上げ工法に対応が可能であり，同一産地の石材でも仕上げ方法を変えれば，多様な外観上の特徴を表現することができる。

4 石材の施工・用途

日本建築学会 JASS 9 張り石工事において定義されている石張り面の目標性能は，工事の実施後に達成される性能である（表5）。基本的性能は，工法上の必須の性能を指し，工事に先立ち，試験・計算・施工図の確認等により性能が確保され得るかを検証する必要がある。2次的性能は，各工事において目標とされる選択的性能であり，その検証は監理者との協議によるものとしている。建築石材は，このような仕組みにもとづいて，最終的に建築物の躯体保護機能をはじめ，使用性，維持管理の容易性，さらには意匠性など，多様な要求を満足するように，製造および施工を行うことが求められている。

図5に張り石工事の流れを示す。張り石工事は，設計段階における石材の目標性能にもとづき，材料の選定，石材の加工，製品受入れ検査の後，現場打ちコンクリートあるいはプレキャストコンクリートの表面に石材またはテラゾ・擬石を取り付け，最後に検査を行う。

表5 石張り面の目標性能と材料特性

目標性能		内容
基本的性能	耐風圧性	強風時の風圧力によって張り石が破損・脱落しないこと
	耐震性	地震による慣性力および最大層間変形角によって張り石が破損・脱落しないこと
2次的性能	止水性	降雨または使用条件下において，張り石裏面への有害な浸水が生じないこと
	耐衝撃性	衝撃によって張り石が破損・脱落しないこと
	熱変形追従性	温度変化に伴う張り石の膨張・収縮によって張り石が破損・脱落しないこと
	防滑性	滑ることなく張り石上を安全に歩行できること
	耐摩耗性	人や台車などの通行によって張り石が過度に摩耗しないこと
	耐凍害性	凍結融解の繰返しによって張り石が過度に劣化しないこと
	耐薬品性	酸・アルカリなどの作用によって張り石が過度に劣化しないこと
	耐汚染性	濡れ色，白華などの発生によって張り石が過度に汚れないこと

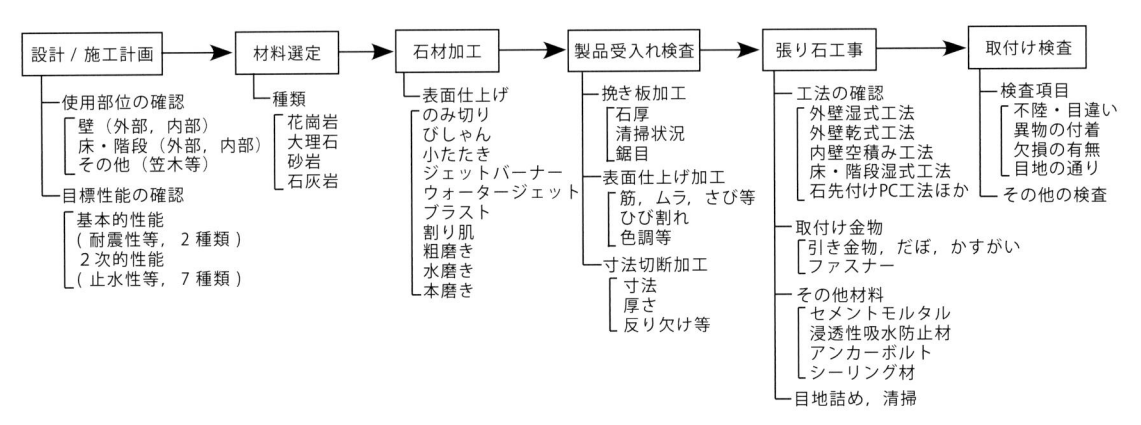

図5 張り石工事の全体の流れ

表6に主な石張り工法とその概要を，図6に主な石張り工法の概要図を示す。外壁については外壁湿式工法，外壁乾式工法および石先付けPC工法が，内壁については内壁空積み工法が，内部・外部の床・階段については床階段*湿式工法が一般的に用いられている。それぞれの建築石材と躯体との取合いは，目標性能の実現を前提条件として，施工性，安全性，経済性などの観点を踏まえ，合理的な方法が検討・選択される。実際の工法においても，接合金物の選定から，その取付け手順，施工上の留意点などが具体化されており，JIS A 5003（石材），JIS A 5411（テラゾ）などの日本工業規格や学会の標準仕様書類においても，安全かつ耐久的な石張り工法の普及に多くの力が注がれている。

図7に実際の建築物において*乾式工法により張られた石材寸法データを示す。乾式工法は，石張り工法の主流となっており，施工性や安全性を考慮し，1枚の石材の重量は70kg以下にとどめ，石材の平均面積は0.8m²以内とするなど，標準化が進んでいる。多くの事例が問題のない施工といえるが，中には，寸法や面積の許容範囲を超える場合もある。石材ごとの板厚推奨値なども踏まえ，施工性，安全性および経済性の要求を満足する石材寸法を決定する必要がある。

図8に建築石材の展示例を示す。建築石材のテクスチャーは，表面仕上げ工法の違いはもとより，岩石に含まれる主要な鉱物の色，隣り合う鉱物同士の色差，

*湿式工法（しっしきこうほう）
コンクリート工事や左官工事のように，水を混合した材料で施工し，乾燥して初めてその工事が完成する手法。

*乾式工法（かんしきこうほう）
現場で部材またはユニットを組み立てる際，モルタルなどの乾燥硬化が必要な工事を使わずに組み立てる工法。なお，接着剤を用いてタイルを貼るのは乾式工法である。

表6 主な石張り工法とその概要

種類		概要
外壁	外壁湿式工法	外部からの衝撃に強いため、外壁乾式工法の1階部分など、高さ10m以下の外壁に取り付ける工法であり、石材厚さ70mm以下30mm以上、石材面積0.8m²以下の花崗岩の使用が標準となる。取付けはコンクリート面への埋込みアンカーに接続する流し筋を用いた工法等により、緊結下地にステンレス鋼（SUS304）の引き金物を介して石材と接合し、裏込めモルタルを全面に打ち込み張り付ける。なお、裏込めモルタルの収縮、汚れの問題をはじめ、工期の長期化、壁面の変形追従性等の問題により、施工数が減少している
	外壁乾式工法	花崗岩の使用を原則とし、石材をコンクリート下地である外壁に乾式で取り付ける工法であり、石材厚さ30mm以上、幅・高さは矩形形状で1,200mm以下、石材面積0.8m²以下、重量70kg以下を標準としている。取付けはステンレス鋼（SUS304）の金物を用い、耐震性はファスナーの層間変位追従性で、耐風圧性はだぼの固定耐力で確保する。取付け高さは、足場工事に関わる基準類を踏まえ45m程度以下が限界である
	石先付けプレキャストコンクリート工法	花崗岩の使用を原則とし、石材をプレキャストコンクリート部材に先付けし、非構造部材のカーテンウォールとする工法。取付けはステンレス鋼（SUS304）のシアコネクターを用いる。部材の重量が嵩むために、コンクリートは特記がない場合は軽量コンクリートⅠ種とする。部材表裏の乾燥収縮量が異なるため、剛性を高める配慮などが必要となる
内壁	内壁空積み工法	内壁に一般的に用いられる工法であり、取付け高さは天井高さ4m以下、石材厚さ20mm以上、矩形形状で面積が0.8m²以下を標準とし、石材種は、風雨に曝されないため、花崗岩に加え大理石も用いられる。下地と石材は引き金物により緊結し、そのまわりを圧縮材として機能する取付け用モルタルで被覆し、残りは空洞とする
内部・外部の床・階段	床・階段湿式工法	建築物の内部・外部の床・階段に石材をモルタルまたはペーストにより取り付ける工法である。床・階段は、足裏や靴等を通じ、直接人体に接する部位であるため、材の摩耗性、防滑性、排水処理、段差等に留意する必要がある。石材の含水の影響を避けるための浸透性吸水防止材や、張付けモルタル等の接着力低下を避けるための石裏面処理材等を適切に使用する必要がある

備考）日本建築学会、建築工事標準仕様書・同解説　JASS9 張り石工事を参照

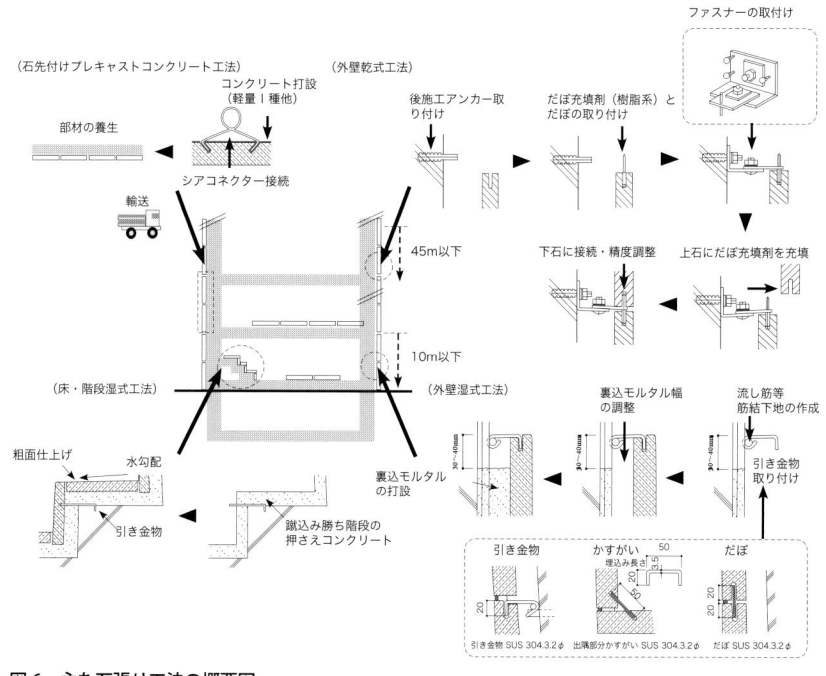

図6 主な石張り工法の概要図

材料レベル

パネルレベル

図8　建築石材の展示

参考文献
1) 日本建築学会『JASS 9 張り石工事』2009

取材協力
・関ヶ原石材（岐阜）

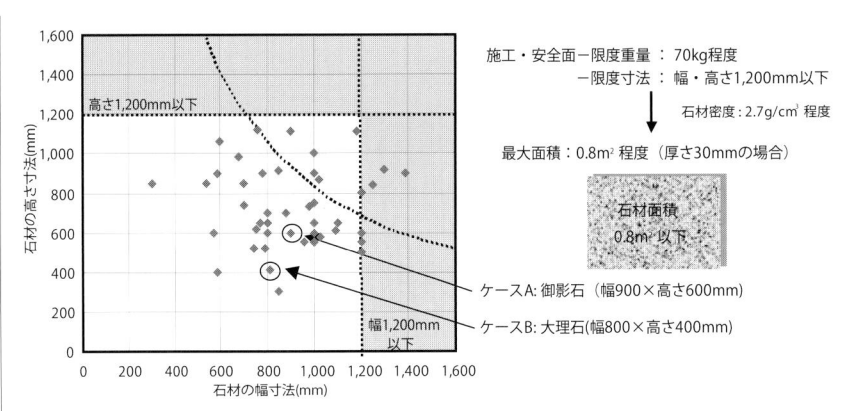

図7　乾式石張り工法による実建築物の石材寸法データ

鉱物の見た目の粒径・寸法などの影響を受ける。展示場では，材料レベルからパネルレベルまでの実物の建築石材を観察することができ，石材を用いた建築物のイメージを確認するうえで，重要な役割を果たしている。実際の石材に含有する鉱物の発色を踏まえたうえで，石材の選定を行うことは容易ではないが，色を示す鉱物標本などを参考に，表面仕上げ工法の選定を適切に行い，最終的な建築石材の加工と施工を実施する必要がある。

（田村雅紀）

COLUMN

石と宝石とその色

宝石は，主に美しさと希少性をもつ鉱物からなる物質である。その条件には，硬度（例；モース硬度：ダイヤモンド＝10，石英＝7）や屈折・反射率，密度などにとどまらず，色彩の豊かさや希少性などの価値判断も含まれている。

また，ダイヤモンドと鉛筆のグラファイトは，ともに純粋な炭素であるものの，結晶構造が異なることで後者は宝石となれないというように，宝石になるためのハードルは高い。

だから，石が宝石になれない理由は容易に想像がつく。石は，さまざまな鉱物と岩石粒の集合であるため化学的に均質ではない。建築物の外装石材や墓石などに使われる花崗岩でさえも，石英，長石，雲母など複数の鉱物の集合であり，単一の結晶にはほど遠いのである。一方，稀少な宝石は，単一の化学組成の鉱物であるため，硬度，密度，屈折率，反射率などに固有の値をもつ。

宝石の代表格であるダイヤモンドは，最大の屈折率をもち，カットの方法によりさまざまな角度から入射した光を，

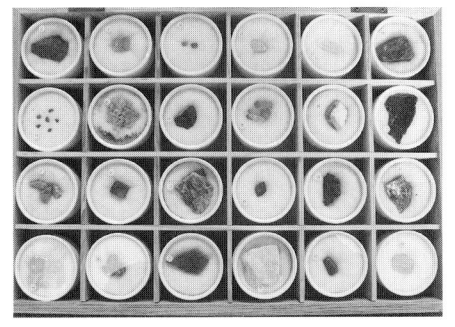

色を表す鉱物の見本

さまざまな角度に反射させ見事な輝きを放つ。また，連続的に変化する無数の異なった波長で構成される太陽光は，波長域により赤，橙，黄，緑，青，藍，紫の7色に分光されるスペクトルを有していることから，太陽光が宝石に入射し，特定の波長域の光を吸収・反射することで，最終的に目に届く光の波長は，特定の色を重ねた輝かしさをもつことができる。

（田村）

II セラミック素材

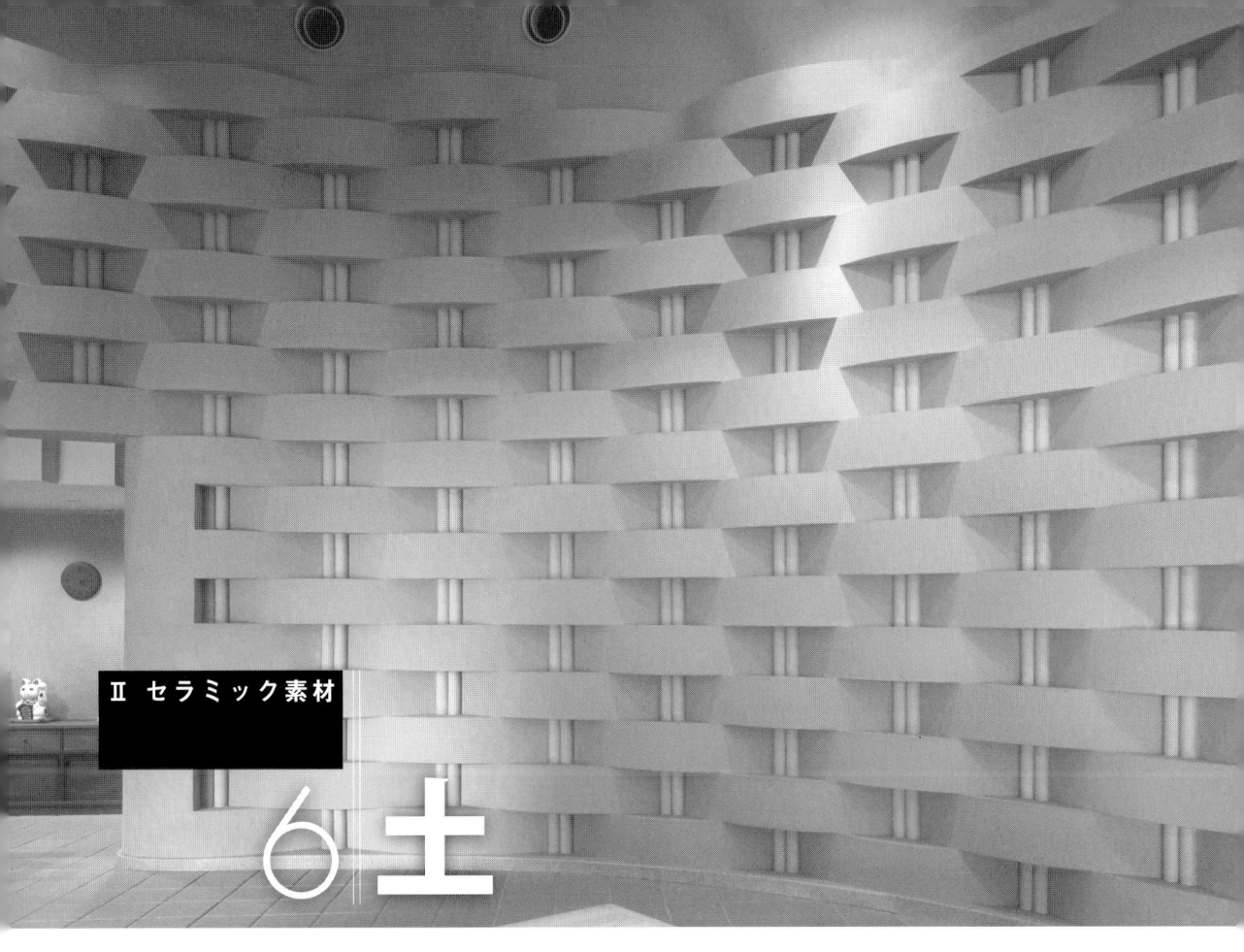

6 土

土壁（常滑大壁）
（「土・どろんこ館」，設計：日置拓人＋樋口彩土＋久住有生，2006年）

　土は，伝統的な木造建築における仕上げ材をはじめ，構造材さらには機能材として，歴史的にも多用されてきた。数寄屋造の土壁仕上げとして意匠上の簡素な美しさを表現したもの，城郭建築における真壁の下塗り・中塗り材として構造機能的な役割を担うもの，ならびに壁土の耐火性を活かして，土蔵建築物が全国的に普及してきたことなどを見れば，その歴史的な歩みを伺い知ることができるだろう。

　土壁の主要材料である粘土は，豊潤に水を含むことで成立する物質であり，地球上の多くの地域で採取することができるが，実際には水成堆積物の土壌が育まれてきた地球にのみ存在するものかもしれない。

1 土壁の歴史

　土を用いた建築は，世界で多様に存在し，その歴史をひもとくのは困難である。ここでは，日本建築を中心に土壁的な役割を担ってきたものに限りその歴史を振り返る。なお，粘土加工の1つである日干しれんが（アドベ）は除く。

　土壁の使用は，農耕文化とともにはじまり，竪穴住居が出現したころから建築材料に用いられてきたと考えられる（表1）。そのさきがけとして，版築に近い特性をもつ，建物の基礎部分を堅固に築く工法が適用され始めた。その後，日本では飛鳥時代以後，寺院建築，寝殿造，書院造ならびに数寄屋造に至るま

図1 法隆寺の版築壁

表1 土壁の歴史

年	項目
縄文時代中期 B.C.3000年ごろ	農耕が始まり，竪穴住居などの原初的な建築物が発達し，土を団子状にした土塀や版築などが幅広く利用された
B.C.2000年〜1500年ごろ	中国初期王朝時代に属する最古の宮殿建築とされる二里頭遺跡の宮殿跡には，基壇や回廊・城壁とみられる箇所に版築が用いられた
飛鳥時代	仏教伝来とともに大陸から入ってきた仏教建築に土壁が用いられた。土壁は，寺院建築や宮殿建築のみの利用にとどまっていた
飛鳥時代 607年以後	世界最古レベルの木造建築物である奈良・法隆寺では，建築物や塀などに土壁や版築が多用され，基礎下には版築で強化された地盤が形成された
南北朝・室町時代	城郭建築において，堅固で耐火性に優れた荒壁仕上げが多用された
現在	伝統的工法の保存とともに，素材の特性を活かした土壁建築が復興しており，日本最大の版築建築といわれるもの（愛知・どろんこ館）も登場している

で，土壁のもつ頑強性，耐火性さらには意匠性などに工夫が凝らされ用いられてきた。現在は，建築技術の高度化と施工技術の合理化の中で，現場作業の割合の大きい土壁の使用は大きく後退したが，近年の環境への配慮や人間の健康回復への志向が高まりつつある中で，自然素材としての土が見直されている。

2 壁土の種類

壁土の種類を作業工程上分類すると，表2のように，小舞壁下地に最初に塗る土である荒壁土，その荒壁の上に塗る中塗り土，最終的な表面仕上げとなる上塗り土に分けられる。壁土といえば，京都の本聚楽土が有名であるが，これは1587年に豊臣秀吉が建てた邸宅跡地である聚楽第の周辺（現在の京都市上京区）で採取される良質な上塗り土のことを指す。

3 粘土の特性

壁土の主原料となる粘土は，陸地表面を覆う土壌の一要素であり，土壌は岩石が風化・細粒化した無機物で構成される土粒子や，生物の死骸や微生物などの分解作用によって生じた有機物からなる。土壌は，土粒子や有機物の占める固相，土壌水分の占める液相，土壌空気の占める気相による3相で構成されており，粘土は，小さい土粒子が粘着力で凝集した鎖状の形態となり，液相と気相を含んだ多くの間隙を有する構造を有している。

図2に大陸地殻の化学組成を示す。粘土は土壌の一部であることから，その化学組成は，有機物分を除けば，世界各地における火成岩の平均的な化学組成から導かれた*クラーク数をもとに推定される大陸地殻の化学組成に近い値になると考えられ，ケイ酸系酸化物（SiO_2）が主成分となっている。

実際の粘土は，カオリナイト，モンモリロナイト，タルク（滑石），ゼオライト（沸石）などの層状ケイ酸塩による粘土鉱物で構成され，その他，カルサイト（方解石），ドロマイト（苦灰石），長石類なども粘土の粒子径の場合は粘土鉱物に含めて考えることができる。

＊クラーク数
地球の地表付近に存在する化学元素の割合を，火成岩の化学分析結果に基づく質量比で表したもの。

表2 壁土の種類

荒壁土（下塗り用）	
小舞壁下地に最初に塗る土を荒壁土という。荒壁には、十分な強度が求められ、15mm程度以下の土粒子を、長めのワラスサ（6cm程度）とともに水と混ぜ合わせ、1週間以上寝かせたうえで下塗り用の壁土とする。関東では関東ロームからは良質な粘土がとれないため、粘土質を多く含む荒川の荒木田原と呼ばれていた場所の土を荒木田土として多く用いてきた	 
中塗り土（中塗用）	
中塗り土は、荒壁の中塗り、ムラ直しなどに使用する。10mm程度以下の土粒子を原料として水合せを行い、鏝さばきに支障がないような均質な粘性としたうえで薄く塗り上げる。関東では荒木田土と、左官砂を2対1程度の割合で調合するが、古い壁土などを混入すれば、粘性と硬化強度を高められる	 
上塗り土（仕上げ用）	
上塗り土は、中塗り土の上に施す仕上げ塗りである。全国各地に色土の産地があり、京都付近の色土は京土と呼ばれ重宝されている。色土は、化学顔料では表現できない個性的な色みを持たせることができ、明度や色相の違いなどにより多様な表現が可能となる。代表的なものに、聚楽土、桃山土、錆土、白土、稲荷山土などがある	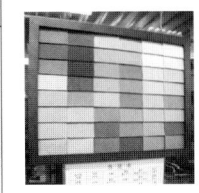 

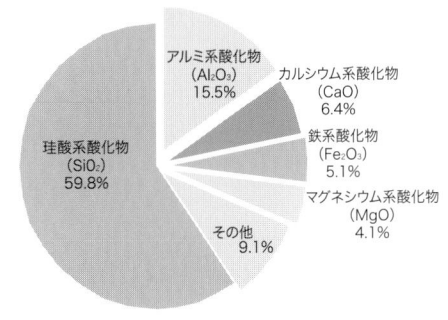

壁土の塗りやすさや乾燥後の強さは、粘土粒子の構造と関係が深い。粘土と砂の構造は、粒子径の大きいほうから、単粒構造、蜂の巣構造、綿毛構造の3つの型に分けられる。これらの構造を区別する要因は、粒子の寸法と形状、界面の性質、鉱物組成、堆積時の環境などである（表3）。

図2 大陸地殻の化学組成

単粒構造は、比較的大きい粒子が集合した構造であり、粒子同士の接触状態、間隙径および量は、土の圧縮性や安定性に大きく影響を及ぼす。蜂の巣構造は、シルトおよび粗粒粘土による鎖状の構造であり、粒子間に粘着力が作用し結合力は強いものの、粒子間の隙間が非常に大きいため、間隙水が押し出されるような外力が加わると、変形し不安定な状態となる。綿毛構造は、細粒粘土やコロイドで構成される鎖状構造が紐状に重なり、間隙を多く含む構造である。

このような粘土と砂の基本構造を有したうえで、実際の壁土は、さまざまな粒径の土粒子が混じり合い、各構造の特徴が複雑に関わり合いながら構成されている。なお、各種の粘土鉱物は、間隙を含めた数ミクロンレベルの骨格を有しているため、それらは乾燥に伴い生じる水分の蒸発により、板状または短冊状態で重なり合うことで接触面積が大きくなり、最終的には粒子相互に分子間力が作用して硬化している（図3）。

粘土粒子間の間隙に飽和水が十分に含まれる膨潤状態では、粘土鉱物のイオン化により生じる結合力が作用した状態であり、粘土は自由に可塑化する状態

表3 粘土と砂の工学的比較

土質名		粘土		シルト	砂		礫
	コロイド				細砂	粗砂	
粒径		1μm	50μm	75μm	0.42mm	2.0mm	
透水性	低い	←――――――――――――――→					高い
圧縮性	大きい	←――――――――――――――→					小さい
土の構造		綿毛構造 → 蜂の巣構造			単粒構造		
	綿毛構造			蜂の巣構造		単粒構造	
特徴	強度は粒子間の粘着力で決定する。力は、紐のように連なる粒子を通り伝達されるため、外力に対し、容易に変形する。			強度は粒子間の粘着力と摩擦力で決定する。外力は骨組み全体を通して伝達されるため、幾何学的な骨格が壊れない限り力の伝達が可能となる。		強度は粒子間の摩擦力で決定する。粒子は互いに接触し、外力は接触面を通じて伝達される。粒子が密に詰まり接触していれば頑丈な構造となる	
模式図							

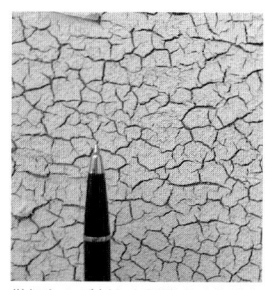

微細なひび割れを誘発させた仕上げの例（粘土割肌仕上げ）

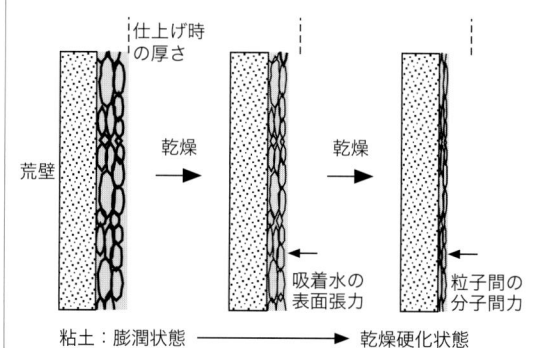

図3 粘土の硬化過程

粘土：膨潤状態 ――――――→ 乾燥硬化状態
間隙径：大きい ――――――→ 小さい
間隙部：含水状態 ――――――→ 凝集状態

となる。乾燥が進むにつれて、粒子周辺の自由水、粒子間の膨潤水が蒸発し、粒子表面の吸着水により生じる界面張力により、粒子相互の凝集力が高まり、やがて扁平で面積が広い部分で接触するようになる[3]。同時に、水分の蒸発に伴い粘土の収縮が生じるが、粘土鉱物が相互に接触し、物理的な拘束が生じるような段階になると、収縮は減少し、やがて安定した状態となる。

一方、上塗り土に関しては、ワラスサや砂などを含ませることで、水分蒸発に伴う粘土粒子の収縮変形量を低下させ、微細なひび割れを生じさせないようにするのが一般的であるが、上塗りの意匠的技法のひとつとして、あえて粘土分の収縮量を増やして、微細なひび割れを誘発させる場合もある。

4 土壁の施工・用途

表4に小舞壁の主な使用材料を、図4に土壁の主な使用材料を、図5に土

壁工事の一般的な工程を示す。

　粘土は，一般的に沖積地における地層が露出している粘土層からブルドーザで削り取られ，製土工場に運搬されて，製品化処理（粉砕，乾燥，粒度調整等）が行われる。0.05mm以下の細かい粒子で構成される良質な粘土層の分布は地域的な偏りがあり，採取が容易な地域では，壁土用はもとより，工芸用，陶磁器用をはじめ，瓦用，れんが用さらにはタイル用など，さまざまな用途に使用できる粘土が採取され，主要な窯業系材料の産地となっている。

　小舞壁では，下塗り，中塗り，上塗りの工程ごとに調合上の特徴があり，適用箇所，用途および作業性を踏まえ，壁土に対し，砂，消石灰，ノリなどが適切に選定されて練り混ぜられるとともに，スサを用いる場合には十分な水合せの期間がとられる。また，古い壁土を混入することで，乾燥収縮が抑えられ，強度の増加も期待することができる。

　荒壁土の下塗りでは，貫に小舞として割竹や細竹を組み付け，それにワラスサを含む荒壁土を施工し，裏壁塗りをすることで，鉄筋コンクリート構造における鉄とコンクリートのように，厚みをもった頑強な構造とする。施工後は，時間をかけて養生し乾燥させる必要がある。下塗りの後に，荒壁土と同等の材料を用いて中塗りを施し，同じく養生し乾燥させる。そして最終的に，色土による壁土（土物壁），消石灰入りの壁土（大津壁），色砂を糊材で混ぜ練りした壁土（砂壁）等を用いて上塗りを施して仕上げる。なお，土物壁における*水捏ね仕上げは，ノリを使用しないため，耐久性に優れ，外壁への施工も可能となり，数寄屋造りや文化財などの工事などに採用されている。一方，ノリ差し・ノリ捏ね仕上げは，色土にノリ材（ツノマタノリをはじめ，メチルセルロースや合成樹脂など）を混入するため，粘性および保水効果が高まり，むらなく平滑に仕上げられるが，ノリの接着強度に依存した耐久性をもつことになる。

*水捏ね仕上げ（みずごねしあげ）土物砂壁の工法の1つ。ノリを加えずに色土，砂，水，スサを混ぜて捏ね合わせる。施工はノリを加えたものより難しい。

表4　小舞壁の主な使用材料

分類	材料	内容
下地	小舞竹	本四つ小舞：縦材・横材ともにまだけの割り竹
	しのだけ	縦四つ小舞：縦材のみまだけの割り竹，横材はしのだけの割り竹 並小舞：縦材・横材ともにしのだけの割り竹
	小舞なわ	しゅろ・わらなわ・あわなわ
壁土	荒壁土	粘性のある砂質粘土（荒木田土の類）で，15mmふるいを通過する程度のもの
	中塗り土	荒壁土で10mmふるいを通過する程度のもの
スサ	ワラスサ	荒壁用（キリワラ）：ワラを3～9cmに切ったもの。中塗り用（モミスサ）：ワラを1～2cm程度に切りもみほぐしたもの。上塗り用（ミジンスサ）：ワラを3mm程度に切り，節を取り，あく抜きをして用いる
	紙スサ	日本紙・ミツマタ・コウゾの繊維
	サラシスサ	さらしスサの繊維は強靭なもので，夾雑物がなく，節をよくもみ解き乾燥したもの
	白毛スサ	マニラ麻の繊維は強靭なもので，夾雑物がなく，節をよくもみ解き乾燥したもの
ノリ	ツノマタ	主に，土物壁のノリとして用いられる
	銀杏草	春あるいは秋に採取し，1年程度乾燥したもので，根や茎が混入せず，煮た後に粘性のある液状となり不溶解残分が25%以下のもの
	フノリ	
	コンニャクノリ	
	ニカワ	主に砂壁用のノリとして用いられる。砂壁用としてはツノマタも含まれる
	合成樹脂エマルション	

参考文献
1）日本建築学会『JASS 15 左官工事』2007
2）中村伸『日本壁の研究』相模書房，1954
3）日本左官業組合連合会『左官事典』工文社，2004

取材協力：
・冨澤建材（東京）
・丸林製土所（愛知）

採土場の粘土層　粘土の天日乾燥状態

銀杏草（ツノマタ）　稲ワラ　マニラスサ

図4　土壁の主な使用材料

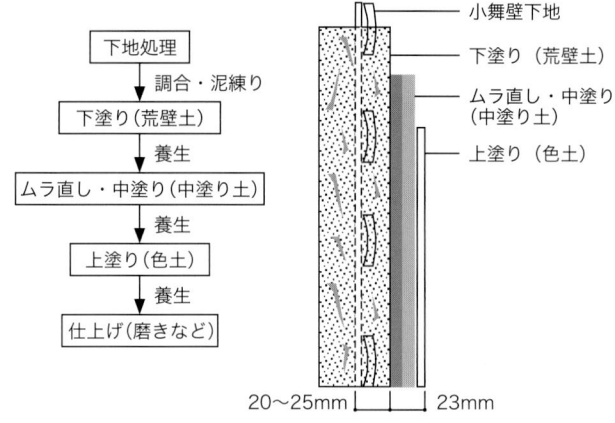

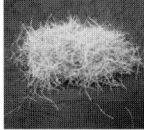

図5　土壁工事の一般的な工程

図6　西本願寺の瓦葺き土の再生土

　図6に西本願寺における瓦葺き土の再生土を示す。西本願寺は，日本最大級の木造建築といえ，1998年から2009年にかけて，200年ぶりともいわれる大改修を行った。屋根葺き材として使用していた古土は，廃棄されることなく再利用され，その一部は全国各地で品質のよい価値の高い粘土材料として有効に活用されている。

（田村雅紀）

COLUMN

土壁は呼吸する

　土壁には，多くの小さな孔（1〜数10nmの細孔）が存在する。この細孔の中に空気中の水分子（水蒸気）が出入りすることで，室内の湿度は変化する。空気中の湿度が高い場合には水分子は土壁の中に入っていき，空気中の湿度が低い場合には水分子が土壁から出ていくことによって，室内の湿度は調整（調湿）される。それによって，室内は高湿度になりにくく，カビやダニの繁殖が抑えられ，人体に悪影響を及ぼすホルムアルデヒドやトルエンなどのVOC（揮発性有機化合物）やトイレ臭・タバコ臭・ペット臭などのニオイの原因物質であるアンモニアなども吸着される。

　調湿のメカニズムは，水蒸気を取込む細孔の大きさと深く関わっている。水分子は，ある寸法（ケルビン半径）以下の細孔中では，水蒸気ではなく，より安定した状態である液体の水として存在する。水蒸気としてよりも液体の水として存在する方が水分子は格段に多く存在できるため，小さい細孔が多いほど，建築材料の吸湿能力は高い。水蒸気の大きさである0.16nm程度の細孔を多く有する建築材料は調湿に適しており，周囲の湿度変動に応じて水蒸気を吸ったり出したりする。昨今，吸放湿に適した大きさの細孔を有する珪藻土（単細胞の植物性プランクトンの死骸が堆積してできた土）が内装仕上げ材料として注目されており，また，建築材料中に存在する細孔の大きさと量を最適な状態になるようにコントロールした調湿石膏ボードや調湿タイルなども開発されている。

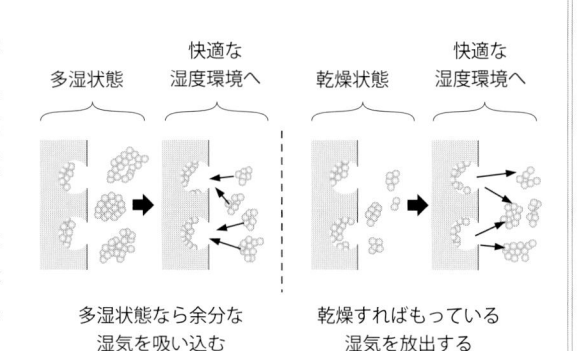

多湿状態 → 快適な湿度環境へ
多湿状態なら余分な湿気を吸い込む

乾燥状態 → 快適な湿度環境へ
乾燥すればもっている湿気を放出する

（野口）

II セラミック素材

7 コンクリート

コンクリートのアーチ
(石の教会「内村鑑三記念堂」,設計:
ケンドリック・ケロッグ,1995年)
(写真提供:憲 Imagawa + TIS &
PARTNERS)

　コンクリートは,自由な造形が可能であることから,近代建築において多用され,その使用量は全世界の総物資投入量の25%程度も占めている。コンクリートは,広義には,骨となる材料(骨材)をノリでつなぎ合わせて一体化した固体と定義されるが,一般的には,ポルトランドセメントを水と混合して練り混ぜたセメントペーストによって,骨材と呼ばれる砂利・砂,または砕石・砕砂がつなぎ合わされたセメントコンクリートのことを指す。

1 セメント・コンクリートの歴史

　確認されている最古のコンクリートは,現在イスラエルのイフタフにある遺跡にあり,B.C.7000年ごろの建築物の床に石灰質のセメントでできたコンクリートが用いられていた。古代ローマ帝国においては,さまざまな建造物に,石灰モルタルが用いられており,パンテオンやコロッセオは現在も見事な造形を保っている。しかし,その後,中世の終わりまで,コンクリートを用いた建造物の建設は途絶えた。

　1756年,ジョン・スミートン(英)による水硬性石灰の発見によって,セメントおよびコンクリートは復活する。その後,1824年,ジョセフ・アスプディン(英)によって,現在のセメントの元となるものが開発され,イングランド南西部のポートランド島で産出するポルトランド石と呼ばれる堅牢で耐久的な

表1　セメント・コンクリートの歴史

年代	内容
B.C.7000年ごろ	イフタフ（イスラエル）で，建物の床に石灰コンクリートが使用される
B.C.3000年ごろ	大地湾（中国）で，焼成したセメントを用いたコンクリートが使用される
B.C.2500年ごろ	エジプトで，ピラミッドの目地材として石膏を主原料とするセメントモルタルが使用される
118〜128年	ローマのパンテオンの建設に石灰モルタルが使用される
1756年	ジョン・スミートン（英）による水硬性石灰の発見により，エディストーン灯台が建設される
1796年	ジェームス・パーカー（英）により，ローマンセメントが発明される
1824年	ジョセフ・アスプディン（英）により，ポルトランドセメントが発明される
1844年	アイザック・チャールズ・ジョンソン（英）により，1,250℃以上の半溶融状態で焼成できるように，ポルトランドセメントの製造技術が改良される
1861年	フランソワ・コワニエ（仏）により，鉄網と鉄板で補強したコンクリート床が発明される
1867年	ジョセフ・モニエ（仏）により，鉄網で補強したモルタル製の植木鉢が製造され，鉄筋コンクリート管，鉄筋コンクリート造円筒水槽，アーチ橋などに応用される
1875年	日本初のセメント工場（官営深川セメント製造所）で，ポルトランドセメントが製造される

黄灰色石灰石に似ていることから，ポルトランドセメントと命名された。このセメントの製造技術が改良され，現在のポルトランドセメントに至っている。

一方，わが国では，その始まりは明治維新後である。1875年，日本初のセメント工場である官営深川セメント製造所において，国産ポルトランドセメントの製造に成功した。1881年には，民営初のセメント製造会社が山口県小野田市（現・山陽小野田市）に設立された。わが国で初めての鉄筋コンクリートの建築物は，1905年の佐世保港内第一烹水場・潜水器具庫であるが，すべての構造が鉄筋コンクリートである初の建築物は，1908年の神戸和田岬の倉庫とされる。

2 コンクリートの構成材料

2-1　概要

コンクリートを構成する材料の練混ぜ時の体積割合を図1に示すが，コンクリートの体積の70％程度が骨材によって占められており，残りの部分が骨材をつなぎ合わせるセメントペーストという構成となっている。

セメントペーストおよび骨材の内部には，多くの空隙が存在しており，それらはコンクリートの性質を大きく左右する。図2に示すように，空隙の種類はその成因とサイズによって数種類に分類される。

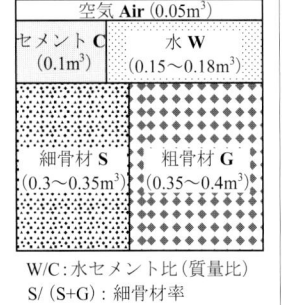

空気 Air (0.05m^3)	
セメント C (0.1m^3)	水 W (0.15〜0.18m^3)
細骨材 S (0.3〜0.35m^3)	粗骨材 G (0.35〜0.4m^3)

W/C：水セメント比（質量比）
S/(S+G)：細骨材率

図1　コンクリート 1m^3 の構成（体積割合）

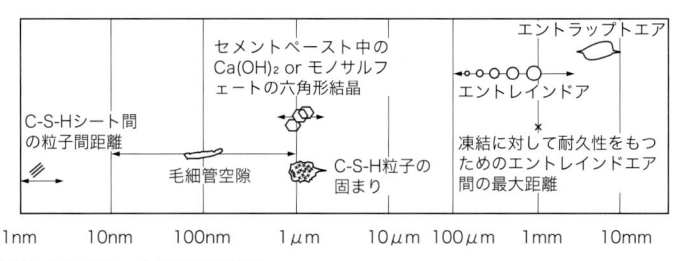

図2　コンクリートの中の空隙間

2-2　セメント

　セメントは，水を加えて練り混ぜ，放置しておくと硬化する性質をもつ無機質粉末で，物体同士をつなぎ合わせて固めるのに使用する材料である。空気中でのみ硬化する気硬性セメント（石灰，石膏，ドロマイトプラスターなど）と，空気中でも水中でも硬化する水硬性セメント（水硬性石灰，ローマンセメント，ポルトランドセメントなど）に分類される。

　気硬性セメントは，硬化後に再び水を加えると容易に変形してしまうが，硬化した水硬性セメントは元には戻らない。ここでは，現在，セメントとして一般に認識されているポルトランドセメント（以後，特に断りのない場合，セメントはポルトランドセメントのことを指す）について説明する。

　セメント 1t を製造するのに必要な原料は，石灰石 1,160kg，粘土 242kg，ケイ石 58kg，鉄原料 33kg および石膏 37kg である。セメントの製造工程は，原料工程，焼成工程，仕上げ工程に区分され，原料工程では，石膏を除く原料が乾燥された後，混合されて粉砕され，調合原料となる。焼成工程では，1,450℃を超える高温で調合原料が焼成され，クリンカーが製造される。仕上げ工程では，クリンカーが石膏とともに粉砕され，粉末状のセメントが製造される。

　ポルトランドセメントの主要構成物質は，エーライト（ケイ酸三カルシウム，$3CaO \cdot SiO_2$，C_3S），ビーライト（ケイ酸二カルシウム，$2CaO \cdot SiO_2$，C_2S），アルミネート（カルシウムアルミネート，$3CaO \cdot Al_2O_3$，C_3A），フェライト（カルシウムアルミノフェライト，$4CaO \cdot Al_2O_3 \cdot Fe_2O_3$，$C_4AF$）および石膏（硫酸カルシウム，$CaSO_4 \cdot 2H_2O$）であり，エーライトとビーライトをまとめて「シリケート相」といい，アルミネートとフェライトはクリンカー中でシリケート相の間隙に存在するため，両者をまとめて「間隙相」という。

　これら主要構成物質のセメントの性質に及ぼす影響を**表 2** に示す。石膏は，アルミネートと水との急速な反応を抑制するために添加されている。構成物質の割合，セメント粒子の大きさ（粉末度，比表面積）などを変化させることによって，**表 3** に示すさまざまなポルトランドセメントが製造され，それぞれの性質に適した用途に使用されている。

　図 3 に示すように，セメントが水と接触する

表 2　主要構成物質のセメントの性質に及ぼす影響

性質		C_3S	C_2S	C_3A	C_4AF
強さ発現	短期	大	小	中	小
	長期	大	大	小	小
水和熱		大	小	極めて大	中
化学抵抗性		中	大	小	中
乾燥収縮		中	小	大	小

表 3　各種ポルトランドセメントの組成と用途

種類	C_3S	C_2S	C_3A	C_4AF	用途
普通ポルトランドセメント	51	25	9	9	土木構造物・建築物用の最も汎用性の高いセメント
早強ポルトランドセメント	64	11	9	8	緊急工事用，寒冷期の工事用，コンクリート製品用
超早強ポルトランドセメント	67	6	8	8	緊急補修用であるが，現在，ほとんど生産されていない
中庸熱ポルトランドセメント	43	35	5	12	ダム工事，大規模橋梁基礎工事用
耐硫酸塩ポルトランドセメント	54	27	2	12	硫酸塩環境（海水中，温泉土壌，工場排水）の場所の工事用
低熱ポルトランドセメント	27	58	2	8	ダム工事，大規模橋梁基礎工事，高強度コンクリート用
白色ポルトランドセメント	57	27	13	1	Fe_2O_3 の含有量の少ない白色のセメントで，建築物外壁用，装飾物用，タイル目地用

と，最初にカルシウム（Ca）が，続いて，二酸化ケイ素（SiO$_2$）とアルミナ（Al$_2$O$_3$）も溶解し，これらのイオンが水と反応して，難溶性のケイ酸カルシウム水和物（3CaO・2SiO$_2$・3H$_2$O，C$_3$S$_2$H$_3$，C-S-H ゲル）やエトリンガイトなどが生成され，余剰のカルシウムイオンは水酸化カルシウム（Ca(OH)$_2$）となって析出する。この水酸化カルシウムの生成によって，セメント硬化体やコンクリートはアルカリ性を示し，内部の鋼材が腐食するのが妨げられている。水和物の粒子同士が接触するようになると，セメントペースト（スラリー）の流動性は低下し，さらに時間が経過すると，粒子間の隙間が水和物によって充填され，徐々に硬化していく。

ポルトランドセメント以外に，普通ポルトランドセメントに混和材を混合した混合セメント（高炉セメント，フライアッシュセメント）も生産されている。

2-3 混和材

コンクリートの品質を改善する目的で加える材料を混和材料という。混和材料のうち，比較的多量に用いる粉末状のものを混和材といい，薬品的に少量用いる液体のものを混和剤（化学混和剤）という。混和材は，その反応性によって，表4のように分類される。結合材は，水またはセメントの水和生成物と反応して硬化体を形成するが，非結合材は反応せず，充填材としてのみ機能する。

*フライアッシュは，図4に示すように球状の粒子であるため，角張った粒形をしているセメントの一部と置換することによって，コンクリートの流動性（ワーカビリティー，ポンプ圧送性）が改善される。ただし，未燃焼カーボンが多く含まれている（強熱減量が多い）と，AE剤が吸着されるため，空気量の減少には注意が必要である。

高炉スラグ微粉末は，セメントのようにそのままでは水和・硬化しないが，石膏などの硫酸塩物質や水酸化カルシウムなどのアルカリ性物質の刺激によって水和・硬化する潜在水硬性をもつ。比表面積の大きい，すなわち粒径の小さい高炉スラグ微粉末（6000，8000）をセメントの一部と置換することにより，粉体の充填率が向上し，余剰の水分が増加するため，セメントペーストやコンクリートの流動性（ワーカビリティー，ポンプ圧送性）が増大する。

シリカフュームは，セメント粒子（45μm）の約100分の1以下の微粒子（0.5μm以下）であり，強固な球体微粒子がセメント粒子や骨材の隙間に配置されるため，図5に示すようなマイクロフィラー効果によって空隙が充填されるとともに，高い*ポゾラン反応性も相まってさらに緻密な組織となり，強度，塩分浸透抵抗性，耐海水性，耐酸性および耐硫酸塩性が大幅に増大する。超高層鉄筋コンクリート造建築物に用いられる超高強度コンクリートの製造にシリカフュームは欠かせない材料である。

膨張材は，その添加量を調整することで，コンクリートの体積変化を制御し，ひび割れの発生を抑制することができる。

2-4 化学混和剤

化学混和剤の主成分は，物質間の界面に作用し，その性質を著しく変える効

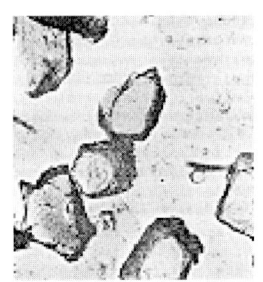

水と接触直後

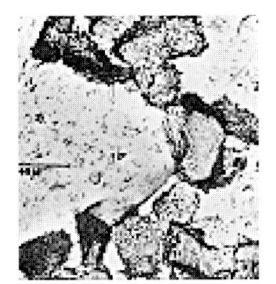

材齢1時間

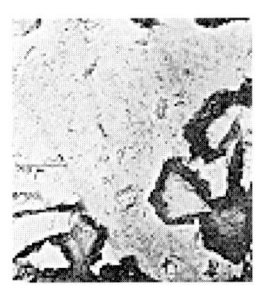

材齢1日

材齢7日

材齢28日

図3 セメントの水和反応過程

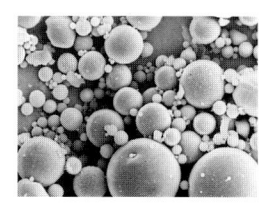

図4 フライアッシュ

*フライアッシュ (fly-ash)
微粉炭燃焼ボイラーの煙道ガスから採取した粉塵。主に，火力発電所から大量に得られる。

*ポゾラン反応
それ自体には水硬性がほとんどないが，水の存在のもとで粉末状のシリカ質材料が水酸化カルシウムと反応して不溶性の化合物をつくる反応。

表4 混和材の分類

結合材	水硬性	膨張材
	潜在水硬性	高炉スラグ微粉末
	ポゾラン反応性	フライアッシュ，シリカフューム，焼成珪藻土
非結合材		石灰石微粉末，砕石粉

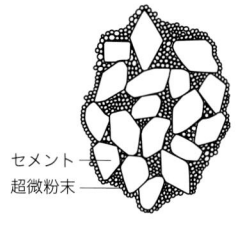

図5 マイクロフィラー効果

果をもつ界面活性物質である。界面活性物質は2つの相の界面に吸着し，界面の表面張力を著しく減少させて起泡・湿潤・分散・乳化などの作用を示す。

界面活性作用のうち起泡作用を利用したものがAE剤であり，粉体粒子を分散させる性質を利用したものが減水剤である。また，収縮低減剤は界面活性剤の表面張力低減効果を利用している。表5にJISで規格化されたコンクリート用化学混和剤の種類と規格値を示す。

減水剤・高性能減水剤およびAE減水剤は，コンクリートの練混ぜ時に添加する化学混和剤であるが，比較的短時間に分散効果が低下するため，コンクリートを長時間運搬する場合には，コンクリートの流動性が低下する。流動化剤は，この問題点を解決するために開発された化学混和剤であり，あらかじめ練り混ぜられたコンクリートに後添加し，コンクリートの流動性を後から改善する効果をもつ。その主成分・作用機構は，高性能減水剤とほぼ同じである。

高性能AE減水剤は，空気連行性を有し，AE減水剤よりもセメント粒子の分散能力が高く，コンクリートの流動性を保持する能力をもつ。1980年代における高性能AE減水剤の開発およびその後のめざましい改良により，水セメントが15％以下で圧縮強度が200N/mm^{2}以上の超高強度コンクリートや著しく高い流動性と分離抵抗性を併せもつ締固め不要の自己充填コンクリートの製造が可能になり，超高層鉄筋コンクリート造建築物の建設や高密度配筋状態へのコンクリートの省力化施工を可能にした。

硬化促進剤は，セメントの水和を早め，初期材齢の強度を大きくするために用いる化学混和剤であり，凝結遅延剤は，セメント粒子表面に吸着してセメントの水和反応を遅延させる効果を有する化学混和剤である。

2-5 骨材

骨材とは，セメントペーストなどの糊材によって結合されるコンクリートま

表5 JIS A 6204（コンクリート用化学混和剤）の規格値の抜粋

項目		AE剤	高性能AE減水剤	硬化促進剤	減水剤 標準形	AE減水剤 標準形	高性能AE 標準形	流動化剤 標準形
減水率（％）		6以上	12以上	—	4以上	10以上	18以上	—
凝結時間の差（分）	始発	−60〜+60	90以下	—	−60〜+90	−60〜+90	−60〜+90	−60〜+90
	終結	−60〜+60	90以下	—	−60〜+90	−60〜+90	−60〜+90	−60〜+90
圧縮強度比（％）	1日	—	—	120	—	—	—	—
	2日	—	—	130	—	—	—	—
	7日	95以上	以上	—	以上	以上	以上	90以上
	28日	90以上	110以上	90以上	110以上	110以上	115以上	90以上

たはモルタルを構成する砂・砂利・砕石などの総称であり，5mmふるいを質量で85％以上通過する骨材を細骨材と称し，5mmふるいに質量で85％以上留まる骨材を粗骨材という。

　骨材は，天然骨材と人工骨材に分類される。天然骨材はその採取場所によって，川砂・川砂利，山砂・山砂利，陸砂・陸砂利，海砂・海砂利に分類され，火山砂利（軽石）は，天然の軽量骨材である。天然の岩石を破砕して分級した砕砂・砕石は人工骨材として位置づけられており，同様に，高炉スラグや*フェロニッケルスラグを破砕して得られる各種のスラグ骨材も人工骨材である。その他の人工骨材には，*膨張頁岩やフライアッシュを焼成して製造される人工軽量骨材がある。

　骨材は，密度によって，軽量骨材（2.3g/cm^{3}未満），普通骨材（2.3～2.7g/cm^3）および重量骨材（2.7g/cm^{3}以上）に分類される。普通骨材としては，天然の砂・砂利や玄武岩（2.7～2.9g/cm^3），石灰岩（2.6～2.7g/cm^3），硬質砂岩（2.6～2.7g/cm^3），安山岩（2.4～2.8g/cm^3）などから製造される砕砂・砕石がある。軽量骨材としては，膨張頁岩から製造される人工軽量骨材（1.0～1.6g/cm^3）が一般的であり，コンクリートの質量を軽くし，構造物にかかる固定荷重を軽減する目的で用いられる。また，重量骨材は，磁鉄鉱（4.5～5.2g/cm^3）や褐鉄鉱（2.9～4.3g/cm^3），重晶石（4.0～4.7g/cm^3）などから製造されるものと，密度の高いスラグ（電気炉酸化スラグ，フェロニッケルスラグおよび銅スラグ）から製造されるものとがあり，放射線遮へい用コンクリート，遮音・防音用コンクリート，水中構造物のウェイト用コンクリートなどに用いられる。

　骨材は，コンクリートの体積の70％を占める主要な材料であり，有害な不純物を含まず，コンクリートの製造にも支障をきたさないものでなければならない。JISには骨材のさまざまな品質に関する規格値が**表6**のように，標準の粒度分布が**表7**および**図6**のように定められている。また，コンクリートの品質に悪影響を及ぼす有害物質の種類とコンクリートの品質への影響を**表8**に示す。

3
フレッシュコンクリートの性質

3-1　フレッシュコンクリートに必要な性能

　練混ぜ直後から，型枠内に打ち込まれて，凝結・硬化に至るまでの状態にあるコンクリートのことをフレッシュコンクリートという。フレッシュコンクリートは，施工作業が容易に行え，施工時において均質性が失われたり品質が変化したりすることがなく，施工後は正常な速さで凝結・硬化に至るものでなければならない。

3-2　ワーカビリティー

　ワーカビリティーとは，コンシステンシー（流動性）と均質なコンクリートとなるために必要な材料分離に対する抵抗性（材料分離抵抗性）の両方に関連

---

*フェロニッケルスラグ
ステンレス鋼・ニッケル合金などの原料であるフェロニッケルを生産する際に副産されるもの。

*膨張頁岩（ぼうちょうけつがん）
頁岩を破砕・粉砕して，高温で膨張・燃焼させたもの。人工軽量骨材としても用いられる。

表6 JIS A 5005(コンクリート用砕石と砕砂)と JIS A 5308(レディーミクストコンクリート)の規格値の抜粋

品質	JIS A 5005		JIS A 5308 附属書A	
	砕石	砕砂	砂利	砂
絶乾密度 (g/cm³)	2.5 以上			
吸水率 (%)	3.0 以下			3.5 以下
安定性 (%)	12 以下	10 以下	12 以下	10 以下
すりへり減量(%)	40 以下	—	35 以下	—
粒形判定実積率 (%)	55 以上	53 以上	—	—
微粒分量 (%)	1.0 以下	7.0 以下	1.0 以下	3.0 以下
塩化物量 NaCl (%)	—	—	—	0.04 以下

表7 骨材の標準粒度

種類	ふるいを通るものの質量分率 (%)									
	ふるいの呼び寸法 (mm)									
	30	25	20	15	10	5	2.5	1.2	0.6	0.3	0.15
砂利最大寸法25mm	100	95〜100		30〜70		0〜10	0〜5				
砂					100	90〜100	80〜100	50〜90	25〜65	10〜35	2〜10
砕石 2005		100	90〜100		20〜55	0〜10	0〜5				
砕砂					100	90〜100	80〜100	50〜90	25〜65	10〜35	2〜15

表8 コンクリートに悪影響を及ぼす有害物質

有機不純物(フミン酸,タンニン酸などの腐植有機酸)	セメントの水和反応を妨害する
アルカリシリカ反応性鉱物(オパール,クリストバライト,トリジマイトなど)	水酸化アルカリと反応して膨張し,亀甲状のひび割れを発生させる
硫化鉄	亀甲状のひび割れやポップアウトを発生させる
生石灰,酸化マグネシウム	ポップアウトを発生させる
粘土塊	コンクリートの強度・耐久性を低下させる
微粉粒子	強度・耐久性を低下させ,乾燥収縮によるひび割れを発生させる
塩化物	鉄筋の腐食を発生させる
貝殻	コンクリートの強度・耐久性・水密性を低下させる

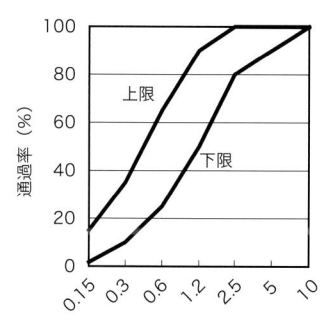

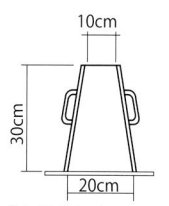

図6 細骨材の標準粒度範囲

するコンクリートの作業性を示す性質であり,一般的なコンクリートでは,流動性と材料分離抵抗性は相反することが多い。

良・悪または適・不適といったワーカビリティーの判定基準は,構造物の種類,施工箇所および施工方法によって異なる。鉄筋が密に配置された複雑な形状の型枠内にコンクリートを打ち込む場合には,高い流動性を有する柔らかいコンクリートが望ましいが,勾配屋根や傾斜路面をつくる場合には,固く流動しにくいコンクリートが望ましい。

3-3 コンシステンシー

コンシステンシーとは,変形または流動に対する抵抗性の程度を示す性質のことであり,一定の外力を与えたときの変形量によって評価され,一般的には,重力によるコンクリートの変形を測定するスランプ試験が行われる。図7に示すように,スランプコーンにコンクリートを充填した後,スランプコーンを引き上げ,コンクリートの高さの変化量を測定する。スランプを増大させる要因を表9に示す。

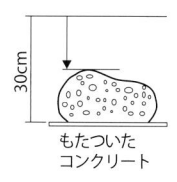

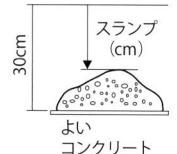

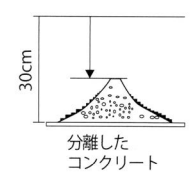

図7 スランプ試験

表9 スランプの増大要因

分類	要因
材料	セメント粒径の増大,セメント粒子の球状化,骨材最大寸法の増大,骨材の球状化,骨材の実積率の増加
調合	単位水量の増加,単位セメント量の増加,空気量の増加,水セメント比の増加,AE剤・減水剤などの添加,細骨材率の減少
環境	温度の低下

3-4 材料分離抵抗性

フレッシュコンクリートは,密度・寸法の異なるさまざまな固体粒子(セメント,骨材など)の高濃度スラリーであり,重力や施工時の作用力によって固体粒子と液相(水,セメントペースト,モルタ

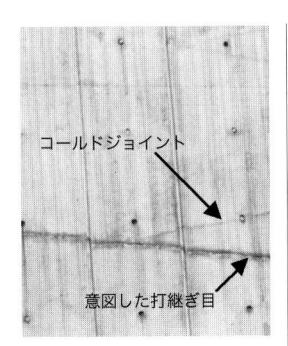

図8 コールドジョイント

(コールドジョイント / 意図した打継ぎ目)

ル)とが分離したり，固体粒子の分散が非均質になることがある。

骨材の分離は，骨材に作用する重力が骨材の移動を妨げようとする粘性抵抗力よりも大きい場合に生じる。作用する重力は骨材の体積に比例し，粘性抵抗力は粗骨材の表面積に比例するため，骨材の寸法が大きくなるほど骨材は分離しやすくなる。また，単位水量の増加や水セメント比の増加に伴ってセメントペーストやモルタルの粘性が低下するので骨材は分離しやすくなる。

3-5 凝結特性

凝結は，セメントの水和反応が進行して，セメントペースト・モルタル・コンクリートが可塑性を失って固化していく現象であり，その始発時間と終結時間は所定の針状物体の貫入に対する抵抗程度によって評価される。凝結の始発時間が早すぎると，コンクリートが運搬中に流動性を失ってしまったり，コンクリートを打ち重ねる場合に一体性を確保できなかったりするが，逆に凝結の終結時間が遅すぎると，いつまでもコンクリートが硬化せずその後の作業に支障をきたすので，適切な凝結時間であることが必要である。

凝結時間を調整するには，化学混和剤の遅延形・促進形や凝結遅延剤および硬化促進剤を用いる。凝結がある程度進行している場合には，その上に新しいコンクリートを打ち重ねても完全には一体化せず，図8に示すようなコールドジョイントと呼ばれる継目が生じてしまう。コールドジョイントはひび割れの発生につながり，漏水などを引き起こす可能性が高いので，先に打ち込んだコンクリートの凝結が始まる前に次のコンクリートを打ち込み，両方のコンクリートを同時に締め固めるなどして，一体化させる必要がある。

4 硬化コンクリートの性質

4-1 力学特性

コンクリートの応力ひずみ曲線は，鉄鋼のそれとは異なり，図9に示すような曲線を描く。応力が強度の1/3程度になるまでは応力とひずみはほぼ比例関係にあるが，さらに荷重が増加すると，セメントペーストと骨材との弾性係数の差により，それらの境界面にひび割れ（界面ひび割れ）が発生し，変形も増大する。さらに荷重が増加すると，界面ひび割れがお互いに連結していくため大幅に変形が増大し，最終的には荷重の増加に耐えられなくなって破壊に至る。

コンクリートの圧縮強度に影響を及ぼす要因を表10に示す。コンクリートの圧縮強度を最も左右するのは水セメント比（水／セメントの質量比）である。水セメント比が小さいほど圧縮強度は高くなるが，現状の一般的な技術で練混ぜ可能なコンクリートの水セメント比の下限は12～13%程度であり，その場合の圧縮強度は250～300N/mm^{2}程度である。

セメントは化学反応である水和によって徐々に硬化していくので，温度が高くなれば水和反応は早まり，乾燥によって水分が蒸発すれば水和反応は停滞する。したがって，適度の温度条件下で水和に必要な水分を長期間供給してやれ

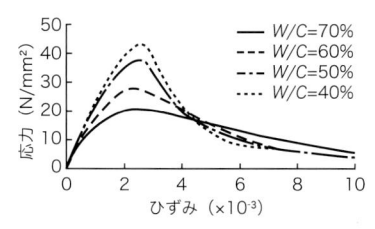

図9 コンクリートの応力ひずみ曲線

表10 圧縮強度に影響を及ぼす要因

分類	要因
材料	セメント強さ，混和材種類，骨材種類・形状
調合	水セメント比，混和材量，骨材量，空気量
施工	養生期間
環境	養生温度，養生湿度（水分供給状態）
試験	供試体の寸法・形状・含水状態，載荷速度

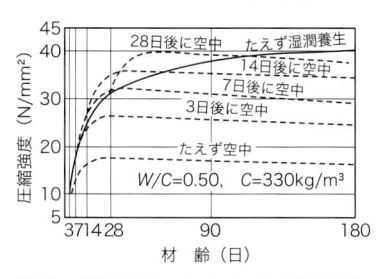

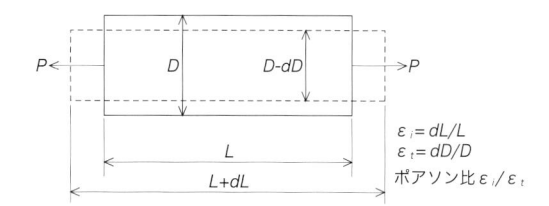

図10 養生条件とコンクリートの強度発現

図11 ポアソン効果

ば，強度は長期に渡って増大し続ける。養生条件に応じた強度発現状況を図10に示す。セメントの種類によって異なるものの，材齢7日までの強度発現は急速であり，材齢91日までの間に終局の80％以上の強度が発現する。養生温度が4℃以下の場合には，セメントの反応が大幅に抑制され，施工を継続するうえで必要となる強度を得るのが困難になる。

図11に示すように，固体は，載荷軸と直交する軸方向に逆の変形を生じる。すなわち，Z軸方向に圧縮すればX方向およびY方向に伸び，Z軸方向に引っ張ればX方向およびY方向に縮む性質を有している。これをポアソン効果といい，載荷軸方向のひずみ（ε_l）に対する直交方向のひずみ（ε_t）の比をポアソン比という。ポアソン比が1/3であると，圧縮しても引っ張っても体積は変化しないが，コンクリートのポアソン比は1/5〜1/7であるので，圧縮すると体積は小さくなる。

4-2 物理特性

コンクリート中のさまざまな空隙中には，セメントとの水和反応に寄与しなかった余剰水分が液状水や水蒸気として存在している。コンクリートが大気中などの乾燥環境下に置かれると，この水分が蒸発していき収縮が生じる。コンクリートの乾燥収縮が内部の鉄筋，他の部材，地盤などによって拘束されると，コンクリートには引張応力が生じる。コンクリートの乾燥が進んで収縮が大きくなり，引張応力が引張強度を超えるとひび割れが発生する。単位水量の増加に伴って乾燥収縮は増大し，骨材量の増加や弾性係数の大きな骨材の使用は乾燥収縮を減少させる。

コンクリートの線膨張率は10×10^{-6}程度であり，鉄筋のそれとほぼ等しいため，鉄筋コンクリートという構造形式が成り立っている。コンクリートが火災時などにおいて高温環境に曝されると，C-S-Hゲルに化学的に結合された水分の脱水，水酸化カルシウムの分解，骨材の変質などが生じ，圧縮強度や弾性係数の低下を引き起こす。500℃では，圧縮強度は常温時の60％以下になり，

弾性係数は常温時の 10 ～ 20％にまで低下する。また，高強度コンクリートのようにコンクリートの組織が緻密であると，コンクリートから水蒸気が逃げ出しにくいため水蒸気圧が高まり，それに温度応力も加わって，爆裂現象が生じる。

4-3 耐久性

コンクリートおよび内部の鉄筋は徐々に劣化していき，構造物としての性能がしだいに低下していく。化学的劣化現象としては，中性化，塩害，化学的浸食およびアルカリ骨材反応があり，物理的劣化現象としては，凍害をその代表例として挙げることができる。

中性化とは，大気中の二酸化炭素がコンクリートの表面から内部に侵入して，水酸化カルシウムと反応して炭酸カルシウムを生成する現象である。中性化は，コンクリートの力学特性には大きな影響を及ぼさないが，中性化に伴ってコンクリートのアルカリ性が低下し，鉄筋を腐食から保護していた不動態被膜が破壊され，鉄筋は腐食反応を生じるようになる。鉄筋が腐食すると，生成物である錆は元の鉄の体積の 2.5 倍程度に膨張するため，被りコンクリートには図 12 に示すような鉄筋に沿ったひび割れや剥離・剥落などの劣化現象が生じる。劣化を放置しておくと，ひび割れを通じて酸素や水が容易に供給されやすくなるため，鉄筋の腐食反応は加速度的に進行し，構造耐力は低下する。

塩害とは，図 13 に示すように，コンクリート中に侵入した塩化物イオン（Cl^-）が，アルカリ性環境下であっても鉄筋の不動態被膜を破壊し，鉄筋に腐食反応を生じさせる現象であり，鉄筋の腐食後は，中性化と同様の劣化過程をたどる。中性化の場合には鉄筋には一様な腐食が生じることが多いが，塩害の場合には

図12　鉄筋腐食に伴うコンクリートの剥落　　図13　塩害による鉄筋の腐食

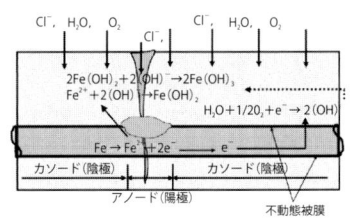

表11　塩害対策

目的	対策
塩化物イオンの混入制限	・コンクリート中の塩化物イオン量の制限（0.30kg/m³ 以下，鉄筋の防錆対策を施した場合 0.60kg/m³ 以下）
塩化物イオンの外部からの侵入抑制	・密実なコンクリート（低水セメント比，微粉末混和材の使用）
	・被り厚さの増大
	・ひび割れ幅の抑制
	・遮塩性仕上げ材の施工
	・コンクリート表面へのポリマー含浸
鉄筋の保護	・エポキシ樹脂塗装鉄筋の使用
	・亜鉛めっき鉄筋の使用
鉄筋の材質向上	・耐塩性鉄筋の使用
鉄筋の腐食反応の抑制	・亜硝酸塩系防錆剤の添加

孔食が生じる。塩害を抑制するためには，状況に応じて，**表11**に示す対策から適切なものを選んで講じる必要がある。

　アルカリ骨材反応には，①アルカリシリカ反応，②アルカリ炭酸塩反応，③アルカリシリケート反応があるが，日本で主に見られるのはアルカリシリカ反応である。それは，コンクリートの細孔溶液中のNa^+やK^+などのアルカリ金属イオンと骨材中の反応性シリカ鉱物とが反応して吸水膨張性を示すアルカリシリガゲルを生成し，コンクリートにひび割れを生じさせる現象である。

　凍害は，寒冷地域において，硬化コンクリート中の水分が空隙内で凍結する際に生じる体積膨張（9％の膨張）に伴って未凍結水の移動を生じさせ，空隙内に生じる水圧によって組織の破壊が繰り返し起きることで生じ，コンクリートの表層部にスケーリング（うろこ状の剥離現象）やひび割れを発生させる。気温が低いほど，年間の凍結回数が多いほど，凍害による劣化は激しく生じる。建築物の北面よりも凍結・融解が繰り返し生じる南面のほうが，凍害は進行しやすい。

5
コンクリートの製造・施工

5–1　コンクリートの製造

　通常，コンクリートはミキサーを用いて練り混ぜられる。練混ぜ効率が最もいいミキサーは水平二軸形であり，最も悪いのは傾胴形である。練混ぜ時間が不十分であると，セメントの分散状態が悪いため，想定した圧縮強度が得られなかったり，スランプが小さかったりするが，逆に練混ぜ時間が長すぎると，空気量が減少する。現在，大半のコンクリートの製造はレディーミクストコンクリート工場において行われている。

5–2　コンクリートの運搬

　レディーミクストコンクリート工場で製造されたコンクリートは，通常，トラックアジテータによって工事現場まで運搬される。運搬中にコンクリートの品質変化が生じるのを抑制するために，工場から工事現場までの運搬時間は90分以内と定められているが，流動性が低下したからといって運搬中に加水することは厳禁である。工事現場に到着したコンクリートは，スランプと空気量が測定され，それらが許容範囲内であればトラックアジテータから排出された後，ポンプまたはバケットで打込み箇所まで運搬される。

5–3　コンクリートの打込み・締固め

　コンクリートは，ポンプやバケットでの運搬距離の長い場所から先に打ち込むのが基本であり，横流しを避け，1回に打ち込まれるコンクリートが均等な厚さになるように水平に打ち込む。打込み中にコンクリート内部に閉じ込められた粗大空隙をなくし，コンクリートが鉄筋や埋設物などと密接するように，打ち込まれたコンクリートは，その内部に挿入される棒形振動機または型枠に取り付けられた型枠振動機を用いて締め固められる。

6 コンクリートの環境問題

　2000～2002年度の日本の総物質投入量は年間約20億tであったが，その約50％が建築物や土木構造物の形で蓄積され，そのまた約50％（全体の約25％）に相当する約5億tがコンクリートの製造に投入された。建設材料である鉄鋼および木材の2001年度の建設産業での使用量は，それぞれ3,253万t，1.7万tであったので，コンクリートの使用量が際立って多いことがわかる。

　一方，昨今の日本の廃棄物発生総量は約4億5,000万t（一般廃棄物：約5,000万t，産業廃棄物：約4億t）であり，そのうちの約3,500万tを解体工事現場から排出されるコンクリート廃棄物が占めている。以上のように，資源投入および廃棄物排出の双方においてコンクリートの占める割合は大きく，産業廃棄物の最終処分場の残余容量が年々減少し逼迫状態にあるという状況において，コンクリート廃棄物のリサイクル推進は重要課題であった。1990年代，建設廃棄物のリサイクル率の向上を目的として，政府による積極的な施策が継続的に講じられた結果，2002年度におけるコンクリート廃棄物のリサイクル率は98％にまで高められた。しかしながら，その用途の大半は道路用の路盤材である。新規道路の建設量が急激に減少している昨今，コンクリート廃棄物の路盤材としての用途も限られてくることが予想される。今後，コンクリート廃棄物をコンクリート用骨材として再利用することが重要となってくる。

〈野口貴文〉

COLUMN

摩天楼の構造材料

　1871年に起きたシカゴ大火は，都市の建築物を木造からスチール造の耐火建築へと変化させた。それを機にスチールの特性を活かした摩天楼建設の歴史が開花し，さらに期を置かずして電動エレベーターの開発がなされたことにより，建築物の高層化の波が一気に押し寄せ，シカゴとニューヨークとの間で繰り広げられていた摩天楼の高さ争いにいっそうの拍車がかかった。

　図に示すように，20世紀初頭は10年に100mの割合で高くなっていったが，1931年のエンパイアステートビルの竣工以降70年間は，スチール造摩天楼の高さの増加速度は緩やかなものであった。その間，コンクリート造は，109m（Torre Littoria, 1933年），120m（Edifcio Kavanagh, 1936年），161m（Altino Arantes, 1947年），218m（One Shell Plaza, 1970年），262m（Water Tower Place, 1976年）とスチール造の半分ほどの高さに甘んじていたが，1980年代後半からの高強度コンクリートに関連する急速な技術開発は，コンクリート造摩天楼の高さを一気に押し上げた。1992年に374m（Central Plaza），1996年に390m（CITIC Plaza）と，スチール造とほぼ肩を並べるまでに至った。その後は，1998年のPetronas Tower（452m）や2004年のTaipei 101（508m）に代表されるように，近年は鋼管の中にコンクリートを充填した複合構造が摩天楼の主流となっている。ただし，2010年に竣工したBurj Khalifa（828m）は605mまでの高さはコンクリート造で，それより上がスチール造となっており，単独の材料だけで高さを比べると，コンクリート造はスチール造を追い越したともいえる。

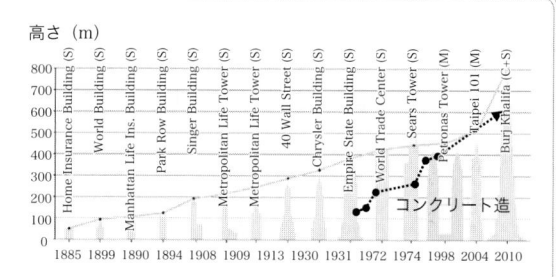

（HP：CTUBH, "Height Incremental Changes in the Development of the World's Tallest Buildings Historically)

S：スチール造　　C：コンクリート造　　M：複合構造

〈野口〉

Ⅱ セラミック素材

8 セメント系材料

GRC パネル
(「まつもと市民芸術館，設計：伊東豊雄建築設計事務所，2004 年」

　セメント系材料などの無機系材料は，有機系材料に比べて紫外線などによって侵されにくいため，外装材に用いられることが多い。その反面脆性的であるため，建築物においては，短繊維を混入するか，もしくは補強筋を用いてその欠点を補う方策が取られる。ここでは，ALC および繊維強化セメント系パネルについて紹介する。

[ALC]

　ALC とは Autoclaved Lightweight Concrete（軽量発泡コンクリート）の略であり，1923 年にスウェーデンの J. A. Erikson が開発して製造の特許を取得し，1929 年に製造が開始された。日本には 1963 年にこの ALC の製造技術が導入され，現在に至っている。断熱性・耐火性に優れ，さらに軽量であるなどの特徴を活かし，構造躯体への質量的な負担軽減を図る目的で，比較的低層の鉄骨構造建築物や住宅の外壁などに用いられることが多い。

1 ALC の製造

　ALC の原料はケイ酸質原料と石灰質原料であり，ケイ酸質原料は主にケイ石やケイ砂が，石灰質原料には生石灰およびポルトランドセメントが使用される。

生石灰（せいせっかい：「きせっかい」ともいう）は石灰石を900～1,100℃程度に加熱分解することにより得られる。

$$CaCO_3 \rightarrow CaO + CO_2$$
$$CaO + H_2O \rightarrow Ca(HO)_2$$

さらにスラリー中のアルカリとアルミニウム粉末による下記の化学反応によって水素ガスが生成され、これがALCにおける約1mm程度の独立した気泡となる。他にも、スラリー中に界面活性作用を有する気泡剤を混入して泡を導入させる方法もある。

$$2Al + 3Ca(OH)_2 + 6H_2O \rightarrow 3CaO \cdot Al_2O_3 \cdot 6H_2O + 3H_2$$

ALC中の補強材はあらかじめ防錆処理（樹脂およびセメントを表面に塗布）されたうえで型枠に設置され、上記のセメントスラリーが型枠に7割ほど充填される。

2時間程度経過すると発泡反応が開始され、スポンジ状に発泡した段階でピアノ線により所定の厚さに切断される。この切断された部材を高温高圧蒸気養生（180℃・10気圧で約9時間）すると、板状・笹葉状のケイ酸カルシウム水和物（トバモライト）が生成され、それ自体では自立することも外力に抵抗することもできないものの、集合として立体的に折り重なることで構造的な強度を有するようになる。このトバモライト結晶は、セメントなどの水和物（C-S-H）と比較して乾燥による収縮が小さいなどの特徴をもつ。蒸気養生されたALCパネルには目地処理などが行われ、製品としての完成をみる。一連の工程に要する時間は約12時間である。

図1　石灰石（CaCO₃）と生石灰（CaO）

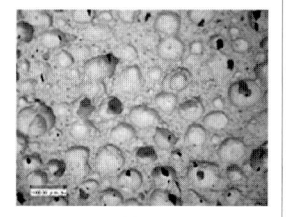

図2　ALCの断面（セラミックス 43（2008）No. 2）

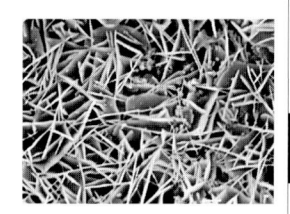

図3　トバモライト結晶（提供：クリオン）

2 ALCの種類

製造工程における採取ラインにおいて表面処理を行うことで、ALCパネルにはさまざまなテクスチャーをもたせることができる。また、独立した気泡面を特殊な薬品で溶解して連続させることにより、音を内部で減衰・消失させ、吸音効果をもつALCも最近開発されている。

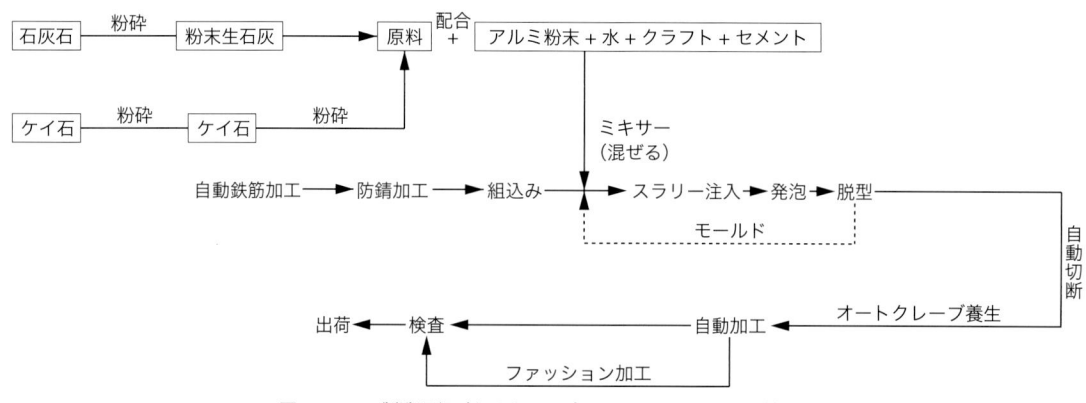

図4　ALCの製造過程（クリオンのパンフレットをもとに作成）

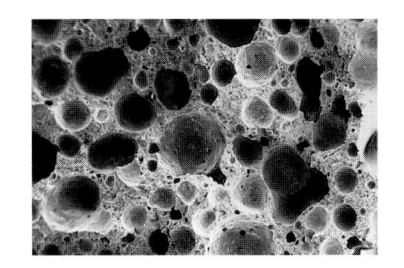

図6 吸音効果をもつALCの内部空隙
（提供：クリオン）

図5 ALCパネルを用いた外壁のファサード
（提供：クリオン）

3 ALCの性質

　材料の規格値は JIS A 5416 において規定されている。密度（絶乾状態）は 450kg/m^3 を超え，550kg/m^3 未満である。ちなみに，コンクリートは 2.3t/m^3 である。圧縮強度は 3.0N/mm^2 以上であり，コンクリートの一般的な強度（40N/mm^2 程度）と比較すると相当に低い。熱伝導率は 0.17（W/(m.K)）であり，コンクリート（1.6），れんが・土（0.62），水（0.59）のそれと比較すると非常に小さいことがわかる。乾燥収縮率は 0.05％以下であり，粗骨材を用いていないことを考慮すると，その収縮量はコンクリートの一般的な収縮率の 0.08％程度に比べ非常に小さい。以上のことから，ALC が軽量で断熱性に優れかつ寸法安定性に富むことがわかる。なお，ALC 自体に強度・耐久性はなく，ALC パネルとしての耐力は鉄筋で負担させ，耐久性は表面仕上げを行うことによって付与される。特に，外壁に用いられる場合は，表面に吸水防止のための仕上げが施される。

4 ALCパネルの取付け方

　ALC パネルを躯体に取り付ける方法としては以下のものがある。すなわち，縦壁筋挿入構法は，パネル間に鉄筋を挿入し，モルタルを充填して固定するものであり，外壁の一般的な取付け方法である。

　ロッキング構法は，パネル上下部を中央 1 点でボルト止めし，パネル自重は受けプレートで支持（床スラブ間をモルタルで充填し，この際，クラフトテープなどの絶縁材によりパネルへの付着防止を図る）するものである。層間変位追随性は各種構法の中で最も高い。

　スライド構法はパネル下部を構造体に取り付け，上部目地鉄筋にスライドハタプレートを介してパネルの上部が面内水平方向にスライドできるようにした取付け方法である。縦長の壁に向く取付け方法である。

　ボルト止め構法はフックボルトにより下地鋼材に ALC を取り付けるものであり，横壁への取付けに向く。

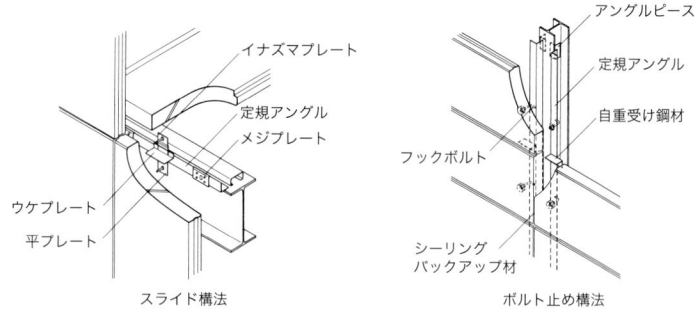

図7 ALCの構法

5
ALCのリサイクル

　ALCもリサイクルが行われている。特に新築現場で発生したALC端材を製造工場において破砕し，ケイ石の一部（20％程度混入）として再利用している。

[繊維強化セメント系パネル]

　繊維強化セメント系材料は，セメントなどの無機系材料と補強繊維を組み合わせることにより，相互の欠点を補った建築材料である。不燃性を有し寸法安定性および耐久性に優れる特性以外に，高い曲げ強度を有する。これにより，薄肉部材とすることが可能となる。無機系材料のもつ耐久性と薄肉部材としての形状の特性から，建築物においては，外装材や屋根材などに用いられることが多い。ここではスレート，ケイ酸カルシウム板，窯業系サイディングおよびGRC（ガラス繊維強化セメント）板について紹介する。

1
繊維強化セメント系パネルの種類と歴史

1-1　スレート

　スレートはその歴史が古く，1900年にオーストラリアで開発された。1904年に神戸市の住宅屋根に，英国より輸入されたスレートが初めて使用された。日本では1914年に小平板が，1917年には波形のスレート板の製造が開始された。セメントに無機質の繊維を混入したものである。従来はこの無機質繊維として石綿が使用されていたが，2004年10月以降は石綿含有建材の使用は禁止されており，現在はビニロン繊維，パルプ繊維などの有機質繊維や他の無機質繊維に代替されている。建築基準法上では不燃材に指定されており，板状の防火・耐火材料の代表的製品といえる。スレートはその形状に応じて波板とボードに分類され，波板はさらに大波と小波に分類され，屋根・外壁に使用される。ボードは，壁・天井に，中空パネルは外壁・間仕切り・二重床などに用いられる。また，屋根・外壁・軒天井等の外装材および天井・内壁・間仕切り等の内装材としても用いられる。

*小波タイプ
波板の高さが15mm以上で，山のピッチが63.5mmのもの

*大波タイプ
波板の高さが35mm以上で，山のピッチが130mmのもの

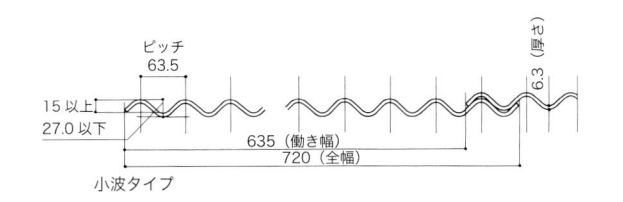

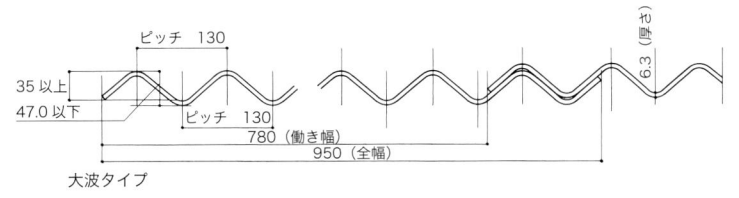

図8　波形スレートの形状

1-2　ケイ酸カルシウム板

　1973年にJIS（日本工業規格）として公示された。ケイ酸質原料，石灰質原料および補強繊維を主原料としている。主に天井材・壁材として使用するウエットマシンで抄造したタイプと，ボードプレス

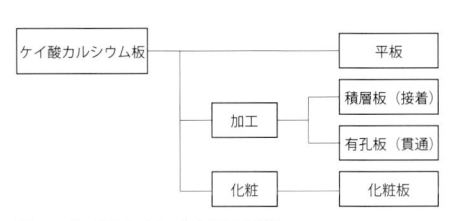

図9　ケイ酸カルシウム板の種類

で圧縮成形した，主に鉄骨の耐火被覆材として使用するタイプに分類される。スレートと比較してオートクレーブ養生を行っているため，その結晶構造（トバモライト）が安定しており，体積変化が小さい。ケイ酸カルシウム板はその形状から，平板，積層板，有孔板および化粧板に分類される。平板は，ケイ酸カルシウム板の素板で不燃材，防・耐火建材としてそのまま使用したり，化粧板の下地材となるもので，ビル，倉庫，工場，店舗，学校，病院，住宅等の天井・壁の内装材や，軒天井材として用いられる。積層板はケイ酸カルシウム板（平板）を2枚以上積層（接着）した厚板で，カーテンウォール等のバックアップ材や立体駐車場，倉庫，工場等の耐火外壁材として用いられる。有孔板（貫通板）はケイ酸カルシウム板（平板）に貫通した穴を開けたもので，裏面に空気層を設けたり，ロックウール等の吸音材を併用したりすることにより，優れた吸音性能が得られる。スタジオ，放送室等の吸音を必要とする天井，壁や，劇場，映画館，ホール等の人の大勢集まる建築物の天井，壁などに用いられる。

1-3　スラグ石膏ボード

　セメント，スラグおよび石膏を主原料とし，これに有機質・無機質の繊維・混和材を添加した不燃材料である。厚さが12mm以上のものはサイディング（板状の外装材の総称）としても用いられる。

1-4　窯業系サイディング

　セメント質原料および繊維質原料を成型したものである。したがって，前記のセメント系繊維補強板の物性と大きく変わるものではない。住宅などの低層

建築物の外壁仕上げ材として，従来から木質系材料やモルタルなどが用いられていたが，前者は腐朽や可燃の問題が，後者は湿式であるために工期が長いことやひび割れ・はく落の問題があり，1975年ごろからこれらの欠点の改善と省力化および多様な意匠性への要望に伴って，窯業系サイディングが用いられるようになってきた。現在，住宅の外壁材の約70％をこの窯業系サイディングが占める。木繊維や木片を補強材とした「木繊維補強セメント板系」，パルプや合成繊維を補強材とした「繊維補強セメント板系」および「繊維補強セメント・ケイ酸カルシウム板系」の3種類に分類される。

1-5 GRC (Glass-fiber Reinforced Cement)

セメント系材料にガラス繊維を混入した繊維強化板である。ガラス平板などでは，その表面に*マイクロクラックが存在することによって理論強度よりも大幅に強度が低下するが，微小な繊維ではこの確率が相対的に低下し，ピアノ線に匹敵する強度が安定的に得られる。したがって，この繊維を用いた硬化体の弾性係数や曲げ強度は高い。GRC は1973年に英国で開発され，1975年に日本に技術導入された。ガラスはアルカリに浸食されるため，GRC に用いられるガラス繊維には耐アルカリ性が要求される。耐アルカリ性はガラス組成中のジルコニア（ZrO_2）によって付与され，この含有量が大きいほど耐アルカリ性が高くなるが，含有量が多すぎると繊維に紡糸するのが困難になる。現在市販されている耐アルカリガラス繊維は，ジルコニアを16％以上含有している。GRC は不燃材料であり，曲げ強度が高く薄肉化が図れ，かつ自由な形状に成形可能であり，さらにはコンクリートや金属では表現することが難しい自然石・木目・タイル風の模様や形状をつくりやすいため，内外装パネルやモニュメントとして用いられる。

1-6 木毛セメント板・木片セメント板

木毛セメント板は，セメントと凝結硬化促進剤をしみ込ませた木毛を混合し，加圧成形する。木毛は木材を細長く削り出したものを使用する。木毛セメント板は，関東大震災の復興材料として，ドイツから輸入されたのが始まりである。厚さが15mm 以上の木毛セメント板は，準不燃材料として扱われ，加工性がよく，断熱性・吸音性・防腐性・防蟻性を有する。内外装下地材料や壁・天井の下地材として用いられる。

木片セメント板は，セメントと防腐処理した木片を加圧成形する。木片は長さ60mm 以下，幅20mm 以下，厚さ2mm 以下の比較的短いものを用いる。1953年にスイスより技術導入された。硬質木片セメント板は厚さが9mm 以上で，かつ*かさ密度が0.9以上のものであり，また，厚さが30mm 以上でかさ密度が0.5以上のものは準不燃材料として扱われる。断熱性・吸音性を有し，吸水膨張も小さく，間仕切り壁の下地材として用いられる。

木毛セメント板と木片セメント板を総称して木質系セメント板と呼ぶが，これらはその製法から，木毛または木片とセメントの配合割合を変化させることができる。この特徴を利用して，かさ密度を小さくして断熱性を重視した板（普

---

*マイクロクラック（microcrack）
幅がきわめて狭いひび割れ。たとえば，幅0.004mm以下。

*かさ密度
空隙部分を含めた密度。単位は，「g/cm^3」。

表1 木質系セメント板の種類

種類	厚さ (mm)	かさ密度 (g/cm³)	曲げ破壊荷重 (N)	たわみ (mm)	釘側面抵抗 (N)	熱抵抗 (m²・K/W)
硬質木毛セメント板	15	0.7 以上	600 以上	6 以下	-	-
	20		800 以上	5 以下		
	25		1,000 以上	4 以下		
	30		1,200 以上	3 以下		
	40		2,000 以上	2 以下		
	50		2,400 以上	2 以下		
普通木毛セメント板	15	0.4 以上 0.7 未満	350 以上	10 以下		0.13 以上
	20		500 以上	9 以下		0.18 以上
	25		650 以上	8 以下		0.24 以上
	30		800 以上	7 以下		0.29 以上
	40		1,200 以上	6 以下		0.37 以上
	50		1,600 以上	5 以下		0.47 以上
硬質木片セメント板	12	0.9 以上	690 以上	12 以下	100 以上	-
	15		920 以上	10 以下	120 以上	
	18		1,270 以上	8 以下	140 以上	
	21		1,800 以上	7 以下	150 以上	
	25		2,530 以上	6 以下	160 以上	
普通木片セメント板	30	0.6 以上 0.9 未満	600 以上	6 以下	-	0.16 以上
	50		1,300 以上	5 以下		0.27 以上
	80		2,100 以上	4 以下		0.44 以上

通木毛セメント板）や，かさ密度を大きくして防火性や曲げ強度を重視した板（硬質木毛セメント板）を製造することができる。

すなわち，**表1**に示すように，現在流通している木質系セメント板は，準不燃材料としての性能を満足し，その範囲内で断熱性を重視したものや曲げ強度を重視したものとなっている。

なお，ここでいう「不燃材料」，「準不燃材料」および「難燃材料」は，防火材料におけるグレードであり，それぞれ以下の定義に基づいて指定されている。

不燃材料：加熱開始後 20 分間，「燃焼しない」，「変形などの有害な損傷を生じない」および「有害な煙またはガスを発生しない」を満足する材料がこれに該当する。

準不燃材料：上記の時間が 10 分間のものがこれに該当する。

難燃材料：上記の時間が 5 分間のものがこれに該当する。

2 繊維強化セメント系パネルの製造方法と性質

繊維強化セメント系パネルの製造方法には各種のものがある。

2-1 抄造法

抄造法は，原料スラリーを抄造フェルト上に一層から多層にわたって抄き上げ，加圧成形する方法である。この種の建築材料の製造方法としては最も歴史が古く，厚さが 3 ～ 12mm のボードが連続的に生産できる。この厚さは抄造されたフェルトの層を調整することにより管理され，材料ボードの構造は層理（複層）となる。ケイ酸カルシウム板やスレート板は主にこの方法により製造され，波板スレートではさらにローラーにより凹凸が付けられる（**図11**）。

2-2 押出し成形法

押出し成形法は比較的少ない水を加えて混合した原料を所定の形状の孔から

図11 波板スレート

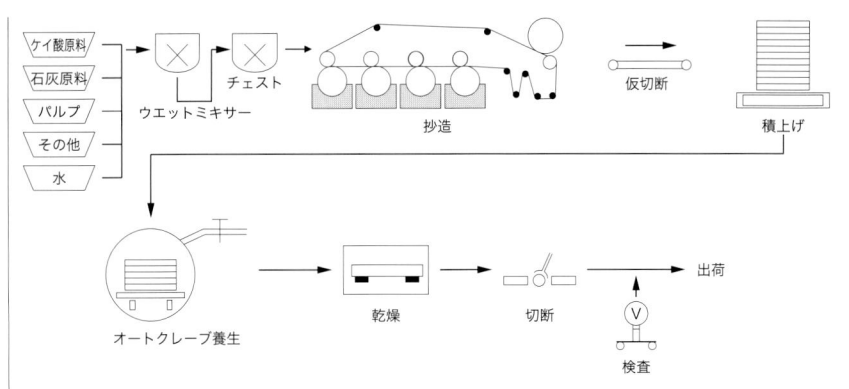

図10 抄造法によるケイ酸カルシウム板の製造

押し出して成形する方法で，中空断面を有する部材や任意の断面形状の部材の製造が可能である。中空断面を有することにより，部材は軽量で断熱性に富むものとなる。押出し成形法の一例は「タイル」を参考にされたい。ケイ酸カルシウム板，スレート板，窯業系サイディングやGRC板など幅広い板材の製造に用いられる。

2-3 プレス成形法

プレス成形法における型枠流し込み法は，原料スラリーを金型に流し込み，加圧成形する方法である。硬質木片セメント板，窯業系サイディングやケイ酸カルシウム板などの製造に用いられる。一方，ボードプレスで圧縮成形されたケイ酸カルシウム板は，主に鉄骨の耐火被覆材として用いられる。

2-4 ダイレクトスプレー法

GRC板の製造方法として用いられる。セメントあるいはモルタルのスラリーをポンプで圧送し，スプレーガンで型枠面に吹き付けるとともにカッターで所定の長さに切断されたガラス繊維を，噴霧状態のモルタルスラリーと同時に型枠面に吹き付けることによって板を成形する。繊維を多く混入することができるため（表2），高い強度や大断面を有する板の製造に向く。GRC板の製造では，他にプレミックス法がある。これはあらかじめ所定の長さに切断したガラス繊維のチョップドストランドをミキサー内で混合し，型枠の中に流し込むか，この混合物を押出しやプレスなどで成形するものである。設備が簡便であり，製造工程が単純なため連続生産に向く。

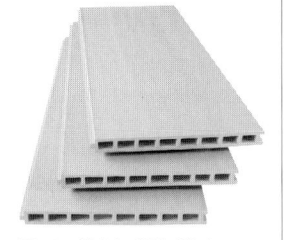

図12 押出し成形パネル
（提供：押出成形セメント板協会）

3 パネルの取付け方

屋根材として波形スレートを用いる場合には大波が使用される。一般的な大波の屋根工法は1山半重ねとする。外壁に使用されるスレート波板は，一般的には小波および波形サイディングであるが，建築物のデザイン上，大波も使用されることがある。波形サイディングは，通常タッピンねじで留め付ける。

GRC板や押出し成形された窯業系サイディングなどのパネルを躯体に取り付ける際の基本的な考え方は，いかにして*層間変位性能を確保するかにある。

＊層間変位（そうかんへんい）
地震力や風圧力などの水平力を受けて多層構造物が変形する際，ある層の床と直上または直下の層の床との間の水平方向の相対変位をいう。

図13 ダイレクトスプレー法

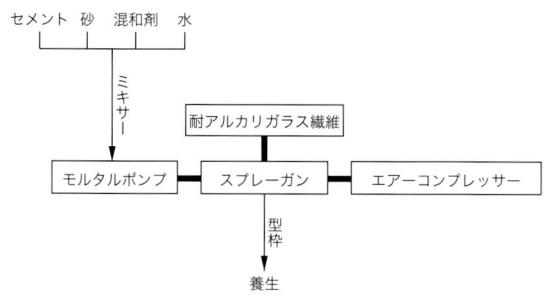

表2 ダイレクトスプレー法

製造方法	耐アルカリガラス繊維含有率（%）	気乾密度（g/cm³）	曲げ強度（N/mm²）
スプレー法	5以上8以下	1.8～2.3	20以上
	3以上5未満	1.8～2.3	15以上
プレミックス法	2以上4以下	1.8～2.3	10以上
		1.3～1.8	5以上

（GRC工業会資料）

　この性能を確保するために，一般にロッキング方式またはスライド方式の取付け方法が採用される。スライド方式は**図15**に示すように，パネルの上端または下端の2箇所を固定支持とし，その反対の端部をローラー支持として，水平方向に変位できるような取付け金物を使用する。ロッキング方式は**図15**に示すように，上下端中央1点ピン支持，下端1点ピン支持および下端2点自動支持として，鉛直方向に変形できるような金物を使用して取り付ける。

　これらの基本的な考え方はALC板と同様であり，スライド方式は横長のパネルに，ロッキング方式は縦長のパネルの取付けに向く。押出し成形されたパネルの取付け例を**図16**に示す。縦張りとして用いる場合は，金物をパネル上下端部に配してロッキングできるように取り付ける。また横張りの場合は金物を左右にスライドできるように取り付ける。

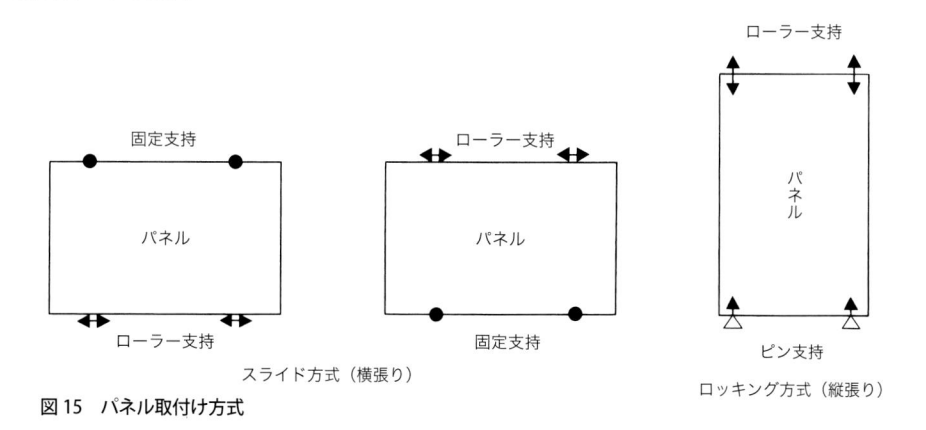

　また，抄造法で製造されたケイ酸カルシウム板は＊異方性をもつため，その

＊異方性（いほうせい）
物質や材料の性質が方向によって異なること。木材，コンクリートなどはこの性質をもつ。

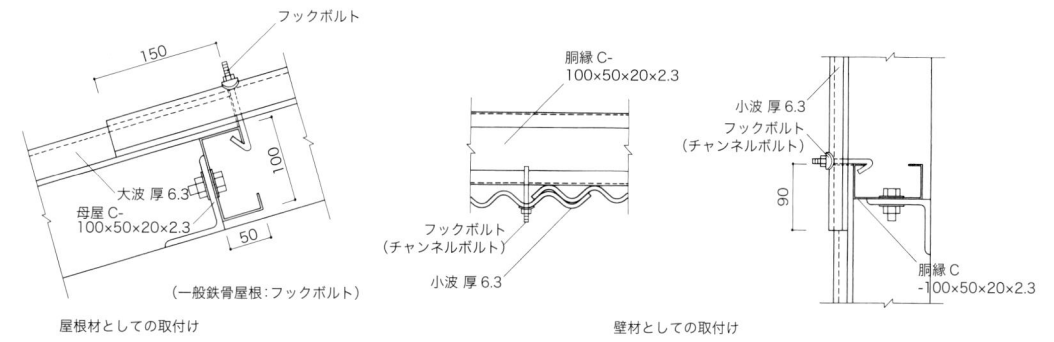

図14 波形スレートの取付け

図15 パネル取付け方式

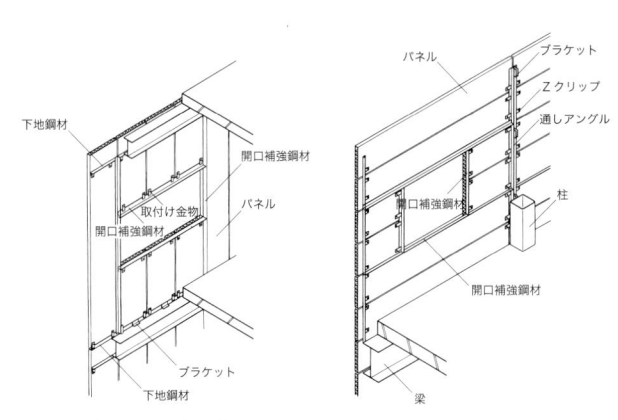

図16 パネルの取付け例

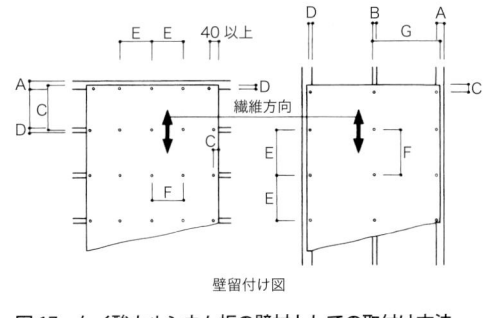

図17 ケイ酸カルシウム板の壁材としての取付け方法

繊維方向を考慮する必要がある。たとえば天井材として用いる場合は，下地材と繊維方向が直交するように設置する。

(今本啓一)

COLUMN

石綿の功と罪

石綿は，非常にしなやかな繊維で紡績性に優れている。そのうえ，引張りが強く，耐摩擦性・耐熱性・断熱性・防音性・耐薬品性・絶縁性・耐腐食性に優れ，かつ安い（経済性）という特性をもつ。単一の材料でこれほど多くの性能をもつことから「夢の材料」と呼ばれ，吹付け耐火被覆材料や成形板（ボード）類の繊維補強材料として長年使用されてきた。しかし，この微細な繊維は人体に吸入されてから30〜40年経過して発病させることが知られ，多くの健康被害が報告される至り，2004年10月から石綿含有製品の製造使用等が原則禁止となった。

石綿は，人類が誕生する前から地球に存在する天然の鉱物である。本来は，人類は石綿と共存できるはずであるが，いったん地中の中から掘り起こされ，繊維がほぐされて人類の身近に存在するような状況となると，多くの問題を生じるようになった。

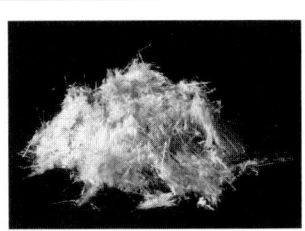

現状は，石綿が使われた建築材料から石綿が飛散しないような法的・技術的整備が整えられつつあり，やみくもに恐れる必要はない。これを教訓に，新しい材料の開発にあたっては，目先の性能ばかりに目を奪われずに，人体の健康への影響を常に考え，化学や医学との連携においてこれを進めることが必要となる。

(今本)

II セラミック素材

9 れんが・瓦

れんが
(「大阪弁護士会館」，設計：日建設計，2006年)

[れんが]

　地殻・表層土の構成物質である岩石，粘土，土などにはケイ酸塩鉱物が多く含まれており，それらを用いた材料や製品は，建設業，電子機械産業，化学工業ほかで数多く用いられている。その中でも，最も材料の加工程度が小さいもの，つまり，製造段階の廃棄物が少なく，材料の大部分がそのまま用いられ，材料の性質が製品の特性に現れやすいものの1つとしてれんががある。

　れんがは，金属酸化物を高温で熱処理し，焼結体となった陶磁器製品であるセラミックスの1つであり，B.C.8000年に生み出された日干しれんがに端を発し，今日に至るまで，数千年を超える時を経て，建築物の内外壁材料などに多用されている。

1 れんがの歴史

　古代オリエントにおいて，日干しれんがが登場して以来，世界各地でれんがが製造され，普及が拡大した。国内では，仏教伝来とともに大陸かられんがの製造技術が導入され，明治に入り，歴史的建造物の壁材などに数多く用いられてきた。東京駅・丸の内口駅舎をはじめ，法務省旧本館など，いわゆる赤れんが特有の古風美が建築物とその周辺景観に彩りを添えている。大量にれんがを

表1 れんがの歴史

年	項目
B.C.8000年ごろ 古代オリエント	エジプト，メソポタミアなどの古代オリエントにて，粘土を成形し，太陽熱で乾燥させた日干しれんがが登場
B.C.2500年ごろ	モヘンジョダロの遺跡（パキスタン）において焼成れんががつくられる
538年 飛鳥時代	中国からの仏教伝来に伴い，東洋のれんがを表す「磚（せん）」の技術が伝わる
1857年 江戸時代	長崎において国内初のれんが製造が国産化され，以後建築等に多用される
1872年 明治時代	国内で英国人建築家ウォートルスの指導により，銀座煉瓦街が建設される
1925年 大正時代	日本工業規格で，普通れんがの寸法が統一される

供給しなければならなかった時代もあり，埼玉・深谷の煉瓦製造工場では1907年より総れんが構造のホフマン式輪窯を稼働させていたが，関東大震災でれんが造の建築物が大被害を受けて以降，時代の流れにより，現在はれんがの生産はなされていない。

2 れんがの製造

れんがの製造では，まず水・粘土・砂などを一定の割合で調合し，土練り機で練り上げる。続いて，押出し成形，ピアノ線による切断を行い，焼成炉に井桁状に積み上げてトンネル製キルンで焼成し，その後空冷してれんが製品となる。

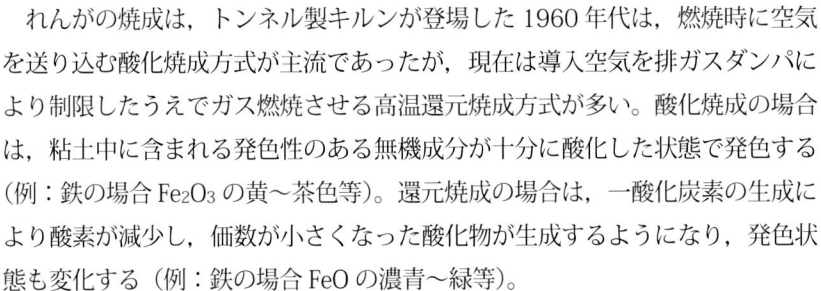

れんがの焼成は，トンネル製キルンが登場した1960年代は，燃焼時に空気を送り込む酸化焼成方式が主流であったが，現在は導入空気を排ガスダンパにより制限したうえでガス燃焼させる高温還元焼成方式が多い。酸化焼成の場合は，粘土中に含まれる発色性のある無機成分が十分に酸化した状態で発色する（例：鉄の場合 Fe_2O_3 の黄〜茶色等）。還元焼成の場合は，一酸化炭素の生成により酸素が減少し，価数が小さくなった酸化物が生成するようになり，発色状態も変化する（例：鉄の場合 FeO の濃青〜緑等）。

工業的に数多く生産される一般的な赤色のれんがは，空気を送り込みながら重油等により熱源を効率よく制御して高温にし，酸化焼成することで得られる。

3 れんがの種類

れんがの形状・寸法・品質は，JIS R 1250（普通れんが），JIS A 5213（建築用れんが），JIS A 5210（セラミックブロック）などで規定されている。それらは，湿式で練り合わせた粘土原料を押し出し，加圧による塑性成形を行う湿式成形と，粉体原料を型に入れて加圧する乾式成形に大別される。

普通れんがは，建築，土木，外構，炉などに用いられ，吸水率（15％以下，

れんが練り土の製造

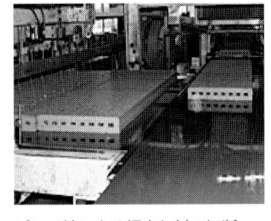

ピアノ線による押出し材の切断

切断された焼成前のれんが

現在，一般的なトンネルキルン

図1 れんがの製造工程

表2　れんがの用途別分類

分類	材質	製法	呼び名	工法
壁用	主に陶器質せっ器質	主に湿式成形	普通れんが	積張り（中実・中空）工法 組積（無筋）造 各種れんが外構
			建築れんがセラミックブロック	補強れんが構造 セラミックブロック造 帳壁，堀，擁壁など
床用	せっ器質	湿式成形 乾式成形	建築れんが 普通れんが	モルタル敷き床工法 サンドクッション床工法

備考：マテリアルデザイン2009-2010を参照

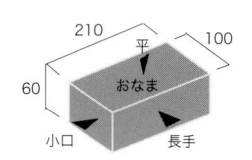

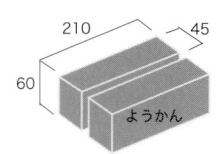

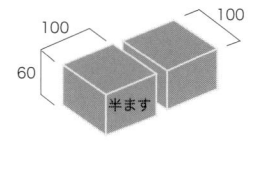

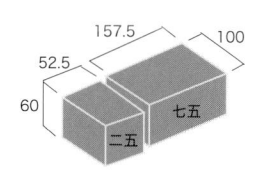

図2　普通れんがの種類

13％以下，10％以下）と圧縮強さ（15N/mm² 以上，20N/mm² 以上，30N/mm² 以上）によって規定される。3種類の品質区分がある。れんがの基本単位となる「おなま」（215 × 100 × 60mm）とそれを小割りした数種類の形状・寸法の要素を用いて，さまざまなれんが壁・れんが床などを組み立てることができる（図2）。なお，れんがの平の部分に，孔が空いた製品もある。

　建築用れんがは，建築物の構造壁体および内外装仕上げに用いられ，孔の形状・数および寸法に規定がある標準型（呼び寸法225mm）および大型（呼び寸法300mm）があり，大部分は海外で製造されている。孔に鉄筋を挿入してモルタルを充填することで一定の剛性を確保することができ，構造体として利用することができる。

　セラミックブロックは，陶磁器質の粘土を主原料とし，高温で焼き締めるため，強度が高く吸水性がきわめて小さい。補強れんが構造などの大型壁体などが製作でき，耐震性・耐火性にも優れる。

4
れんがの施工・使用

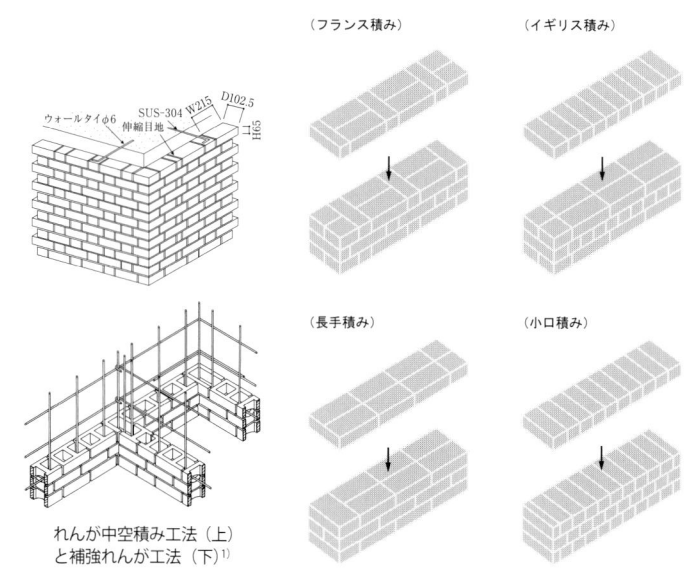

図3　壁のれんが積層工法と積み方

　図3に壁のれんが積み工法を示す。れんがは構造体および内外装の仕上げ材として扱われるため，れんがの種類と積層工法が多様に存在する。

　壁構造とする場合は，外力に対する目地面に沿った破壊進展を避けるため，縦方向の目地が一直線に並ぶいも目地にならないようにする必要がある。実際には，いも目地を避けた合理的な積み方は限られており，わが国ではフランス積みとイギリス積みが普及した。フランス式はフランドル地方で完成した積み方で，壁

面を見るとれんがの長手と小口が交互に積まれ，意匠的に華やかな図柄を表現できる。イギリス積みはイングランド地方で発達した堅牢な積み方であり，れんがの長手だけの段と小口だけの段が一段置きに現れる。

現在，フランス積みやイギリス積みなどのように壁厚の確保が必要な工事は減少しており，れんが中空積み工法や補強れんが工法などを適用して，剛性・耐震性の確保と施工の合理化が図られている。

［瓦］

日本における屋根材料の歴史をたどると，古くはカヤやワラなどの草本類をはじめ，柿葺き（こけらぶき）や檜皮葺き（ひわだぶき）などの木本類が中心に用いられていた。これらは，セルロース等の有機質で構成されるため，腐朽や紫外線などに弱く，長期にわたる使用は容易ではなかった。その後，れんがなどの焼成・成形技術の発展に伴い，粘土瓦が誕生し，社寺建築や住宅建築の屋根材料として幅広く用いられるようになった。

1 瓦の歴史

建築物に使用された世界最古の瓦は，中国の宮殿遺跡より出土した3000年前のものとされている。日本では6世紀ごろに本葺き瓦の製造技術が伝来し，社寺建築を中心に使用された。以後，屋根の架構技術の発展と合わせて瓦の使用が拡大した。

表3 瓦の歴史

年	項目
BC800年ごろ	中国，陝西省岐山県の宮殿遺跡より建築物の瓦が採掘される
588年ごろ 飛鳥時代	百済との交易を通じ，本葺き瓦の製造技術が伝わる
593年 飛鳥時代	奈良・元興寺の極楽坊禅室と本堂で，日本最古の瓦葺き屋根が施工される
1600年代 安土桃山時代以降	城・屋敷・土蔵に使用，火事対策で民家にも使用されるようになる。丸瓦と平瓦が一体化した桟瓦が登場する
1877年 明治時代	国の工部省により，桟瓦の裏側に突起を付け，桟木に直接固定する引掛け桟瓦が登場する
近年	輸入瓦をはじめさまざまな形状・色彩をもつ瓦が増加。屋根材料としての機能を満たしつつ新たな意匠性の在り方が検討される

本瓦葺き

2 瓦の種類

　窯業系瓦の原料は，粘土もしくはセメントに分かれる。双方ともに，原料段階における加工の自由度が大きく，粘土瓦に関しては伝統的な本葺き瓦をはじめJISで規格化されたJ形，F形，S形瓦など，さまざまな断面形状の瓦が製造されている。また，瓦葺き屋根の印象も，和風，洋風など幅広い表現が可能である。図4に瓦の形状による区分（粘土瓦）を示すが，さまざまな形状の瓦により屋根が形成されていることがわかる。

表4　材質・製法による区分（窯業系瓦）

材質区分	特徴	製法区分		
粘土質	粘土瓦（JIS A 5208）は，土，砂で水合せをした粘土を，加圧により瓦形に成形し，乾燥後，高温焼成（1,000℃前後）して金属酸化物を主体とした焼結固化体を形成し，表面処理（施釉薬等）を行い製品とする。伝統性を備えながら，さまざまな形状・テクスチャーを実現できる	無釉系	無釉	粘土を成形・乾燥後，釉薬を施さずに焼結させる。吸水しやすいため，雨の多い地域や寒冷地などでは取扱いに注意が必要である。広くは素焼瓦ともいわれ，自然な色調をもつテクスチャーとなる
			いぶし	広く知られる「いぶし銀」を示す。ブタンガス等の炭化水素を含むガス燃焼により瓦表面に銀色の炭化被膜を形成させるいぶし処理（Smoked）を行い，瓦の変色・退色を防ぐ。古くは松材・葉を用いて行っていた
		釉薬系		最も一般的な粘土瓦であり，成型・乾燥後に，表面にガラス質の釉薬を施して焼成し，不透水層を形成するとともにさまざまな発色を可能とする。長石釉は，K，Naなどのアルカリ分を多く含み，高温溶融させる一般的な釉であり，原土に長石を多く含み1,200℃程度で高温焼成して成型される石州瓦に多く用いられる。フリット釉は，ホウ素を多く含むガラスを主成分とした低温釉であり，1,100℃程度で焼成し成型される淡路瓦・三州瓦に多く用いられる
セメント質	水，セメント，細骨材，繊維体などを原料として水硬性固化体を形成し，養生後，表面処理（吹付け塗装，静電塗装，釉薬焼付け塗装，粉体塗装等）を行い製品とする。軽量で廉価であり，耐久性を除けば粘土瓦と同等の性能をもつ	厚形系		セメント瓦（JIS A 5401）は，硬質の細骨材と各種セメント（混合セメント，ポルトランドセメント）を用いて，セメント・砂比＝1：3程度で製造される。 プレスセメント瓦（JIS A 5402）は，過去は厚形スレートとも称され，セメント・砂比＝1：2程度で製造され，セメント瓦と比較し強度が高く吸水率が低い
		スレート系		住宅屋根用化粧スレート（JIS A 5423）は，鉱物質の添加剤を加えた各種セメント（混合セメント，ポルトランドセメント）に，引張抵抗性をもたせる各種繊維（耐アルカリガラス繊維，セルロース繊維，ビニロン繊維等）を混入してプレス成形し，蒸気養生して強度を高めたもの。住宅用と波形がある

備考）高分子系（シングル：基材フェルト紙の両面にアスファルトを塗布，表面に色砂を圧着した屋根材），自然素材系（草木類：カヤ・ヨシ，皮類：檜皮，杉皮他，板類：柿葺き，栩葺き，木賊葺き，石材類：天然スレート他），その他（ガラス瓦，金属瓦，FRP）の瓦は除く

表5　形状による区分（粘土瓦）と系統による区分

形状	特徴
J形	平瓦と丸瓦を1枚の瓦とし，日本瓦として伝統的に使われてきた形状の瓦（JIS A 5208（粘土瓦）で形状を規定）
F形	J形にある凹凸をなくし，平面に近いフラットの形状に近づけた瓦（JIS A 5208（粘土瓦）で形状を規定）
S形	明治時代以降に登場した下丸瓦と上丸瓦によるスパニッシュ瓦を一体化させた形状の瓦（JIS A 5208（粘土瓦）で形状を規定）
本葺き形	平瓦と丸瓦を交互に組み合わせ葺く形状の瓦。本葺き瓦が伝来した後に，桟瓦が登場するまで多用された

系統	要素
和風	本瓦，桟瓦，軒瓦，袖瓦，のし瓦，角瓦，ともえ瓦，鬼瓦など
洋風	スパニッシュ瓦，ローマン瓦，S型瓦，フレンチ瓦
その他	平板瓦，波形，軽量瓦など

図4 瓦の形状による区分（粘土瓦）

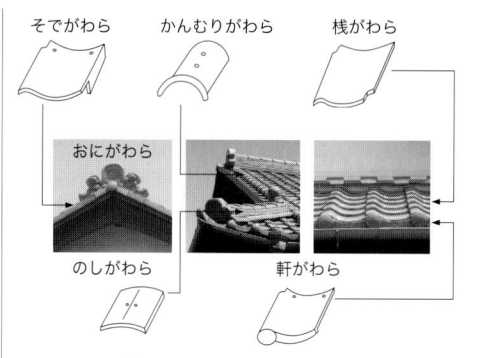

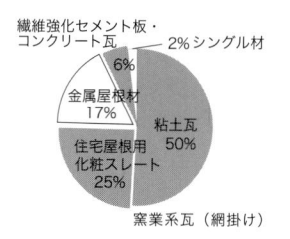

図5 住宅用屋根材の品種別割合（屋根材市場白書より）

図5に住宅用屋根材の品種別割合を示す。粘土瓦，住宅屋根用化粧スレートなどの窯業系が大半を占めるが，それ以外の材質の瓦（金属系，樹脂系，自然素材系ほか）も多数用いられている。建築物の用途や設計意図に合わせて瓦を選定・使用することが望ましい。

3 瓦の製造・性質

粘土瓦は，原料の練混ぜ，加圧による成形および乾燥処理の後に，表面仕上げのための前処理（施釉）を施し，1,000℃前後の焼成工程を経て製品となる。粘土瓦は，焼成により全面にかけて微細なひび割れが生じやすいため，無釉製品は冬季に吸水した場合の凍結融解による劣化に留意する必要がある。現在，国内では釉薬瓦の販売量は粘土瓦の約7割を占める。

セメント瓦は，粘土瓦と同様に，原料の練混ぜおよび加圧成形の後，蒸気養生を行い，十分にセメントを水和させた後に自然乾燥させ，最後に静電塗装や焼付け塗装などの表面塗装を施して製品となる。価格が廉価であるが，耐久性を除き，粘土瓦と同等の性能をもつ。

現在，窯業系瓦の大部分は三州（愛知），石州（島根），淡路（兵庫）の3大産地で製造されており，三州瓦の製造量はその4割程度を占めている。

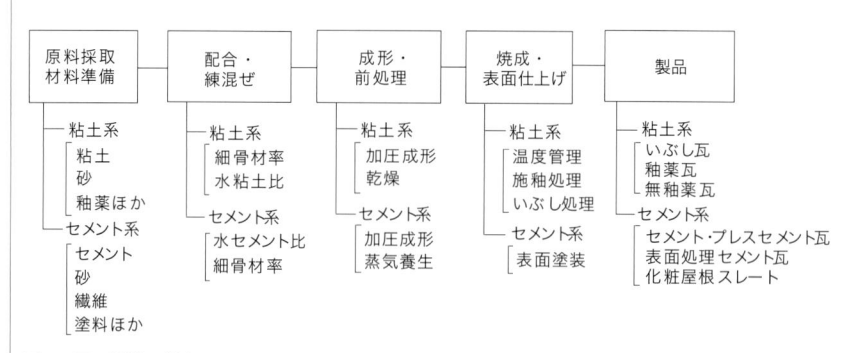

図6 瓦の製造の流れ

4 瓦の施工・使用

瓦の施工は，屋根工事の仕上げ工程ともいえるが，下地材を含めた屋根全体の性能に深く関係する工程として捉える必要がある。

表6に屋根に対する主な要求性能を示す。これらの要求性能は，建築物を長期にわたり安全に使用するうえで必要となる基礎的条件といえる。なお下葺き材は，屋根の防水が，瓦等の屋根葺き材のみでは困難であるため，屋根全体の防水性を補助するものとして捉えることができる。また，屋根工事におけるごみや塵の落下防止や，使用時における野地板表面の結露防止の役割も担っている。

表7に窯業系瓦を対象とした屋根葺き工法の例を示す。明治時代に登場した引掛け桟瓦葺き工法は，窯業系瓦の代表的な工法といえ，引掛け桟瓦を野地板の上に取り付けられた桟木に釘で確実に固定する。葺き土を使用しないため大幅な軽量化が可能であり，建築物の耐震性能が改善される。

(田村雅紀)

表6 屋根に対する主な要求性能

要求性能	内容
耐震性	屋根葺き材と野地板との接合が十分に確保され，かつ材料が軽量である
防火・耐火性	屋根葺き材自身が不燃材であり，着火や発炎を生じない
耐風・耐衝撃性	屋根葺き材に強度があり，風の吸引や吹上げにより破損・変形・飛散の恐れがなく，強風による飛来物の衝撃に耐えうる
防水性	屋根葺き材により雨水等が通されることがなく，速やかに流下，排出される
耐候・耐久性	気温の変化，日射，雨水，埃，大気中の汚染物質等がもたらす物理的，化学的風化作用に対して，腐朽，虫害を生じずに長持ちであること
断熱・省エネ性	寒季・暑季において外気からの熱伝導を防止・緩和できること
耐凍害・耐寒性	屋根葺き材自身の吸水率が低く，冬季の積雪・寒さ・凍結融解作用に耐えうること
景観性	屋根全体の形状（外形，大きさ，模様）と色彩（色み，光沢，エイジング）が良好な景観を形成すること

表7 窯業系瓦における屋根葺き工法

工法	内容
引掛け桟瓦葺き工法	明治時代の1877年，国の工部省営繕課より，野地板の上に，垂木に垂直な方向で瓦桟木を固定し，桟瓦の裏側に突起を付けた引掛け桟瓦を引っ掛けて釘で確実に固定する新しい工法が提案された。これは，地震時の瓦の落下被害を大幅に減少させると同時に，瓦屋根の総重量を軽減（土葺き工法に比べ半分から1/3程度）することができる。近年は耐風性の向上も図るため，瓦のすべてを釘やビス等で全数緊結するとともに，中空部分を接着性を有するポリウレタンフォームで充填することにより，瓦同士と桟木の一体化がはかられている

参考文献
1)『マテリアル・デザイン 2009–2010』彰国社，2009

COLUMN

れんがとモデュール

　明治時代，日本は近代国家を建設するために西洋文化を積極的に導入した。1872年の大火後，明治政府は，東京府下の全家屋をれんがでつくるという布告を出し，不燃化都市計画を推し進めた結果，銀座れんが街が誕生した。その後，れんがは近代建築の象徴的材料となっていったが，1923年の関東大震災によって，銀座れんが街は耐震性の問題から脆くも崩壊してしまい，れんがはコンクリートに取って代わられる。

　現在の赤れんがの規格寸法（210×100×60mm）が定められたのは，れんがが構造材料としての使命を終えた関東大震災の約2年後のことであった。メートル法に則るとともに，片手での作業のしやすさを考慮して，1mの1/10である100mmを基準寸法として採用し，赤れんがを2つ並べる場合の目地幅10mmを加えた210mmを長手方向の寸法とした。しかし，高さ60mmは合理的な理由により決められたものではないらしい。赤れんがを3つ並べた場合，2つの目地が必要である。その場合，長さの合計は200mmとなり10mm不足してしまう。建築物のための寸法ではなく，溶鉱炉の内表面に敷かれた耐火れん

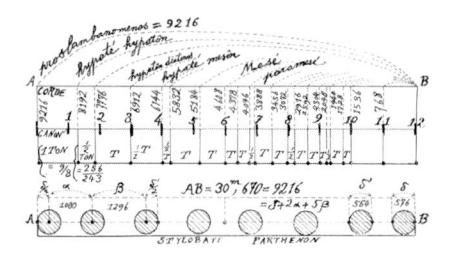

ギリシャのパルテノン柱列のモデュール割

がを取り囲む形で赤れんがが補強用に用いられ，それにぴったり合う寸法が60mmであったというのが実情のようである。したがって，赤れんがをフランス積みとかイギリス積みで積んでいくと，目地が揃ってしまうなど，不都合が生じることがある。

　ちなみに，イギリスのれんがの寸法は，215×102.5×65mmであり，積み方が考慮された合理的な寸法となっている。建築材料のモデュール寸法は，合理的に決定されなければならない。

（野口）

参考文献：C.ハンディサイド，B.ハセルタイン著，れんが研究委員会訳（委員長・高橋泰一）『れんがと建築』1980，彰国社

II セラミック素材

10 タイル

テラコッタタイル
(「武庫川女子大学甲子園会館(旧甲子園ホテル)」, 設計:遠藤新, 1930年)

　タイルはラテン語のテグラ(tegula)を語源とした用語で「覆う」,「被せる」といった意味をもつ。建築物を覆うこのタイルは, 特にわが国特有の多様な気象条件においても劣化, 変色しにくく, 酸やアルカリなどの化学的作用や, また火熱や磨耗に対する物理的作用に対して安定しているといった性質を有している。さらには, 汚れが付きにくく落としやすいため, メンテナンス性にも優れた特徴をもつ。このことから, 建築物に, 意匠性の他に耐久性などの各種性能を付与する仕上げ材として多用されている。

1 タイルの歴史

　建築材料としての焼き物は, 一説には, B.C.5000年ごろにすでにれんがとして用いられていたという。このれんがが1500年を経たB.C.3500年ごろに, 今日の施釉タイルとしてエジプトでつくられ, その後に継承されていく。現在, 最古のタイルは, このエジプトにある階段ピラミッドの地下通廊の壁に張られていた水色のタイルであるといわれている。日本に初めてタイルが登場するのは飛鳥時代で, 百済から仏教と経典が伝来した後, 仏舎利とともに, 仏寺を造営するのに必要な寺工, 画工, 瓦博士が渡来したと『日本書紀』は伝えている。日本での最初のタイルは, この瓦技術をもとにつくられた寺院建築の屋根瓦, 腰瓦, 敷瓦であり, その後, 明治の文明開化をもって, タイルの歴史の本流が

表1 タイルの歴史

年	項目
B.C.3500年ごろ	エジプト（施釉タイル）
B.C.1000年ごろ	メソポタミア（装飾材としてのタイル）
6世紀	イスラム世界　モスク・宗教建築，施釉タイル・モザイクタイル
	磚（せん：甎）と呼ばれる陶板　仏教伝来とともに日本にもたらされ，屋根瓦，腰瓦，敷瓦として寺院建築に使われる（岡寺の天人文磚など）
17世紀	マジョリカタイル　10〜15世紀イスラムからスペインに
1863年	長崎グラバー邸　イギリスからの輸入タイル
1871年	大阪造幣寮「泉布観」
1908年	乾式成形法による硬質陶器質タイルの製造
1922年	名称統一「タイル」　それまでは敷瓦，腰瓦，壁瓦，張付け化粧煉瓦

形成されていくことになる。

2 タイルの製造方法

　外装タイル・床タイル・モザイクタイルは粘土を主原料に，長石，陶石などが配合されている。これらの材料を用い，次に示す工程によって各種のタイルを得ることができる。湿式製法における押出し成形では，練り土の含水率を20〜25％に調整し，この段階で裏足同士が切れ目の入った状態でつながった2枚のタイルが一対で成形され，焼成後にこの一対のタイルを割裂することにより2枚のタイルとなる。一方，乾式製法では粉末原料を含水率7〜9％に乾燥させたものを高圧プレスにより成形し，施釉後，本焼成を行う。内装タイルの場合は，原料にろう石を用い，脱水・乾燥後に高圧成形を行い，素地焼成を行ってから，施釉・本焼成を行う。湿式製法は面や形状に柔らかみの風合いを

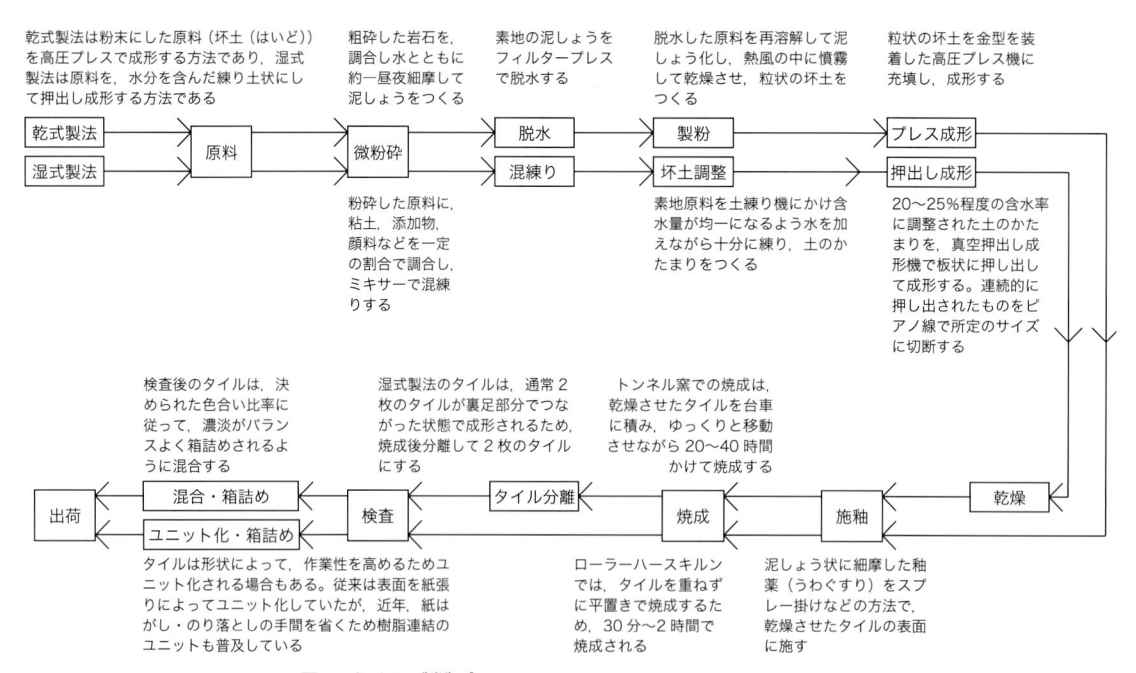

図1　タイルの製造プロセス

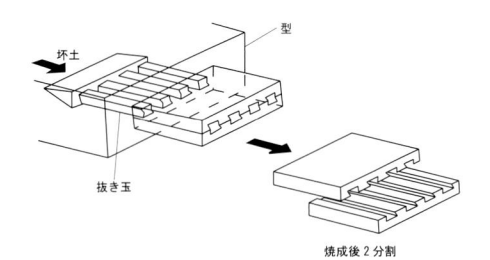

図2 タイルの製造工程

図3 割裂されたタイル（裏足）と釉薬

表2 タイルの分類

	吸水率*	焼成温度	素地の特徴	釉	タイルの種類
I類	3%以下	1,200～1,300℃	緻密で硬い	有・無	外装，床，モザイク（内装）
II類	10%以下	1,200℃前後	硬い	有・無	外装，床（内装）
III類	50%以下	1,000℃以上	多孔質・濁音	無	内装

＊ISOに規定される強制吸水率

*ロット（lot）
等しい条件下で生産され，もしくは生産されたと思われる品物の集まり。

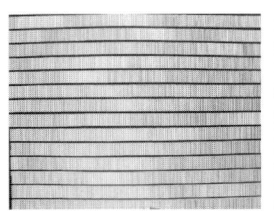

スクラッチタイル

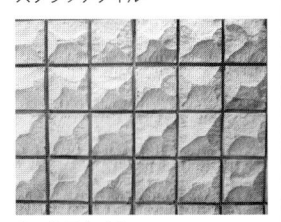

テッセラタイル

テラコッタタイル（旧帝国ホテルのものを再現）

図4 タイルのテクスチャー

出せ，乾式製法は高い寸法精度を確保することができる。なお，施釉とは粘土素地の表面に釉薬（ゆうやく＝うわぐすり）を塗布してガラス上の物質を形成するものであり，これにより素地表面からの吸水を防止する。タイルは施釉の有無により，施釉品と無釉品に分類される。なお，本焼成時において窯内に生じる温度ムラによって，同一*ロットのタイルにおいて色ムラが生じる。図1において混合工程が示されているが，色ムラの生じたタイルはこの工程で人手により混合され，これにより仕上げ材としての独特の風合いを醸し出すことができる。

タイルは表2のように吸水率を指標として分類されている。特に，寒冷地などの凍結する恐れのある地域では，吸水率の小さいI類タイルが使用される。II類については耐凍害性を確認してから使用する。

タイルのテクスチャーを操作する方法として，上記の成形方法や釉薬の有無以外に「酸化焼成」，「還元焼成」などの焼成方法がある。酸化焼成とは，酸素を十分に供給した炎で焼き上げるものであり，釉中・素地中の酸化金属と酸素を結合させることで色を付ける。炎は窯全体に広がるとともに台車に積まれているタイル素地をも均一に炎が覆い，比較的安定した色合い・色幅を再現することができる。施釉タイルや広幅の少ないタイルに適している。還元焼成とは酸素の供給を抑制した炎で焼き上げるものであり，釉中・素地中の酸化金属から酸素を還元して色を付ける。タイル素地に当たる炎に偏りが生じ，色幅の大きい仕上がりとなる。本来の焼き物らしい風合いを求める場合に適している。

また，生素地表面を突起物で引っかく方法（スクラッチタイル）や，鑿（のみ）ではつるか金型でプレスすることによってタイル表面に凹凸を付ける方法（テッセラタイル）もテクスチャーの操作手法としてよく採用される。

テラコッタとは本来，イタリア語の「焼いた土」の意味であるが，建築においては装飾用の建築陶器や大型外装タイルを指す。旧帝国ホテル（設計：フランク・ロイド・ライト）や武庫川女子大学甲子園会館（旧甲子園ホテル，設計：遠藤新）にも使用されており，機械による加圧成形やせっこう型に流し込むことにより複雑で幾何学的なテクスチャーをつくり出すことが可能となる。

3 タイルの用途

3-1 外装タイル

外装タイルに求められる性能的要件として，耐候性に優れていることが挙げられる。このため，外装用タイルとしては，吸水率が低いⅠ類（磁器質に相当）あるいは十分に焼き締めたⅡ類（せっ器質に相当）のものが使用される。外装タイルの標準の形状・寸法としては，小口平（実寸：108 × 60mm），二丁掛け（227 × 60mm），三丁掛け（227 × 90mm），四丁掛け（227 × 1,2050mm），50 角（目地共 1,457 × 45mm），ボーダー（227 × 30mm）等があり，他に建物コーナー部などに用いられる「役物」タイルがある（図6）。なお，外装タイルでは，剥落防止のための裏足の形状は「あり状」で，その高さは表3のように規定されている。

図5　平物外装タイルの形状と寸法

図6　役物タイルの形状と寸法

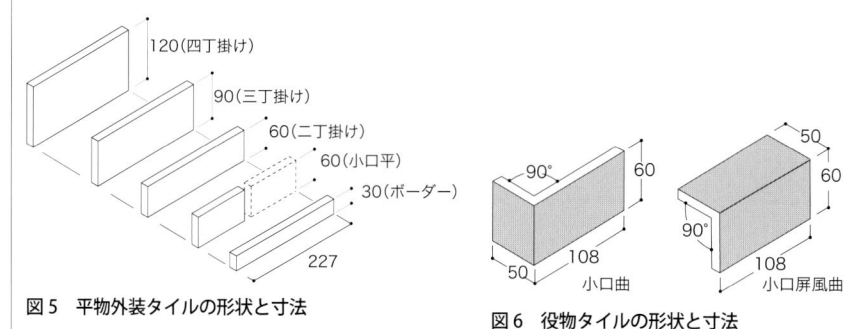

表3　裏足の高さ

タイル表面の面積	裏足の高さ（mm）
15cm² 未満	0.5 以上
15cm² 以上 60cm² 未満	0.7 以上
60cm² 以上	1.5 以上（タイルのモジュール寸法が 150 × 50 および 200 × 50 以上のものは 1.2mm 以上とする）

3-2 内装タイル

建築物の内部でタイルを使用する場合は，外部で使用する場合と比べると条件がよい。一方，近距離で見られることから寸法精度の高いタイルが要求される。こうしたことを勘案して，内装タイルとしては乾式成形のⅢ類（陶器質タイルに相当）が多く用いられ，素地面からの吸水を抑制するために釉が施される。内装

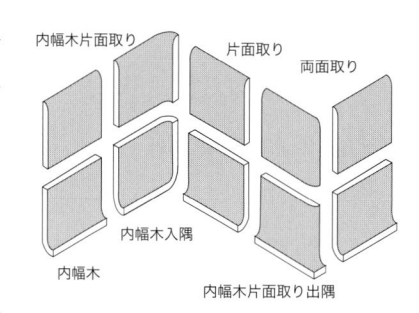

図7　内装タイルにおける役物

タイルの形状としては，100 角（実寸：97.7 × 97.7mm），36 角（実寸：109 × 109mm または 108 × 108mm），100 角二丁（197.7 × 197.7mm），150 角（148 × 148mm），200 角（197.7 × 197.7mm）の他，役物として，片面取り，両面取り，内幅木などがある（図7）。

3–3 床タイル

床タイルに求められる条件としては，外装タイルに要求される耐候性の他，歩行性がよくてすべりにくく（すべり抵抗性），耐摩耗性，耐衝撃性に優れることが挙げられる。こうした条件を満たすために，Ⅰ類（磁器質に相当）・Ⅱ類（せっ器質に相当）のものが用いられる。すべり抵抗性を高めるために，表面に凹凸や突起，スジ型の加工を施したものもある。無釉タイルはすべり抵抗性が高く，磨耗しても色の変化が少ないなどの特徴があり，公共施設や公園などに使用される。一方，施釉タイルは汚れにくく掃除がしやすいといった特徴があり，住宅や店舗の床に用いられる。タイルの形状としては目地共100mm角，100角二丁，150角，200角，300角などがある。役物としては階段タイル（段鼻），タレ付き階段タイルなどがある（図8）。

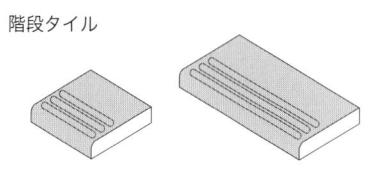

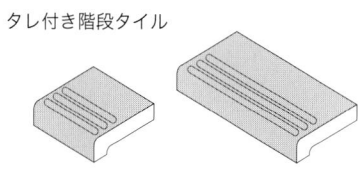

図8　床タイルにおける役物

4 タイルの割付け

適切なタイルの割付けは，タイル仕上げを美しくする第一の要素である。以下に各部位における目地割の種類を示す（図9，10，11）。

図10　内装タイル

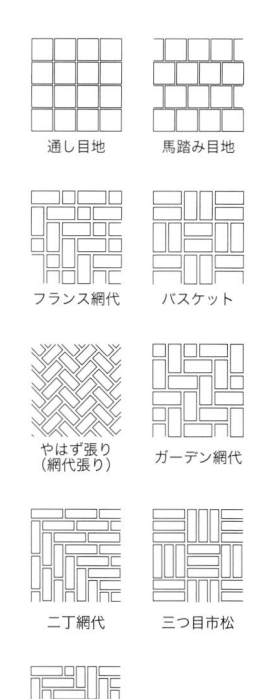

図11　床タイル

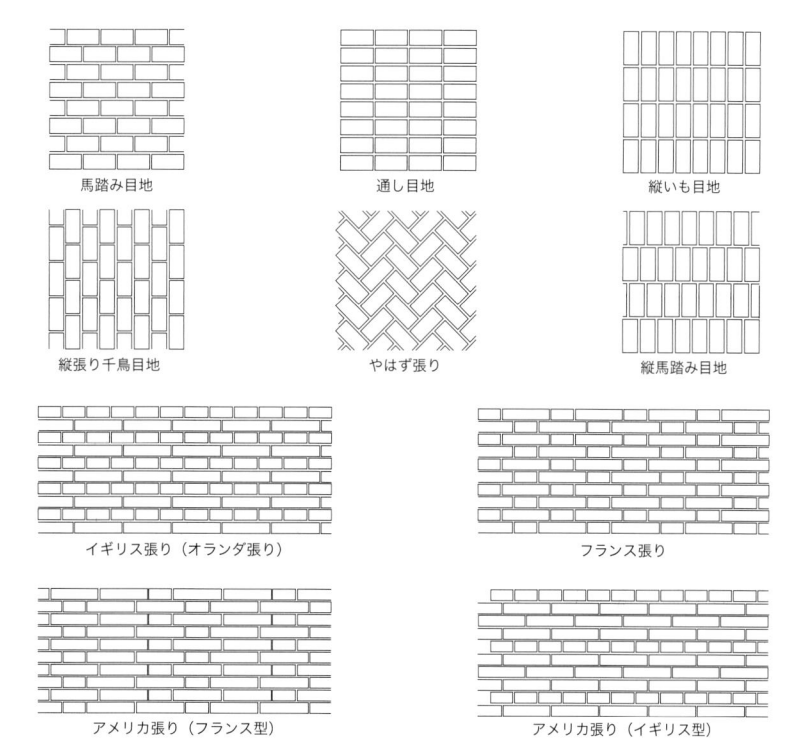

図9　外装タイル

5 タイルの張付け

タイルはその張付け方により，以下に分類される。

5-1 内外壁面への手張り工法

(1) 改良積上げ張り

主に，小口平から四丁掛けまでのタイルの張付けに適用される。積上げ張り工法を改良したものであり，躯体に下塗り・中塗りを施し，精度の高い下地の上に施工することにより，高い接着力を確保している。

(2) 圧着張り

下地面に張付けモルタルを塗り付け，そこにタイルを押し込む工法である。張付けの際は，タイル用ハンマーの柄などで入念に叩き込めば，接着力・白華防止に優れる工法である。しかし，下地側に塗り付けられる張付けモルタルの*オープンタイムの影響を受けやすく，叩きが十分でないと剥落の原因にもなる。

(3) 改良圧着張り

張付けモルタルのオープンタイムの影響を受けにくくした工法である。下地側だけでなく，タイル裏側に張付けモルタルを塗り付けることで，タイル裏足への確実な充填と下地側とのなじみを確保し，確実な接着力を期待できる。

(4) 密着張り（ヴィブラート工法）

下地側に張付けモルタルを塗り付け，タイル張り用の振動工具を用いて，タイルをモルタルに押し込むように張り付ける。施工効率も高く，オープンタイムによる影響も圧着張りに比べて小さく，外装では最もよく用いられる。

(5) モザイクタイル張り

紙張りされたモザイクタイルを張る。下地面に張付けモルタルを塗り付け，モザイクタイルを表紙張りのまま押さえ付けて張り付ける。その後，モルタルの硬化の度合いを見計らって水湿しをし，表紙を取り除いてタイルの配列を微調整する。オープンタイムの影響を受けやすいので，施工には注意が必要である。

(6) マスク張り

モザイクタイルの裏面にマスク（目地部分を残して穴あけされたもの）をかぶせて張付けモルタルを塗り付ける。モザイクタイル張りの短所であるオープンタイムの影響による接着力のバラツキを小さくできる。

5-2 床面への手張り工法

(1) 一般床タイル張り

コンクリート面に硬練りのモルタルを敷き均し，木ごてで締め固めて平坦な下地とする。モルタルが未硬化のうちにタイル張りを行う場合はセメントペーストを，硬化後にタイル張りを行う場合は張付け用モルタルを敷いて張り付ける。

(2) 大型床タイル張り

200mm角以上の大型床タイルを施工する場合に一般に用いられる。敷き均

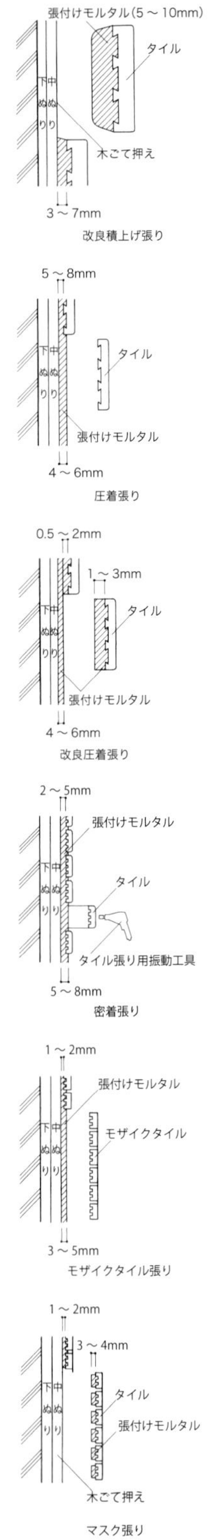

図12　タイルの張付け

＊オープンタイム（open time）
張り合わせ可能な時間のこと。最適な接着効果が得られるような接着剤や張り付けモルタルを塗ってから張付けまでの時間間隔を指す。

図 13　床のタイル張付け

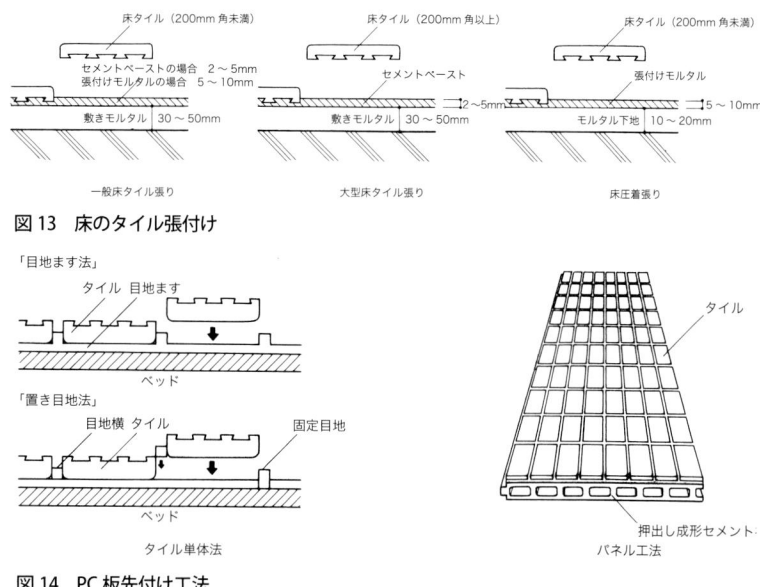

図 14　PC 板先付け工法

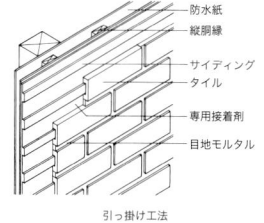

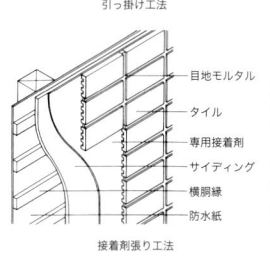

図 15　乾式工法

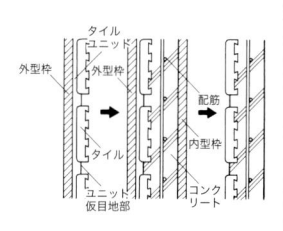

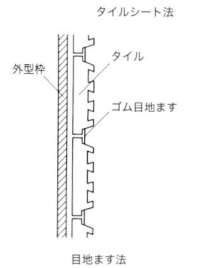

図 16　型枠先付け工法

したモルタルにタイルを仮置きしてレベル調整を行い，タイルを一旦外して敷きモルタルにセメントペーストを塗布して再度タイルをたたき押えして張る。

(3) 床圧着張り

木ごて押えしたモルタル下地に張付けモルタルを塗布してタイルを張り付ける。オープンタイムの影響を受けやすいので，この点での施工管理には十分な配慮を要する。

5-3　PC 板先付け工法

接着力が高く，品質も安定しているため，高層 RC 外壁などにも用いられる。

(1) タイル単体法

型枠ベッドに，木，硬質ゴム，発泡プラスチックなどの目地桟または目地ますを取り付けて，これに合わせてタイルを 1 枚ずつ配列する方法で，小口平以上の大きさのタイルに適する。

(2) パネル工法

押出し成形セメント板タイルパネルや ALC タイルパネルがある。工場でタイル張りを施し，躯体に取り付けられたアングルに専用の金具で取り付ける。

5-4　乾式工法

木造住宅や鉄骨造住宅の外壁では，乾式工法が用いられることが多い。

(1) 引掛け工法

専用ベースボードの凸部にタイル裏側の凹部を引っ掛け，専用の接着剤や金具で部分的に固定する。

(2) 接着剤張り工法

木造住宅外壁などに，窯業系サイディングを下地として専用の接着剤で直接タイルを張り付ける。モルタルを用いた湿式張りと比較して接着力が高く，最近は鉄筋コンクリート造外壁への適用も増えつつある。

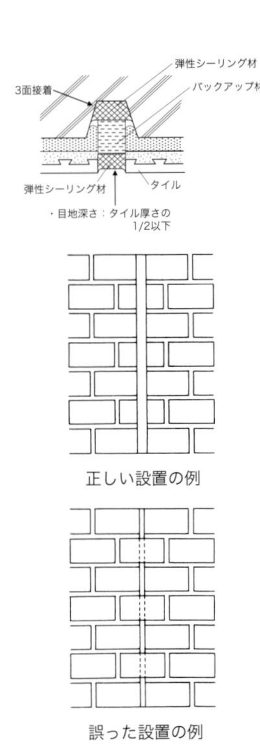

図17 伸縮調整目地の設置例

5-5 型枠先付け工法

(1) タイルシート法

50角，50角二丁程度のモザイクタイル，小口平，二丁掛けなどのタイルを連結し，所定の目地の幅と深さが得られるように加工したタイルユニットを型枠に取り付ける。コンクリート打設後，型枠を外すとタイルが打ち込まれた状態となる。

(2) 目地ます法

型枠に目地ますを取り付け，タイルをはめ込んでコンクリートを打設する。

6 タイルの目地

タイルの目地は，タイル間の目地と亀裂誘発目地の上に設置する伸縮調整目地に大別される。伸縮調整目地の目地幅は，コンクリートの乾燥収縮によるひび割れに伴うムーブメントに追随する必要がある。このため図に示すように，目地をまたいでタイルを張るようなことは行ってはならない。タイル間の目地幅は後張り工法で 8 ～ 10mm 程度，亀裂誘発目地の幅は 20mm 強が一般的である。シーリング材を充填する目地深さは，あまりに深いとシーリングの硬化不良を招くため，おおむね 10mm 強程度が目安となる。この深さを確保するために図に示すようなバックアップ材を設置する。雨水の浸入を防止するシーリング材は，一般の鉄筋コンクリート造外壁であれば 3 面接着とする。なお PCa パネル間の目地などのようにムーブメントが大きいものは，シーリング材の追随性を高めるために底面の接着を断った 2 面接着とする。

(今本啓一)

COLUMN

タイルの落ちるメカニズム

一般にタイルは建築物に対して積層構成となって取り付けられており，「コンクリート躯体→下地モルタル→張付けモルタル→タイル」の各層で構成される。これら各層の材料は温度変化や含水率の変化による体積変化（伸縮量）が大きく異なり，乾湿ムーブメントや温冷ムーブメントと呼ばれる層間変位が生じる。この層間変位は各層の境界面においてせん断応力を生じさせ，その応力が各層間の付着強度を上回ると，剥離もしくは剥落に至ることになる。仮にその時点で剥落しなくとも，いったん生じた層間の隙間に水が浸入し，これが凍結によって体積膨張を起こし，剥落に至ることもある。

最近では，コンクリートの表面に凹凸をつけ，張付けモルタルとの機械的接着力を高めたり，モルタルよりも接着力の高い弾性接着剤がタイル下地に使用されるなどの技術開発が進められている。美しいタイルを永く使い続けるために，この剥落メカニズムを理解したうえで対策を講じておくことが必要である。

(今本)

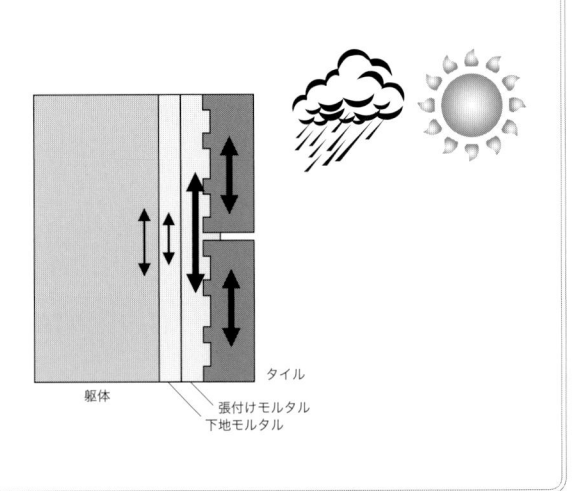

II セラミック素材

11 ガラス

ガラスブロック
(「クリスタル・ブリック」, 設計：
アトリエ・天工人, 2004年)

　建築材料は，ふつう光を反射することによりその存在を視覚的に主張する。この点で，ガラスは一般的な建築材料とは対極をなすユニークな材料といえる。最近では，限りなく透明であるだけでなく，光を透過させつつも部分的に反射させることにより自らを風景に同化させるものや，断熱性，防犯性，高強度を有するものなども開発され，その種類は多様である。

1 ガラスの歴史

　ガラスが歴史に登場するのは紀元前に遡る（**表1**）。古くは装飾品や工芸品として用いられ，やがて建築材料としてだけでなく他産業にも幅広く用いられるようになる。製法面での改良も加えられた。ガラスが大量に生産でき，建築物の重要な素材であることを世界に示したのは，1851年ロンドンの第1回万国博覧会のクリスタルパレス（長さ564m，幅125m，高さ33mの鉄骨造建築物に使用されたガラスは8.3万m^2）である。このガラスは**図1**に示す手吹き円筒法によってつくられた。その後，1921年のミース・ファン・デル・ローエのガラスカーテンウォールによる摩天楼構想を契機として，1950年代にはガラスカーテンウォールの全盛期を迎え，さまざまな技術開発が進められながら現在に至っている。

図1 手吹き円筒法
（写真提供：AGC 旭硝子）

表1 ガラスの歴史

年	項目
B.C.3000年	メソポタミア（ガラス質の釉薬）
B.C.15世紀	ガラス玉，ペンダント等
B.C.10世紀中ごろ〜A.C.3世紀（弥生時代）	勾玉（まがたま）の製造
B.C.30年ごろ〜AC4世紀	ローマ時代　吹きガラス製法
3世紀	ローマの邸宅でガラス窓として使用
10〜（15）世紀	クラウン法（吹きガラスを遠心力により広げて平面にする工法）
11世紀	手吹き円筒法（円筒状に吹いた後，胴部分を切り広げて平板とする）
15世紀	ウィーンの家屋半数にガラス窓使用
16世紀後半	ボヘミアングラス（木の灰使用による透明ガラスの開発）
19世紀初頭	ラバーズ式円筒法（圧搾空気による機械吹き。大型ガラス板が可能）
1851年	クリスタルパレス（第1回万国博覧会）
20世紀初頭	溶融窯からガラス素地を引き上げる工法の開発。1901年フルコール法（ベルギー），1916年コルバーン法（アメリカ）
1921年	ミース・ファン・デル・ローエによるガラスカーテンウォール建築物
1965年	フロート板ガラスの開発

2 ガラスの種類

2-1 成分に応じた分類

板ガラスは SiO_2 からなる酸性分と，Na_2O，CaO 等の塩基性酸化物とが結合したアルカリケイ酸塩として存在する。これらの主成分から，板ガラスは一般にソーダ石灰ガラスと呼ばれる。酸性分として B_2O_3 を加えると化学的安定度や不溶性を増し，線膨張率が小さくなる。塩基成分として K_2O，PbO を増すと屈折率が増加する。酸性分である SiO_2 だけからなるものは線膨張率がきわめて小さく，他の物質の線膨張率を測定する場合の基準尺として用いられる。

2-2 製品形態に応じた分類

ガラスを製品形態に応じて分類すると表3のようになる。

3 ガラスの製造

ガラスの主原料はケイ砂（SiO_2）である。板ガラスなどではさらに，水に対し不溶性を与えるための生石灰（CaO），ケイ砂の溶解温度を低減させるためのソーダ灰（Na_2O）（昔は岩塩を使用）や苦灰石（ドロマイト），ぼうしょう，長石およびガラスカレットを加え，これらを約1,600℃で溶融する。現在の板ガラスは主にフロート法により製造され，網入り板ガラスや型板ガラスなどを製造する際はロールアウト法が用いられる（図3）。フロート法においては，溶融されたガラスは，溶融された錫（スズ）の上を通過することにより，両者の表面張力の釣合いとして約6.8mmの厚さに成型される。この時の引出し速度を調節することによって，約2mmから25mmまでの厚さのガラスを製造

表2 ガラスの成分による分類

種類	成分	一般的な性質	用途
ソーダ石灰ガラス	SiO_2, Na_2O, CaO	溶融しやすく, 酸には強く, アルカリには弱い	建築一般, ビン類
カリ鉛ガラス	SiO_2, K_2O（あるいは BaO）, PbO	ソーダ石灰ガラスより溶融しやすい。酸および熱に弱く, 加工しやすい。光線屈折率, 分散率ともに大	食器, 光学ガラス, 人造宝石
ホウケイ酸ガラス	SiO_2, B_2O_3, CaO	最も溶融しにくい。耐酸性, 耐熱性大。熱膨張率小	理化学用耐熱器具, 耐熱食器
石英ガラス	SiO_2：酸性分であるシリカだけ	耐熱性, 耐食性大。熱膨張率がきわめて小	理化学用器具
水ガラス	Na_2SiO_3：塩基性成分がアルカリだけ	水に溶ける	防火塗料, 耐酸塗料

表3 ガラスの製品形態

分類	名称	特徴
板ガラス	フロート板ガラス	最も一般的な透明板ガラス。高い平面精度。透視性, 採光性に優れる
板ガラス	網入り板ガラス	フロート板ガラスに金属網を封入したもの。破片が飛散せず, 防火・安全性の面で優れる。なお, ガラスの小口が濡れ, 金属が錆びるとひびが入ることあり
板ガラス	熱線吸収ガラス	特定の波長を吸収するコバルト, 鉄, ニッケルなどの金属を微量加えて着色した透明ガラス。日射エネルギーの 20〜60% を吸収する
板ガラス	強化ガラス	板ガラスを強化炉に入れ, 軟化温度（約 600〜700℃）に熱した後に急冷することにより, 表層部分に圧縮応力層を形成させる。ガラスの引張り破壊に対する余裕しろをもたせることにより, 板ガラスの 3〜5 倍の強度を有し, 万が一割れても破片が細粒状になるため安全性が高い。強化後は, 切断などの加工ができないため, 発注は, 実寸法を出して行う
板ガラスの加工品	型板ガラス	主にロールアウト法によってガラス素板を引き出す際に, 型ロールを使うことにより, ガラス表面に模様を施したり, 不透明にしたもの
板ガラスの加工品	熱線反射ガラス	表面に, 反射率の高い金属酸化物の膜（TiO_2 や SUS）等をコーティングしたもの。酸化しないため単板として利用できる。太陽熱を反射（30%程度の可視光線反射）し, 室内の冷房効果を高める。ハーフミラー効果があり, カーテンウォールのビルなどによく使われている
板ガラスの加工品	複層ガラス	板ガラスの間に乾燥空気を封入し, 断熱性を高めたガラス。冷暖房の効率良。結露もしにくい。室内側のガラスに特殊金属膜をコーティングしたものや, 乾燥空気の代わりに, 断熱効果のあるガス（アルゴンガス）を注入して, さらに断熱性をよくしたものもある。また最近では, ガラスの間に真空層を形成し, 断熱性能を高めたガラスも開発されている
板ガラスの加工品	合せガラス	2 枚のガラスの間に, プラスチックフィルム（ポリビニルブチラール）を挟んだガラス。破片が飛び散らず, 障害物も貫通しにくい。自動車のフロントガラスなどに採用されている
板ガラスの加工品	すり板ガラス	透明な片面に, 金剛砂や金属ブラシなどでつや消し加工を行ったガラス。光を通し視線を遮る機能をもつ
板ガラスの加工品	Low-E (Low Emissivity（低放射)) ガラス	通常のフロートガラスに金属膜（銀）をコーティングし放射率を小さくすることで伝熱を小さくしたガラス。酸化するため単板で用いることはできない。複層ガラスの材料（被膜は空気層側）として使用することで, 断熱性をより一層高めるとともに, 夏場の遮熱性をも高めることができる。可視光透過率は熱線反射ガラスよりも高い
板ガラスの加工品	耐火ガラス	ガラスの主成分である二酸化ケイ素にホウ酸を混合したガラス。熱衝撃に強い。他に, 火災時にケイ酸ソーダ樹脂等が発泡して放射熱を遮断し, 反対側の温度上昇を防ぐ機能を付与したガラスもある。網などの補強を必要としない
その他	ガラスブロック・プリズムガラス	中空を有するブロックで, 断熱性に優れ遮音性も高い

することができる。

　ガラスブロックは，直方体・立方体の透明なブロックである。20世紀初頭にフランスやイギリスで，接着剤で接合するタイプのガラスブロックが製造されたが，現在では，ガラス片を加熱溶着して製造される。採光のための材料として用いられるが，光は通すが視野は限定的であり，その代わり断熱性や遮音性が高い。

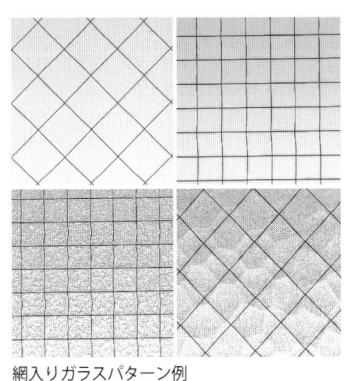

網入りガラスパターン例

強化ガラス（左）とフロート板ガラス（右）の割れパターン比較。強化ガラスの破片は細粒状になるので安全性が高い

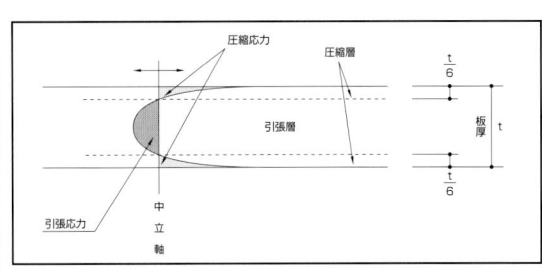

強化ガラスとは圧縮には強いが引張りには弱いという板ガラスの欠点を補ったものである。表層側に圧縮層，内部側に引張り層が生じており，その境界は板厚の約1/6になっている

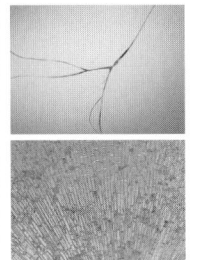

倍強度ガラス（上）と強化ガラス（下）の割れパターンの比較

合せガラスの割れパターン。破損しても中間膜によってガラスが保持される

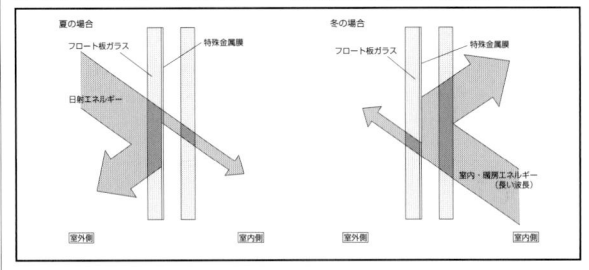

Low-Eペアガラスの断熱・保温のしくみ。夏には日射エネルギーの室内への流入を防ぎ，冬には室内からの暖房エネルギーの流出を防ぐ

（取材・資料協力：セントラル硝子）

図2　代表的なガラス製品と性能

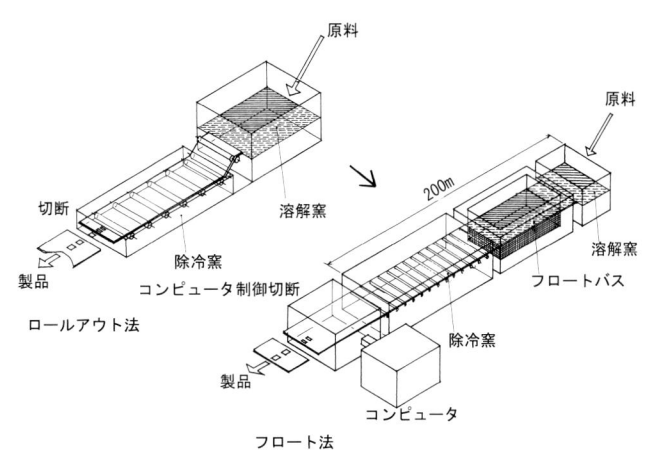

図3　板ガラスの製造工程

4
ガラスの性質

ガラスの特徴は光の透過性にある。ガラスの中の電子の固有振動数は紫外線の振動数領域に含まれるため，ガラスに光が当たるとガラスの中の電子は共鳴振動し，ガラスの分子の熱エネルギーに変わる。赤外線もガラスの分子全体を共鳴させるため，これらのエネルギーはガラスを温めること（熱エネルギー）に変換され，代わりに放射（透過）の程度が低下する。一方，可視光線は電子に小さな振動しか起こさず，この振動はただちに同じ振動数の光エネルギーに変わるため，可視光線は再放射される。そのため，ガラスは図4に見られるように可視光線域を含む一定の波長域で透明性を有する。

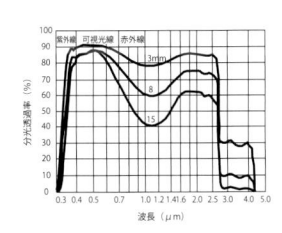

図4　分光透過率曲線（フロート板ガラス）

4-1　ガラスの強度

ガラスを構成する二酸化ケイ素（SiO_2）の結合は非常に強く，理論的な強度は 30,000MPa 程度と考えられている。しかしながら，実際の強度（実用強度）はその 1/400 程度しかなく，このガラスの強度を低下させている原因は，その表面に存在する目に見えないほどの微細な傷（グリフィス・フロー）（図5）で，ここに引張り力が作用した場合，その先端に生じる集中応力のために傷が成長し，破壊に至る。このような現象は金属でも同様に観察されるが，金属は常温で曲げ加工が可能であるのに対し，ガラスは溶融した状態でないと加工できない。このことからも明らかなように，原子同士がずれてもその位置で周りの原

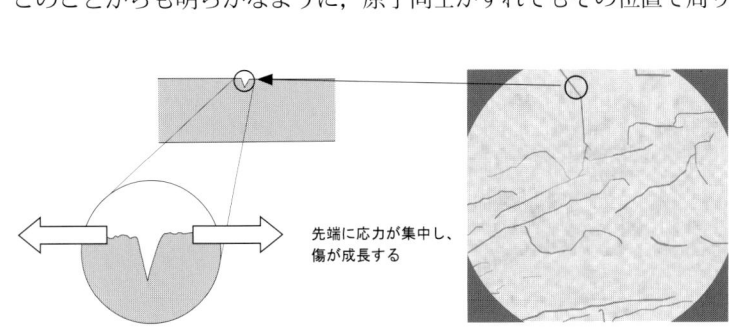

図5　ガラス表面の微細な傷（グリフィス・フロー）

子と同様に結合することで変形に耐えられる金属とは異なり，原子同士の方向性が強いガラスは，前述の微細な傷への応力集中の効果が顕著に現れるため，常温状態において脆性的な破壊を示す。ガラスが脆く壊れやすいものの代名詞とされるゆえんである。

4-2　ガラスの熱割れ

大部分の可視光と日射（赤外線）はガラスを透過するが，残りについては反射および吸収される。フロート板ガラスではこの反射率と吸収率の割合はおおむね1：2であり，この日射の吸収によってガラスの熱は上昇する。周辺部の熱はサッシュ等に放熱され，これにより中心部は膨張し（圧縮応力が生じ），周辺部は収縮する（引張り応力が生じる）。この引張り応力がガラスのエッジ強度を上回ることにより，周辺部に破壊が生じる。これを「熱割れ」という。熱線吸収ガラスや熱線反射ガラス，Low-E複層ガラスなどは，日射吸収率が高いので熱割れが生じやすい。また網入り板ガラスは，金網が挿入されているのでエッジ強度が低く，熱割れ頻度が高い。熱割れを防ぐためには，ガラスとサッシュのクリアランスを十分にとること（5mm以上），低熱伝導のシーリング材を用いること，ガラスに影が生じないデザインなどが重要である。

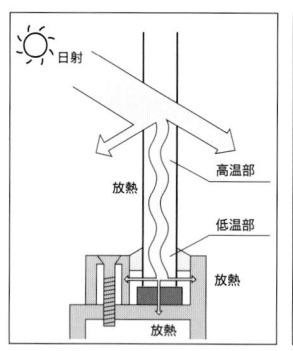

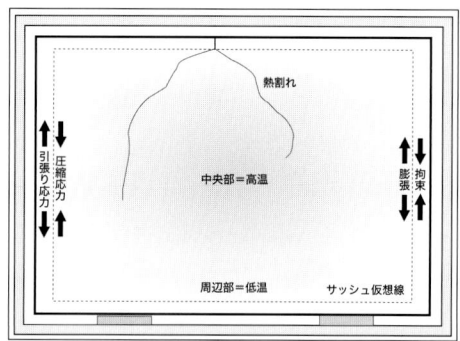

図6　ガラスの熱割れのメカニズム

5　ガラスの使われ方

可視光線を透過するという性質から，ガラスは主に開口部に使用される。各種ガラスの開口部としての使い方について，取付け方法を中心に以下に示す。

5-1　ガスケット構法

ガラスはガスケット（定形シーリング材）を用いてサッシュ・構造躯体に取り付けられる。なお，シーリング材としては，他に不定形シーリング材が目地部などに用いられるが，これは，硬化前はペースト状で流動性があり，硬化後は弾力性のあるゴム状となるものである。ガスケットの形状により，下記の2種類（グレージングチャンネル，グレージングビード）がある。

ジッパーガスケット構法は構造躯体にガラスをはめ込むときに使用されるガスケット構法である。金属フレームにはH型の，コンクリートや石材にはY型のガスケットが用いられ，ジッパーは室内側に設置する。

5–2 DPG 構法

DPG（Dot Point Glazing）構法は，ガラススクリーン構法の1つである。点支持金物を取り付け，ガラスを支持構造体に連結する。ガラスの孔周辺には応力集中が生じるため，強化ガラスが用いられる。ガラスの支持方法としては，図10に示すガラス構造体，テンション構造体および鉄骨構造体がある。なお，DPG は和製英語である。

5–3 SSG 構法

SSG（Structural Sealant Glazing）構法は，板ガラスを用いたカーテンウォール構法の1つであり，窓枠の代わりに構造シーラントを用いてガラスを支持部材に固定し，これを外壁とする構法である。シーラントの劣化を抑えるために，紫外線透過率の低い熱線反射ガラスなどが用いられる。

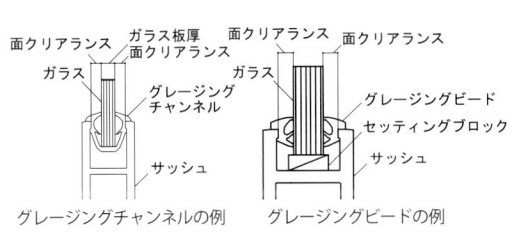

図7 サッシに取り付ける場合のガスケット

図8 構造躯体に取り付ける場合のガスケット

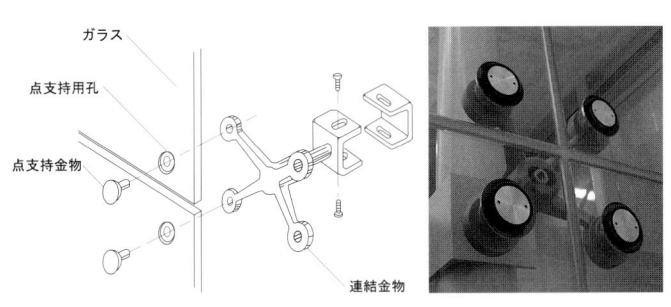

図9 DPG 構法

図10 ガラスの支持方法（上から，ガラス構造体，テンション構造体および鉄骨構造体）

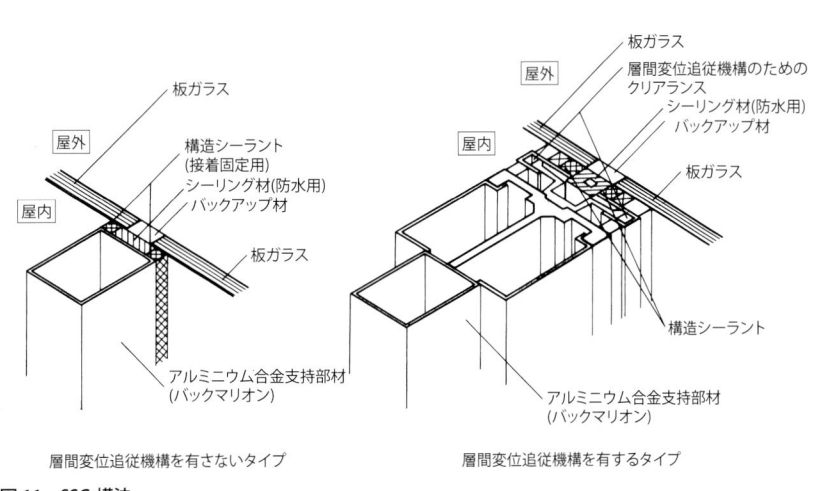

図11 SSG 構法

5-4 ガラススクリーン構法

　サッシュなどの枠を介さずに，ガラスを連続させて透明度の高いガラス面を構成する構法を総称してガラススクリーン構法と呼んでいる。DPG構法などもこれに包含されるが，主にガラスとシールだけで外装を構成するものを対象とする。ガラスは上部から吊る場合と床で支持する場合があり，風圧力などの外装面（面ガラス）に直交する面外力に対しては方立ガラスが抵抗する。面ガラスと方立てガラスの構成方法は2種類あり，片リブ形式（片側ガラス方立てタイプ）が最も普及している。両面ガラス方立てタイプは正負の風圧力に対して室内側と室外側の方立てガラスで抵抗しようとするもので，片リブ形式と比較して信頼性は高い。

(今本啓一)

図12　ガラススクリーン構法

COLUMN

ガラスはなぜ透明か

　天然の固体物質は一般に固有の規則的な結晶構造をもつ。例えば食塩におけるNaイオンとClイオンの結晶構造などがそれにあたる。

　ところが，ガラスは主原料のケイ砂を溶解し，その粒子間境界をいったん消滅させて再び結晶となる前に固化させるため，光散乱を生む結晶構造は完成されずに不規則で方向性の無い結晶構造が出来上がり，この構造において光は結晶を透過する。ガラスが透明であるゆえんである。

　かりに，規則的な結晶構造をもつものを固体と定義すると，ガラスは透明な液体に無限に大きな粘性を与えたものといえるであろう。

(今本)

結晶状態のモデル図（光は反射）　　　　　　　ケイ砂（ガラスの主原料の約6割を占める。）

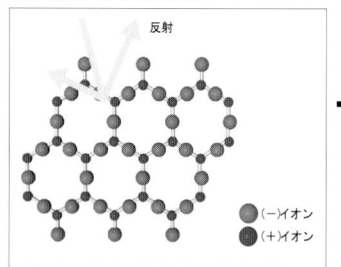

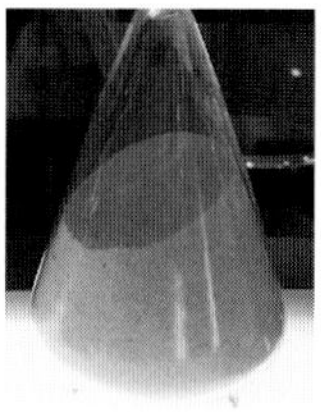

ガラス状態のモデル図（光は透過）　　　　　　ガラスのファサード

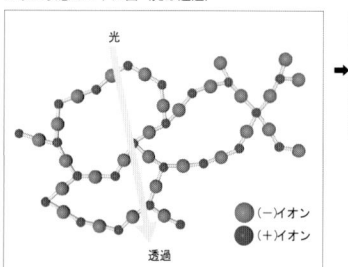

提供：AGC旭硝子

Ⅱ セラミック素材

12 石膏・漆喰

石膏
(「日本生命日比谷ビル」,設計：村野・森建築事務所,1963年)

[石膏]

　日本は,環太平洋造山帯上に位置し,四方を海に囲まれている。その海には,塩化物イオン（Cl^-）,ナトリウムイオン（Na^+）,硫化物イオン（SO_4^{2-}）などが多く含まれ,海水の蒸発に伴い岩塩が生じるようなところには,塩化ナトリウムをはじめ,塩化マグネシウム,硫酸マグネシウム,硫酸カルシウムなどのさまざまな塩類が蓄積する。そのため,温泉地域などでは,地殻の熱を伴う変性作用によって,岩石中に留まっていた硫酸塩鉱物が,コロイド状の硫黄である湯の花などの形で現れる現象が見られる。

　天然石膏（$CaSO_4 \cdot 2H_2O$）は,このような地殻形成の過程を経て得られる硫酸塩鉱物の1つである。昔から,建築の防火材料として用いられ,現在はパネル状に成型された石膏ボードを中心に内装材料・下地材料として幅広く用いられている。

1 石膏の歴史

　石膏は,B.C.7000年ごろより,器や彫刻用材などさまざまな日用・工芸道具に用いられており,エジプトのクフ王のピラミッド内部の石棺に結晶石膏が使われていたのは有名な話である。13世紀以降,欧米を中心に使用が拡大し,

表1 石膏の歴史

年	項目
B.C.7000年ごろ	新石器時代，古代エジプトで建材としての使用が確認される
B.C.2700年	エジプト・ギザのピラミッドで接合要素として使用される
13世紀	ヨーロッパで石膏の利用が本格化。石膏プラスターが宮殿装飾用に多用される
17世紀	アメリカでログハウス内壁用の石膏プラスターが普及する
17世紀	ロンドン大火後，建築内外装への石膏プラスターが普及する
1894年	アメリカのオーガスティン・サケット（Augustine Sackett）が石膏ボードを開発
1922年	日本初の石膏ボードの製造・販売がなされる
現在	火力発電所等の回収副生石膏等を主要材料として用い，環境保全型の利用へ

17世紀のアメリカでは，ログハウス・スタイルの木造住宅における耐火性を確保するために，内壁に石膏プラスターを厚く塗りこめて使用した。その後，建築物の耐火性を確保するため，木材表面を結晶水を含む石膏で覆うという考え方が広がり，1902年にアメリカで石膏ボードの製造が始まり，世界各地に普及した。国内では，1922年に石膏ボードの製造・販売が始まった。当時の石膏ボードは，石膏スラリーを原紙に貼り付け，板状にした後に，天日干しをするといったものであるが，現在の基本的な製造工程の基となっている。

2 石膏の種類

図1に石膏の種類，表2に石膏の化学組成と製品による分類を示す。

石膏の原料は，タイ，メキシコ，オーストラリアなどの海外から輸入される天然石膏原石と，火力発電所や金属精錬所などから排出される硫黄酸化物（SOx）を，非煙脱硫装置で回収し，回収副生石膏として再生した原料を用いている。この意味で，資源循環に貢献している。

石膏は化学組成により，二水石膏，半水石膏および無水石膏に分類される。

天然石膏原石の採石場

天然石膏

回収副生石膏

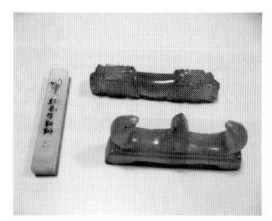

石膏の工芸品

図1 石膏の種類

表2 石膏の化学組成と製品による分類

化学組成	特性
二水石膏 ($CaSO_4 \cdot 2H_2O$)	天然の石膏原石と，化学的に副生・合成される化学石膏があり，2分子のH_2Oを結晶水として保持する
半水石膏 ($CaSO_4 \cdot 1/2H_2O$)	二水石膏を120〜150℃で加熱することで得られる。水と練り混ぜることで水和反応し，針状結晶の二水石膏として析出する。焼成温度，熟成期間，粒度等の違いにより，石膏プラスター，石膏ボード類に使用されるβ半水石膏と，歯科用，工業模型用，セルフレベリング材等に使用されるα半水石膏に分けられる
無水石膏 ($CaSO_4$)	半水石膏を180〜190℃で加熱して得られる可溶性のものと，天然に存在する不溶性のものがある。不溶性のものは，二水石膏を300〜700℃で加熱しても得られる
製品	内容
工業用製品	歯科用，ギプス用，陶磁器型材用，彫塑美術工芸用，ガラス工芸用，工業模型用，精密鋳造用，食品添加用など
建築材料用製品	石膏ボード，石膏プラスター，セルフレベリング材，セメント凝結遅延材，室内装飾用，汚泥処理用，壁穴補修用，土壌改良用など

2分子の H_2O を結晶水としてもつ二水石膏は，100～200℃の範囲で加熱し，結合水量，可溶性状などを変化させると，新たな物理・化学的な性質をもつ材料とすることができる。これらの石膏製品は，医療・食品・工芸などの工業用と，石膏ボードに代表される建築材料用に区別され，工業用は純度が高い天然石膏を原料として用いる場合が多い。

3 石膏ボードの製造・性質

建築材料用製品の代表といえば石膏ボードであり，製品出荷割合の大部分を占める。ここでは石膏ボードの製造・性質について述べる。

石膏ボードは，加熱して得られた焼石膏を粉砕した後に，水，混和材・添加剤を加えてミキサーで混練りし，上下2枚の紙の間に流し込み成型・固化する。その後，乾燥・切断工程を経て石膏ボードとなる。石膏ボードはJIS A 6901にせっこうボード製品として，規格化されている。

2008年度における国内の石膏ボード総生産量は5億2000万 m^2 程度であり，住宅着工戸数との相関がある。世界の石膏ボード総生産量はその10倍を超え，アメリカがその半分程度を占めている。表3に石膏ボードの性質および用途について示す。石膏ボードは，防火性，断熱性，寸法安定性，耐衝撃性，遮音性など，室内空間全般に求められる性能を有している。また，材料特性を効果的に引き出せるように工法上の配慮がなされており，近年は，建物の高気密化のため，少ない労力で気密性を確保できる目地・隙間処理工法が普及している。なお，人間の健康・快適性に配慮して，調湿性の確保や有害化学物質の低減につながる新たな性質を付与する試みがなされているが，付加材料の投入量により，石膏ボード自身の強度低下や，水分が過剰に含まれた場合の耐水性の低下やカビ発生の問題などを引き起こす場合があるので注意が必要となる。

図3に石膏ボードの性能評価試験を，図4に石膏の熱重量変化を示す。石膏ボードに関しては，JISに基本性能（曲げ強さ，含水率ほか）が定められており，所定の性能を有する必要がある。また，石膏自身は，温度上昇に伴い，構成物質の蒸発，吸湿，結晶転移，融解および熱分解などにより，二水石膏が半水石膏および無水石膏に変化し，重量減少が生じる。

4 石膏ボードの施工・使用

図5に石膏ボードの資源循環状況を示す。現在，石膏ボードの原料としては，回収副生石膏を50％程度，廃石膏ボードを5％程度用いており，ボード用原紙についても，ほぼ100％が新聞古紙・段ボールなどの再生紙を原料として用いており，工場内，新築現場，解体現場などで生じた廃石膏ボードについても，最終処分量の削減と再資源化の拡大を図るためにさまざまな取組みがなされている。

図2　石膏ボードの製造過程

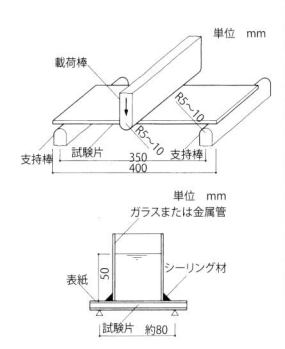

図3　石膏ボードの性能評価試験（上：曲げ強さ試験，下：吸水率試験）

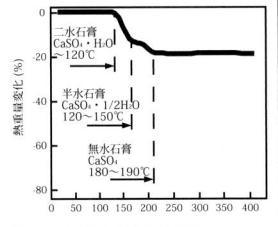

図4　石膏の熱重量変化

表3　石膏ボードの性質および用途

性質	特徴
耐火性	二水石膏中には結晶水が約21%含まれており，加熱時に結晶水が熱分解するため，完全に脱水するまで温度上昇を防ぐことができる。石膏ボードは，不燃材もしくは準不燃材に認定されている
断熱性	熱伝導率が0.13～0.19kcal/mh℃程度で，木材（0.08～0.15kca/mh℃）とほぼ同等であり，断熱性がよい
寸法安定性	温度，湿度の変化による質量・体積変化はほとんどなく，寸法安定性に優れる
耐衝撃性	脆性的な材料である石膏に，ボード用原紙を組み合わせて成型された石膏ボードは耐衝撃性が得られる
その他	石膏プラスター原料に，調湿機能を有する材料や有機化学物質を吸着する材料などを組み合わせ，室内空気質環境の状態を整えることができる
用途	特徴
下地	壁・天井の下地材として用いられる（例，木造壁下地工法，鋼製壁下地工法ほか）
耐火	間仕切り壁などを対象とした複合化建材として，1時間耐火の性能をもつ耐火構造や，60分間または45分間の耐火性能をもつ準耐火構造に，鉄骨の柱・梁を1～3時間の火害から保護する耐火被覆材として用いられる
遮音	石膏ボードの比重は0.6～0.9程度と内装材料としては比較的大きいことから，厚手ボードの両面張り構造とすることで遮音構造となる
床衝撃音低減	重量物が床に落下した際の衝撃音を低減するために用いられ，用途に応じて床遮音性能を確保することができる
耐力・耐震	石膏ボードにガラス繊維をあらかじめ混入するとともに，石膏ボード表面にもガラス繊維シートを張り付ける構造とすることで，耐力壁として一定の壁倍率を確保することができる
目地・隙間処理	既存の壁・天井などの下地材目地部分に，石膏ボードを留め付け，気密性の高い空間とすることができ，耐火・防火性，遮音性，断熱性などが向上する
改修	既存壁体に直接張り付けることで，遮音性能などが改善される

回収副生石膏製造施設

廃石膏ボード

車載型の石膏ボード回収車両

図5　石膏ボード回収の資源循環状況

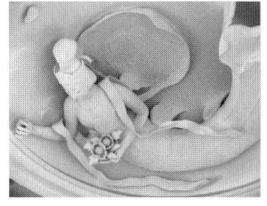

なまこ壁と鏝絵（伊豆長八美術館）
図6　漆喰の使用例

[漆喰]

　漆喰は，石灰岩や貝殻などの炭酸カルシウム（$CaCO_3$）を焼成して得た生石灰（CaO）に，水分を加えて消石灰 $Ca(OH)_2$ としたものであり，古くから民家の蔵や城郭などさまざまな建築物の外壁の仕上げ材として用いられてきた。建築物の荒壁に，中塗りを施し，最後の表面仕上げの段階で漆喰仕上げとする場合が多く，建築物の意匠上重要な役割を果たしてきた。

1
漆喰の歴史

　漆喰は，紀元前2500年ごろ，古代エジプト時代にピラミッドで使用されたといわれており，古代ギリシャ・ローマ時代には，世界的に有名であるギリシャのアクロポリス神殿などに用いられた。その後，壁に塗られた漆喰が生乾きの状態で水または石灰水で溶いた無機顔料で絵を描き，消石灰の炭酸化が進むことで耐久性があり安定した色彩を保持できるフレスコ画（fresco：イタリア語で「新鮮」の意味）の画法がヨーロッパを中心に広まり，国内では，江戸時代に，なまこ壁や，鏝絵（図6）などが登場し，やがて明治時代の洋館建築にお

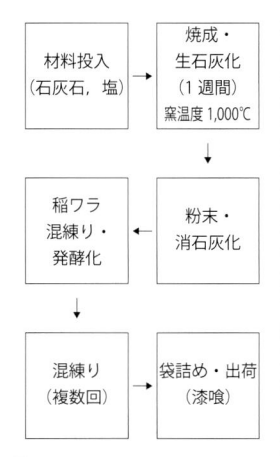

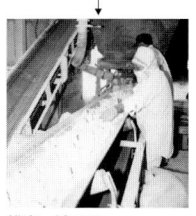

表4　漆喰の歴史

年	項目
BC2500年	古代エジプト文時，ピラミッドで使用が確認される
BC1000年	古代ギリシャ・ローマ時代，アクロポリス神殿，ポンペイ遺跡の内装壁装飾に使用
700年	高松塚古墳壁画など，内部装飾等を漆喰で施工する
1400年	イタリアのルネサンス期，フレスコ画として確立する
15世紀（戦国時代）	城郭建築の漆喰工法が確立，防火性と耐久性を確保する
16世紀（江戸時代）	左官職人による鏝絵，漆喰細工が内装に普及・確立する
19世紀（明治時代）	洋風建築の室内・天井の装飾，材料として用いられる
現在	伝統的左官技術の見直し，新たな工法・用途を模索する

ける室内天井の装飾材料やバルコニーなどの外装材料として引き継がれることとなった。

2 漆喰の性質

　漆喰の主原料は消石灰であり，国内で自給可能な鉱物資源である石灰石が用いられる。消石灰は，製造方法によって2種類に分けられ，石灰石を工業的に焼成キルンで生石灰化し，その後水を加えて消化させる工業灰と，伝統的な漆喰仕上げに用いる塩焼き灰がある（図7）。塩焼き灰の製造は，地中に掘った土中窯に，石灰石と石炭を層状に重ね入れ，岩塩を散布したうえで時間をかけて焼成した後に，湿気を吸わせて自然に消化させる。その後，ワラスサと混ぜて発酵を促し，混練りを繰り返し製品となる。一般に，塗り性状が優れた漆喰になるといわれる。

　漆喰は，セメント製造と同様に，焼成過程で石灰石の脱炭酸化反応により，二酸化炭素を生じながら生石灰となる原初的な化学反応に基づき製造されている。水が付与され*消化して，最終的に漆喰仕上げとして建築物に適用された後は，徐々に大気中の二酸化炭素を吸収して再び炭酸カルシウムに戻る。漆喰は炭酸化により強固になり，色彩も鮮明になることに加え，仕上げ材として面的に使用されることになるため，単位質量当りの二酸化炭素の固定量は格段に大きいといえる。また，原理的には完全に循環利用することができる点は特筆すべき性質である。

3 漆喰の施工・使用

　漆喰仕上げの施工は，消石灰・砂・ノリ材・スサなどを建築物の内外壁・天井に塗り付ける工程といえる。ツノマタなどのノリ材を煮出したものに，乾燥したスサを混ぜ合わせ，消石灰と砂の混和材と合わせて攪拌することで漆喰仕上げ材ができる。

　表5に左官材に用いられる主な顔料を示す。漆喰仕上げの多くは，漆喰をそ

図7　伝統的な塩焼き灰の製造フロー

*消化（しょうか）
生石灰に水を加えると発熱崩壊して消石灰となる反応のこと。石灰は消化によって重量は1.32倍，体積は約2倍に膨張する。

表5 色漆喰に用いられる主な顔料

色調	顔料の名称	主な発色成分
赤	ベンガラ，合成酸化鉄	Fe_2O_3
橙	合成酸化鉄	Fe_2O_3
黄	合成酸化鉄	Fe_2O_3, H_2O
緑	酸化クロム	Cr_2O_3
青	フタロシアンブルー	有機顔料
紫	合成酸化鉄	Fe_2O_3
黒	カーボンブラック，合成酸化鉄	C, Fe_3O_4, Fe_2O_3, FeO
白	酸化チタン	TiO_2

参考文献
1) 石膏ボード工業会「石膏ボード業界の概況」2006
2) 吉野石膏「せっこうの基礎」
3) 国立環境研究所「排煙脱硫装置」(http://ecotech.nies.go.jp)

取材協力：
・冨澤建材（東京）
・サンクリーン（栃木）

のまま用いるが，意匠性を求める場合，各種の顔料を混ぜて用いる。顔料は耐アルカリ性の無機質のものを原料とし，紫外線や温度変化に対しても著しい変色が生じないものがよい。なお，無機顔料は化学的に安定であるが発色は鮮明ではなく，有機顔料は発色が鮮明で着色力も大きいが退色しやすい特徴がある。伝統的な塩焼き灰がある土佐では，旧来より顔料を意匠上の工夫として効果的に用いており，松煙黒漆喰，ベンガラ漆喰，群青漆喰などがある。

表6に漆喰仕上げとさまざまな壁下地の関係を示す。漆喰仕上げなど左官塗りの壁下地に求められる性質として，使用時・地震時において左官塗り材を支持するために必要な強度・剛性を有することや，有害なひび割れ・不陸・目違いなどがなく，左官塗り材の種類に適した材質で，錆や腐食による塗り層の劣化を生じさせないことなどが挙げられる。伝統的な価値や素材感および美観のみが優先され，漆喰仕上げが施工されるわけではない。

また近年は，漆喰に特殊な混和材を含ませることで，機能性をもたせた表面仕上げとするなど工夫が図られている。

（田村雅紀）

表6 漆喰仕上げとさまざまな壁下地の関係

下地塗り工法		現場打設コンクリート	PC部材	れんが・コンクリートブロック	ALCパネル	金網ラスシート	石膏ラスシート	木毛・木片セメント板	小舞	木ずり	セメントモルタル塗り	石膏プラスター	小舞土壁塗り
漆喰仕上げ	内	●	●	●	●	△	×	△	×	●	●	△	●
	外	●	●	●	△	△	△	●	●	●	●	×	●

凡例 ●：適応　△：特記仕様で適応　×：適応できない

COLUMN

カーボン・ニュートラル

カーボンとは「炭素」のことである。

カーボン・ニュートラルとは，簡単にいうと生産と使用の両面にわたり二酸化炭素の固定量（吸収）と排出量の収支が一致しているという意味である。代表的な例に植物起源材料などが挙げられる。なお，化石燃料のように，太古の昔に大気中の CO_2 を吸収固定化した物質に関しては，カーボン・ニュートラルの対象からは原則除外されている。

カーボンニュートラルの実現に資する建築技術は，他にどのようなものがあろうか。例えば，漆喰やセメント・コンクリートは，国内に大量に賦存する石灰石 $CaCO_3$ を原料に高温焼成して，次の化学反応により，脱炭酸化した CaO を得る。これに水を付加することで $Ca(OH)_2$ を主成分とする硬化体を生成し，その後，大気中の CO_2 が再び吸収されれば，最終的に $CaCO_3$ として元にもどる。なお，国内の石灰石は，3億年程度の昔に CO_2 が固定化されて岩石となったものであるため，吸収と排出の期間がかけ離れている。バージンの石灰石を投入しないで完全に循環する

$$CaCO_3 \rightarrow CaO + CO_2$$
$$\sim CaO + H_2O \rightarrow Ca(OH)_2$$
$$\sim Ca(OH)_2 + CO_2 \rightarrow CaCO_3$$

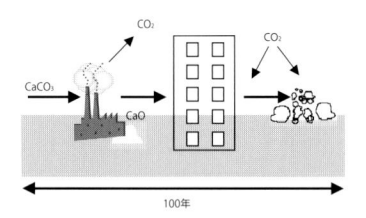

仕組みが構築できれば，化学組成に起因した炭素収支はカーボンニュートラルになるといえる。漆喰に関しては，面的な施工を行うことから，短期間で多くの CO_2 の吸収量を見込むことができ，さらに貝灰を原料とした漆喰であれば，海洋生物殻を用いるため，海水中の CO_2 を短期間で吸収し，すぐに利用することになるため，よりカーボンニュートラルの実現に近い材料となりえるだろう。（田村）

III 高分子素材

高分子素材とは

　高分子化合物（単に高分子ともいう）とは，多数の原子が共有結合してできる巨大分子で，一般には分子量が 10,000 以上のものをいう。多数の原子を共有結合で連結できる能力をもった元素は炭素やケイ素，酸素などに限られ，炭素を骨格とするものを有機高分子，ケイ素などを骨格とするものを無機高分子（石綿，雲母，ガラスなど）という。なお，ここで取り上げるものは主として有機高分子である。

　高分子化合物は，低分子化合物である単量体（モノマー）を化学的に結合し，大きな分子量の分子を生成する。単量体同士が結合することを重合といい，できたものを重合体（ポリマー）という。

　有機高分子化合物は，天然高分子，半合成高分子および合成高分子に分類される。天然高分子であるセルロース，天然ゴム，タンパク質などは，木材や接着剤などの形で建築材料として用いられる。半合成高分子は，天然高分子から誘導されてつくられるもので，カゼインなどは接着剤として用いられる。また，合成高分子は，定形あるいは繊維状に成形されたもの，接着剤，塗料などとして用いられる。（小山）

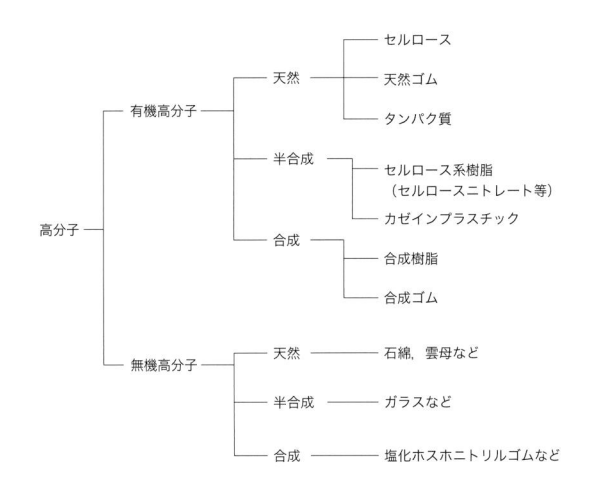

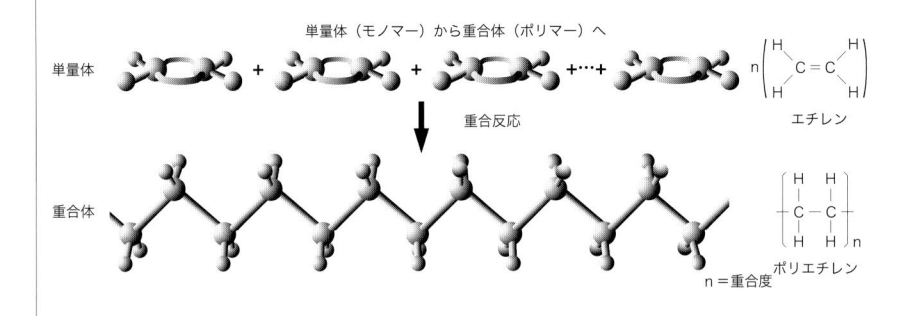

```
                    ┌─ 天然 ─┬─ セルロース
                    │        ├─ 天然ゴム
                    │        └─ タンパク質
        ┌─ 有機高分子 ┼─ 半合成 ┬─ セルロース系樹脂
        │            │        │  （セルロースニトレート等）
        │            │        └─ カゼインプラスチック
高分子 ─┤            └─ 合成 ─┬─ 合成樹脂
        │                     └─ 合成ゴム
        │            ┌─ 天然 ── 石綿，雲母など
        └─ 無機高分子 ┼─ 半合成 ── ガラスなど
                     └─ 合成 ── 塩化ホスホニトリルゴムなど
```

単量体（モノマー）から重合体（ポリマー）へ

単量体　〇-〇 ＋ 〇-〇 ＋ 〇-〇 ＋ … ＋ 〇-〇　　$n\begin{pmatrix} H & & H \\ & C=C & \\ H & & H \end{pmatrix}$　エチレン

↓ 重合反応

重合体　〜〇-〇-〇-〇-〇-〇-〇-〇〜　　$\begin{pmatrix} H & H \\ C-C \\ H & H \end{pmatrix}_n$　ポリエチレン

n＝重合度

III 高分子素材

13 木材

スギ板（籠構造）
（「地域資源活用総合交流促進施設」の屋外トイレ，設計：ワークステーション，2009 年）

　木材は，無数の細胞の集合体であり，天然生産物という点で建築材料の中でも他の材料とはおもむきが異なる。高度な加工をせずに用いることができるため，最も古くから使われてきた建築材料の1つであり，水源の涵養，CO_2 固定化などの環境保全的な役割をもち，再生産が可能な優れた資源である。また，素材としては，軽量で強く，粘り強いなどの特徴をもっており，柱・梁をはじめ建築物のさまざまな部位に用いられている。

1 木材の歴史

　人類は，文明が起こった当初から木材を資源として活用してきた。日常的に火を使用するようになると，人々は木材を調理や暖房用の燃料として利用し，住居を構えるために建築用資材として活用するなど，木材は文明の発展に不可欠な材料であった。

　たとえば，縄文時代中期の大規模集落とされる青森県の三内丸山遺跡からは，多数の住居跡が発見され，住居にはクリが建築材料として活用されていた。また，遺跡から出土する木製品を見ると，水に強く加工しやすいスギは丸木舟に，きめの細かいトチノキは鉢や盆にといったように，用途に応じて樹種が選択され，古くから樹種による木材の特性の違いに応じて使い分けられていた。

　弥生時代には，通気性の高い校倉の採用など，木材の加工・利用技術が高度

になり，飛鳥時代には，大和地方を中心に寺院や宮殿など大規模な木造建築物が多く建造されるようになった。現存する世界最古の木造建築物である法隆寺や世界最大級の木造建築である東大寺大仏殿（**図1**）は，当時の建築技術の高さを示している。

わが国は森林資源に富んでいたこともあり，現代に至るまで，地域に応じて木の特性を活かしながら，気候や風土に根ざした木造住宅が一般に建設されてきた。太平洋戦争における戦災を受けた後，早急な住宅の建設が復興のために必要であったが，大量の木材を活用することで対応した。

図1　東大寺大仏殿

2 木材の種類

2-1　樹種

木材は大きく針葉樹と広葉樹に分けられる。針葉樹と広葉樹では材質が大きく異なり，また同じ木でも生育環境で異なった特徴を有する。広葉樹は堅木（または硬材）と呼ばれ，主に家具，建具または各種仕上げ材に用いられ，針葉樹は，主に建築構造材・造作材に用いられる。**表1**および**表2**は主な針葉樹および広葉樹とその特徴を示したものである。

表1　主な針葉樹の特徴

	種類名	特徴	用途
国産材	マツ（アカマツ，クロマツ）	アカマツとクロマツは，マツ類のうちでも重硬。心材の色は，やや黄色を帯びた淡桃色から赤褐色を帯びたものまであり，辺材は黄白色。年輪は明瞭で，木材の肌目は粗い	建築（主として，軸組，敷居，床板），坑木，枕木，パルプ材など
	エゾマツ	心材が桃色を帯び，長期間大気に触れていると，かなり色が濃くなる。ほとんど，においがないのも特徴といえる。年輪はやや明らかで，精な肌目をもっている。耐久性は低い	建築，建具，パルプ材，木毛，経木，楽器用材
	カラマツ	心材の色は褐色で，辺材は黄白色。木理は一般に通直でないことが多い。年輪は明瞭で，肌目は粗い。若い造林木からの木材は乾燥の際，割れやすくるいが出やすい。水中での耐久性が高いので，杭丸太として多く利用される	建築（主として表面に出ない部材），杭，家具など
	スギ	心材と辺材の色の差が明らかで，心材は桃色から濃赤褐色までかなり幅がある。材質は，生産地の範囲が広く，各産地における造林方法が違うため，変動の幅が広い。年輪は明瞭で，肌目は粗い	建築（柱，板），天井板，磨き丸太，家具，器具，包装など用途は広い
	ツガ	年輪の幅が狭い。心材は，淡桃褐色で，やや色を帯び，辺材はやや淡色。年輪は，明瞭で粗い肌目をもっている。乾燥が容易である。針葉樹材としては重硬で，関西では，建築や建具用材として好まれた	建築，包装，車両，パルプ材，枕木，器具，長押，敷居，鴨居など
	ヒノキ	心材の色は淡紅色で，辺材はほとんど白色。年輪はあまり明瞭でなく，肌目が精となり，均質性が求められる用途に適す。上手に仕上げると，美しい光沢が出るとともに，特有の芳香があることから，材料としての価値が高い。心材の耐久性が高く，長期の水湿に耐える	建築，建具，彫刻（仏像など），木型など
	ヒバ	独特の強い臭気がある。耐久性が高く，水湿にも耐えるので，土台などに用いられることが多い。心材は淡黄色で，辺材は黄白色のため，色の差は少ない。年輪内の細胞の形の違いが少なく，肌目は精など	建築（特に土台，根太），器具，風呂桶，漆器素地など
外材	スプルース	心材はほとんど白色に近いものが多い。年輪はややはっきりする程度で，肌目は精。高い耐腐朽性が必要でない用途に用いられる	楽器，建築，建具，箱，家具，パルプ材など
	ベイスギ	心材の色は赤褐色で，日本のスギとは違って，色が不均一。加工が容易な反面，強い木材ではない	集成材の板，建築，建具，屋根柾など

	種類名	特徴	用途
外材	ベイツガ	日本産のツガに比較すると，年輪幅の広いものが多い。性質は，日本産のツガと似ているが，心材と辺材の色の差は少なく，白色，黄白色，淡褐色。水湿が多いと腐りやすい欠点がある	建築（柱，鴨居，長押，保存処理をして土台），箱，器具，パルプ材など
	ベイヒ	心材は黄褐色ないし桃褐色で，日本のヒノキに比較して濃色。また，芳香もヒノキに比較してずっと強く，くどい。年輪内での細胞の形の違いが少なく，年輪が明瞭でないため，肌目は精。耐久性は高く，加工しやすく，くるいが少なく，乾燥すると寸法精度の安定性がよく，製品の仕上がりがよい	建築（長大径材が得られ，用途は広い），水槽，家具，船舶など
	ベイヒバ	心材の色は鮮やかな黄色で，辺材は黄白色。年輪内での細胞の形の違いが少なく，年輪はあまり明瞭でないため，肌目は精。木理は通直で，加工しやすく，耐腐朽性も高い	建築（土台など），ボート，家具など
	ベイマツ	心材と辺材の色の差は明瞭。心材の色は成長の仕方により違っており，黄色ないしは黄色を帯びた赤褐色または，赤褐色。年輪が明瞭で，肌目は粗い	建築（梁，桁など），合板，建具，家具など
	ラジアータパイン	心材の色は淡褐色ないし褐色，辺材の色は黄白色で，あまり明瞭でない。成長の早い樹の幹の髄に近い部分では，年輪があまりはっきりしないが，外側の方では，マツ類らしい年輪を形づくるようになる。ニュージーランドやチリから多量に輸入されている	建築，家具，建具，梱包材，杭など

表2　主な広葉樹の特徴

	種類名	特徴	用途
国産材	イタヤカエデ	硬くて粘りがある。加工はやや困難であるが，仕上がりは良好。絹糸のような光沢がある。曲木にも使える	建築，家具，スキー，土木，船舶，楽器など
	カキ	辺材と心材の色の差はあまり明瞭でない。淡色で，橙色を帯びているが，ときどき黒い条が不規則に出てくることがある。黒い心材の出ることはあまり多くないが，それをもったものを黒柿と呼んで，装飾目的の用途に使い価格も高い	建築（床柱，内部装飾），寄木，家具，彫刻などに珍重される
	カシ	非常に硬く国産材の中で一番重い。材色は灰白，髄線が美しい。弾性があって水湿にも強い。辺材と心材の境は不明瞭	建築，船舶材，器具など
	キリ	年輪の境界に大きい導管が帯状に配列する傾向がある。肌目はやや粗い。心材は淡褐色，辺材はそれより淡色な程度で，両者の差は明瞭でない。国産材の中では最も軽軟で，加工が容易で，製品は高い寸度安定性をもつ	家具（箪笥など），建具，箱，楽器，彫刻など
	クリ	年輪の境界に大きな導管が帯状に配列して，環状になっているので，年輪が明瞭で，肌目は粗い。心材は褐色，辺材はやや褐色を帯びた灰白色で，両者の差は明瞭。耐水性が高く，重硬で強いことから，建築に用いると非常に丈夫なものができる。ただし，切削などの加工は難しい	建築（土台，装飾），家具，器具，枕木，土木など
	ケヤキ	年輪の境に大きい導管が環状に配列しており，年輪が明瞭で，肌目は粗い。心材は黄褐色あるいは赤褐色，辺材は帯黄白色あるいは淡黄褐色。加工のしやすさは普通で，曲木になる性質をもつ	建築，家具，彫刻など
	タモ	年輪の境界に大きな導管が帯状に配列して，環状になっているので，年輪が明瞭。心材は褐色で，辺材は淡黄白。ヤチダモとシオジは家具，合板用材として日本の代表的な樹種	家具，合板，内部装飾など
	ナラ	光沢があり，木肌外観は粗。淡黄褐色で，髄線の符が美しい。反曲しやすいため乾燥を十分にする要あり。大ナラ小ナラがある	縁甲板，家具，建具，ベニヤ薄板原木など
	ブナ	材色は灰褐色，通直性小。重硬だが粘りがあり曲げやすく，乾燥の途中でくるいが出やすい	建築内装材，家具，器具，曲材，合板など
外材	アピトン	心材は濃灰褐色，赤褐色などで，長期間大気にさらされると濃色。耐久性は特に高くはないが，保存薬剤の注入がしやすいために，処理をして枕木に用いられる	重構造物，橋，床板，羽目板，枕木など
	コクタン	心材は樹種により桃色と黒色による縞状，真黒色などがある。辺材はほとんどが灰白色。肌目は精で，光沢がある	唐木細工，彫刻，楽器，家具など
	シタン	心材の色は，赤色，赤紫色，紫色などで，一般的には，これらが縞になって美しい模様をつくることが多く，ときには真黒なものもある。材質はほとんどが重硬で，材面が美しいことから高価	高級家具，内装用，器具の柄など
	チーク	心材の色は，生育状態によってかなり変化し，金褐色，褐色，赤褐色など。辺材は黄白色で，心材からはっきりと区別できる。肌目は粗い。耐腐朽性があり，かつ強さがあるため，大型の船舶の甲板によく使われた。現在は，内装，家具などに主に使われている	装飾，家具，建築など
	バルサ	辺材と心材の色調差は少なく，白色あるいはやや桃色を帯びた淡褐色。木理は一般に通直で，肌目は粗い。加工は容易だが，軟らかいために，逆に刃物はよく研磨したものを使わないと表面がざらつく。世界で最も軽い木材の1つ	サンドウィッチ構造物の中芯用，遮音材など
	ホワイトオーク	心材は淡褐色，褐色など。大きな放射組織があるため，柾目面に美しいシルバーグレインが見られる。一般に収縮率が高いので，くるいや割れが出ることが多い	家具，床板，建築，桶，樽など
	ラワン	チークに似ているが，材質はやや劣る。ヒタキクイ虫におかされやすい。赤ラワン，白ラワンの別がある	ベニヤ薄板原木，建具，家具など

2-2 製品による分類

木材は，形状，寸法によっても種類が分かれており，丸太類，角材，板子・平，板類，ぬき類，垂木類，小割類，敷居木類といった分類で古くから慣例的に用いられてきた材形区分を**表3**に示す。梁や柱のように断面寸法の大きなものから，押縁や羽目板のように小さいものや薄いものもある。

無垢の木材は材種や等級などに応じて基準強度が設けられており，等級区分の方法は主に目視等級，機械等級，無等級の3つに分類され，次のとおりである。

(1) 目視等級材

構造製材のうち，節・丸身など材の欠点を目視により測定し，等級区分された木材。

(2) 機械等級材

構造製材のうち，機械によりヤング係数を測定し，等級区分された木材。

(3) 無等級材

JAS規格製材以外の木材で樹種によって基準強度が定められており，一番多く流通している木材。

木材の特徴の1つに，他の建築材料と違い，製品の見た目のよさを表す等級があり，2等・1等・特1等・小節・上小節・無節に分類される。一般に，2等・1等・特1等材などは壁や床などに隠れて露出しない部分に使用され，小節・上小節・無節材などは和室の化粧部分等で表に露出してくる箇所に使われる。

なお，木材の欠点には**図2**ようなものがあり，外観を損なうばかりでなく，強さや耐久性を低下させることも多い。

表3 木材の材料区分

区分	種類および呼称	用途
丸太類	長丸太・切丸太・磨き丸太	製材の原木・杭・化粧用など
角材	押角・野角・ひき角	柱・梁・製材の原木など
板子・平	規格の厚板にあたるもの	棚または段板・建具・家具の原材
板類	一寸板・インチ板・板割・六分板・四分板	棚板・せき板・床・野地天井および羽目板など
ぬき類	大ぬき・中ぬき・小ぬき・木ずり・ぬき	縁甲・通しぬき・野地・壁下地など
垂木類	山ひき二・五角・山ひき二寸角	垂木・押縁など
小割類	大小割・並小割	天井さお縁・押縁・瓦桟など
敷居木類	五寸敷居木・四寸敷居木・三寸敷居材	鴨居・敷居・窓枠・根太など

図2 木材の欠点の例

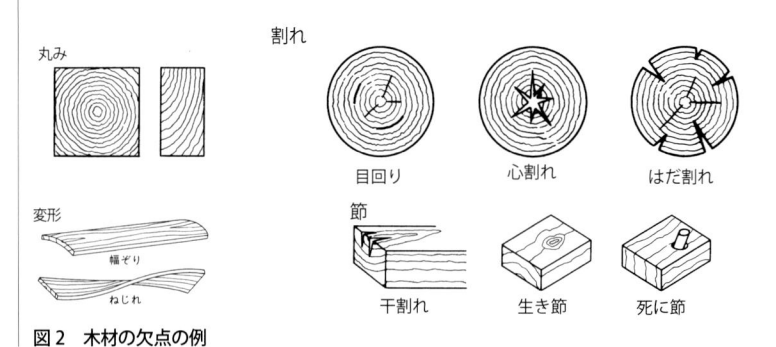

3
原料採取と製造

3-1 伐採

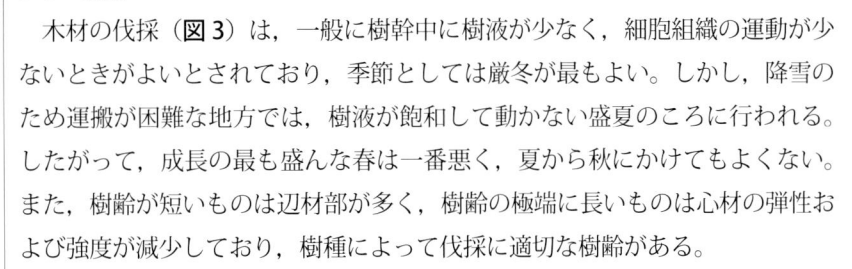

　木材の伐採（図3）は，一般に樹幹中に樹液が少なく，細胞組織の運動が少ないときがよいとされており，季節としては厳冬が最もよい。しかし，降雪のため運搬が困難な地方では，樹液が飽和して動かない盛夏のころに行われる。したがって，成長の最も盛んな春は一番悪く，夏から秋にかけてもよくない。また，樹齢が短いものは辺材部が多く，樹齢の極端に長いものは心材の弾性および強度が減少しており，樹種によって伐採に適切な樹齢がある。

　伐採後は適当な長さに切って丸太のまま，あるいは積荷に便利なために粗い四角形にした材（そま角）として製材所へ送られる。

図3　木材の伐採風景

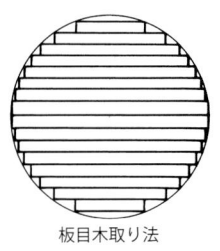

3-2 木取り

　丸太またはそま角から所定の形材をひく計画を木取りという。木取りによって，心材，辺材，木理，きず（欠点），木の腹背および表裏などの現れ方による外観，強さ，収縮などが異なるので，用途などを考慮して木取りは行われる。図4は木取りの例であり，それぞれ板となったときの木目が異なる。また，木取りは歩留まりをよくして廃材を少なくすることも必要である。

図4　木取りの例（征目木取り法／板目木取り法）

3-3 製材

　製材とは木取りに従って切断する操作をいい，広義には機械的なかんなかけ，穴あけ，ほぞつくりなども含んでいる。切断は，丸のこ，帯のこ（縦，横）などの機械を用いる。製材されたものは，図5のように板類（板，厚板，小幅板），ひき割類，ひき角類に分類される。

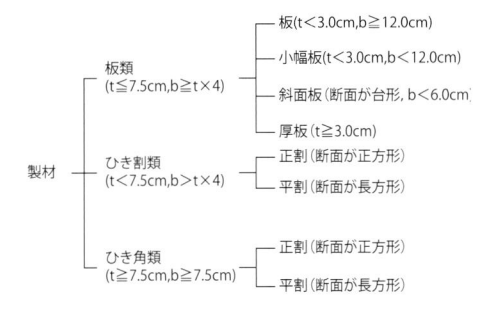

図5　製材の分類

- 板類（t≦7.5cm, b≧t×4）
  - 板（t<3.0cm, b≧12.0cm）
  - 小幅板（t<3.0cm, b<12.0cm）
  - 斜面板（断面が台形，b<6.0cm）
  - 厚板（t≧3.0cm）
- ひき割類（t<7.5cm, b>t×4）
  - 正割（断面が正方形）
  - 平割（断面が長方形）
- ひき角類（t≧7.5cm, b≧7.5cm）
  - 正割（断面が正方形）
  - 平割（断面が長方形）

t：厚さ　b：幅

3-4 乾燥

　一般に，生木中には，含水率で40〜80％（ときには100％以上）の水分が含まれており，そのまま使用すると，強度は低く，収縮による変形，割れ，くるいなども生じるため，使用に先立って木材は乾燥される。構造用材は気乾状態（おおよそ含水率15％以下）に，仕上げ材および家具材は含水率10％以下とするのが望ましいとされている。乾燥には，①重量の軽減，②強度の増大，③収縮による割れや変形の防止，④加工性の増大，⑤菌類発生の防止，⑥薬剤注入の容易化などの効果がある。

　乾燥方法には，①大気乾燥，②浸水乾燥，および③人工乾燥がある。人工乾燥は大気乾燥や浸水乾燥に比べて短い時間で乾燥できるが，急激な乾燥は＊干割れや曲がり・反りなどを生じさせやすい。

＊干割（ひわ）れ
木材の乾燥に伴い収縮率が方向によって異なり，また部分的に収縮率が不均一であるために生ずる割れ

図6 プレカット工場

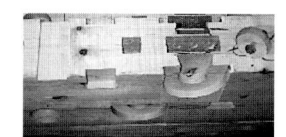

図7 プレカットの例

3-5 プレカット

　従来の木造住宅の施工では，大工が板図をもとに木材に墨付けを行い，電動工具などで必要な木材の加工を行ってきた。しかし最近では，その作業を CAD などを使ってコンピューターで制御して行うプレカットが行われることが多い。図6はプレカット工場での機械加工風景であり，図7は，仕口・継手部分をプレカットした木材の例である。これにより，熟練を要さず高い精度が得られ，建築現場での工期短縮も可能となる。

4 木材の性質

4-1　構成元素・分子

　木材は炭酸ガスおよび水に由来する炭素，水素，酸素原子から成り立ち，その化学記号は $C_{4.17}H_6O_{2.75}$ で表される。これらの元素がセルロース，ヘミセルロース，リグニンを構成し，それらの分子が集まり図8のような精巧な細胞構造体をつくっている。

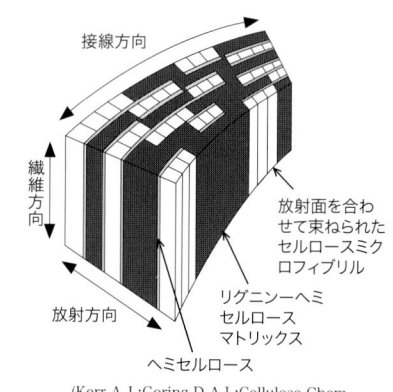

　セルロースは木材の主成分で，針葉樹では木質質の 40〜50％，広葉樹では 45〜50％を占め，細胞間の主要物質である。ヘミセルロースは，数種類の糖物質からできており，針葉樹での含有量は 10〜20％，広葉樹では 15〜20％である。リグニンは，3次元網目構造をした巨大な生体高分子で，針葉樹での含有量は約 30％，広葉樹では約 20％である。

　木の細胞は縦に長い袋状で，その袋を構成しているものが細胞壁である。セルロースやヘミセルロースはブドウ糖類が縦に長くつながった糸状分子で，これが細胞壁の骨格となっている。この分子格子はきわめて小さく，この分子が 20〜30 集まって束になり，その束がまた束になり，というように集まって細胞壁を構成している。リグニンは，その細胞壁と細胞壁を埋める接着剤となっている。

4-2　組織

　樹木の断面は，図9のように樹皮・木部・髄（樹心）の3つの要素から成っている。樹木は，樹皮直下にある形成層の柔細胞（活細胞）が分裂を始め，木質化作用によって内側に木質を，外側に樹皮を形成して成長する。木質化作用は，春から夏にかけて（熱帯では雨期）活発になり，この時期に形成される細

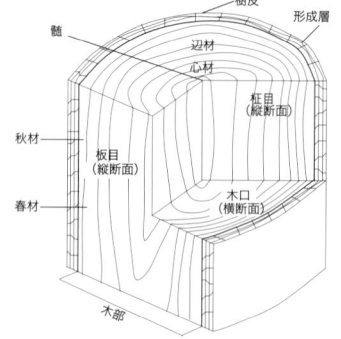

(Kerr,A.J.;Goring,D.A.I.:Cellulose Chem. Technol.9,563-573(1975))

図8　木材の主要3成分とその配置の模式図

ヒノキ

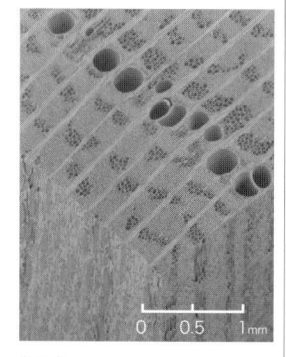

ケヤキ

図10　木材組織の電子顕微鏡写真
ヒノキ（針葉樹）とケヤキ（広葉樹）を比べると木材組織の違いがわかる。ケヤキには，ヒノキにはない太い導管が存在する（写真提供：森林総合研究所・藤井智之）

図9　樹木の断面と木目

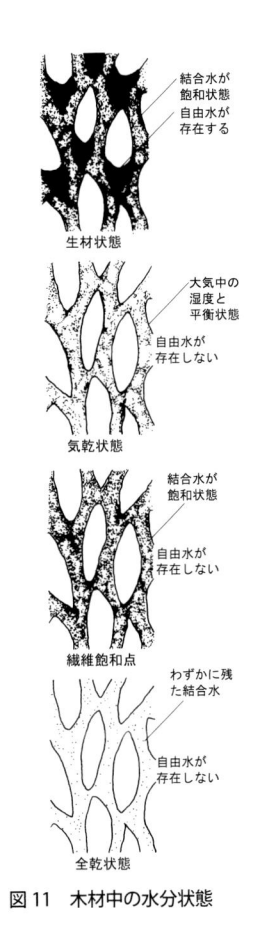

胞は大きい。晩夏より秋（熱帯では乾期）にかけて形成されるものは細胞が小さい。前者を春材，後者を秋材といい，これらにより年輪が構成される。

木質部のうち，樹心に近い部を心材といい，樹皮に近い部を辺材という。辺材には樹液が多く，一般に色調が淡泊で，心材は辺材に比べて樹脂，タンニン分などの含有量が多く，色調が濃い。前者を白太，後者を赤みということもある。スギ材などは心材は赤色を帯びて心材と辺材が区別しやすいが，木材の種類によっては，中心部と外辺部で色の違いがあまりなく，区別しにくいものもある。また，心材は辺材に比べて，乾燥収縮が小さく，虫害におかされにくい。

細胞は一度木質化すると死んでしまうが，木質化した細胞はとても強く，組織を支えるという重要な役割をもつ。木材組織は，導管，仮導管，木質繊維，木部柔組織で構成され，導管と仮導管は植物に水を送る。導管は仮導管に比べて太く，一般に広葉樹にしか見られない（図10）。

4-3 含水率

木材中の水分は，図11のようになっており，乾燥状態によって自由水と結合水に分けられる。自由水とは木材繊維中の細胞内の空洞部分を自由に移動できる水分で，結合水は細胞壁中で木材の実質部分と結合している水分である。

生木を乾燥させて自由水が完全に失われ，結合水だけが存在するようになった状態を繊維飽和点という。繊維飽和点での含水率は，おおむね30％前後で樹種や樹齢による差は少ない。さらに乾燥が進むと気乾状態となり，このときの木材を気乾材という。乾燥収縮をはじめとした木材の性質に影響を及ぼすのは，主に結合水であり，自由水の存在しない気乾材では木材の含水率によって性質が変化する。また，木材中の結合水と大気中の湿度が平衡状態となる含水率を平衡含水率と呼び，一般の環境下での平衡含水率は15％程度である。

気乾材をさらに乾燥し，結合水が完全になくなったものを絶乾材という。水分の蒸発や吸水の速度は，同じ木材でも断面部分によって異なり，木口が最も速い。

4-4 収縮

木材は，含水率の増減によって伸縮変形が起こり，それが木材の欠点の1つとされている。この伸縮変形によって，仕口や継手など木造建築の接合部にはゆるみ，くるい，隙間を生じことがある。図12は，木材の含水率と変形の関係を示しているが，伸縮は含水率が繊維飽和点以上ではほとんど起こらない。しかし，それ以下になると結合水の状態の変化が生じ，含水率に比例して伸縮する。この長さ変化を表すものとして収縮率（変形量／元の長さ）がある。

収縮率は樹種，樹齢などによって異なるが，一般的には密度の大きい木材ほど大きく，同じ木材でも辺材は心材よりも大きい。また収縮率は，図13のように「年輪の接線方向＞年輪の半径方向＞繊維方向」の順に大きい。一般的な木材で生木が絶乾状態になるまでの全収縮率は，年輪の接線方向で約5〜10％，半径方向で約2〜5％で，繊維方向は極端に小さくて約0.1〜0.3％である。

木材が含水率の変化によって伸縮し，しかも乾燥・吸水の速さおよび収縮率

図11 木材中の水分状態

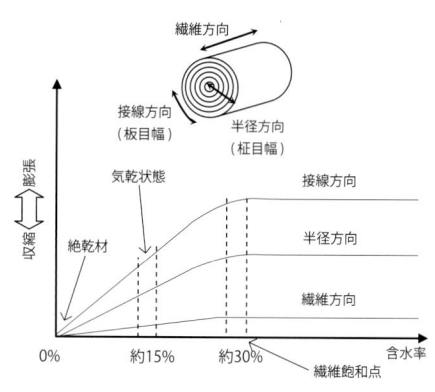

図 12 木材の含水率と変形の関係

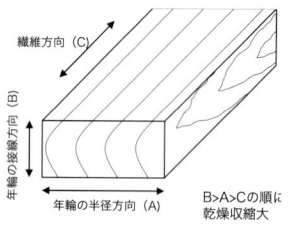

図 13 乾燥による収縮の大きさ

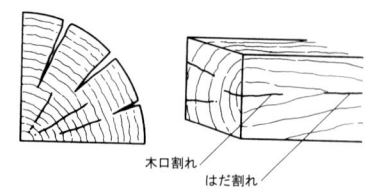

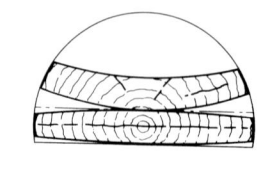

図 14 乾燥による干割れや変形の例

図 15 木口保護の例

図 16 背割りの例

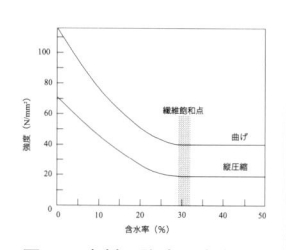

図 17 木材の強度と含水率の関係

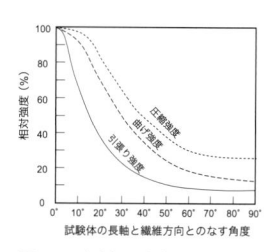

図 18 木材の強度と繊維方向の関係

が方向によって異なるために，木材には**図 14**のような収縮による干割れや変形が生じる。また，断面の位置や表裏で乾燥収縮の大きさが異なることによって，曲がり・反りやねじれなどのくるいを生じる。これは，広葉樹は針葉樹よりも大きい。

図 15のように木口を金属板，紙または塗料などでおおうのは，汚染防止や装飾の意味だけでなく，水分蒸発の急激な木口を保護し，干割れを防止するためである。また，柱などでは心持ち材のはだ割れや不整変形を防ぐために**図 16**のように背割りをする。

4-5 強度

表 4は，木材の力学的性質の例を示したものである。強度は，樹種によってだけでなく，心材か辺材か，または繊維方向によっても異なる。また，節，虫食い，目切れなどの欠点がある木材は強度が小さい。含水率と強度の関係は**図 17**のと

表 4 木材の力学的性質の例

樹 種	密度 [g/cm^3]	強度 [N/mm^2]				曲げ E 10^3[N/mm^2]
		圧縮	引張り	曲げ	せん断	
スギ	0.39	40.8	45.6	58.8	5.3	7.5
ヒノキ	0.46	52.8	58.5	82.0	7.3	9.0
アカマツ	0.53	52.6	58.6	75.3	8.4	11.5
ヒバ	0.43	38.8	56.4	61.5	7.3	9.0
ナラ	0.80	46.8	91.9	80.2	8.1	9.5
ケヤキ	0.68	53.7	89.6	89.2	9.9	12.0
シオジ	0.65	52.2	95.3	84.0	8.9	9.5
キリ	0.31	38.0	24.6	59.8	6.2	5.0

おりで，含水率が繊維飽和点よりも大きい場合は，ほとんど強度に変化はないが，繊維飽和点よりも小さいと，含水率が小さくなるに従って，強度は増大する。また，**図 18**に示すように繊維方向に対する荷重方向の角度によって強度は異なり，両者が平行のときは直角のときに比べて，引張強度で 10 倍以上も大きい。

4-6 耐久性

(1) 腐朽

木材は，乾湿繰返しによる木質の軟化や菌類の存在によって腐朽する。腐朽の進んだ木材は変色し，質量や強度が減少する。腐朽菌の繁殖程度は，①養分，②湿気，③適度な温度，④空気の条件によって変わり，常に乾燥状態にあったり，完全に水に浸っていると，ほとんど腐らない。図19は腐朽が進んだ木材の例であるが，腐朽は樹種によっても異なる。

木材を乾燥させると，樹液中の養分を凝固または変質させて菌類の発育を防ぐことができる。よって，木材の使用環境下では，風通しをよくして湿分を避けることがよい。

金属板や塗料などによって，木材表面を被覆すると，菌または虫類の侵入を防ぐことに加えて空気や湿気を遮断することができるため，木材の耐久性は向上する。ただし，木材をあらかじめ十分乾燥してから表面被覆材を施さないと，樹液により内部から腐ることもある。

(2) 虫害

木材は昆虫類に食い荒らされて断面が欠損する。昆虫類の中で木材に最も大きな害をもたらすのはシロアリで，わが国に棲む主なものはイエシロアリとヤマトシロアリである。イエシロアリは関東以西の暖地を好み，食害がきわめて大きい。ヤマトシロアリは日本全土に生息するが，食害は比較的緩慢である。針葉樹は，広葉樹よりもシロアリにおかされやすい。また，シロアリの他にも，広葉樹やタケなどを食うヒラタキクイムシやナガシンクイムシなどもある。

木材の生物劣化に対する防止対策を表5に示す。虫害を防止するため，一般的には木材に薬剤処理が施される。木質養分を有毒化する防腐剤または防虫剤を木材表面に塗布したり，木材内部に注入したりするなどの処理がある。塗布よりも注入のほうが効果は大きく，床組や壁などで水がかりのある部位には有効である。

(3) 風化

木材は，長期間大気にさらされ風雨や温冷の繰返しを受けると油脂分が発散

図19 木材の腐朽による外観変化

表5 木材の生物劣化に対する防止対策

劣化因子	因子の名称	材料的対策	薬剤処理	備考
腐朽菌	マツオウジ等	耐腐朽性のある材種（ヒバ，ヒノキ，クリ，ケヤキなど），心材の選定	木部表面処理または加圧処理	木部への薬剤処理は高含水状態になる部材を対象とする
	ナミダタケなど		木部処理＋土壌処理	床下通風を常時確保することが重要
シロアリ	ヤマトシロアリ	耐蟻性のある樹種（ヒバ，ヒノキ，スギなど），心材の選定	木部表面処理または加圧処理，一部地域では土壌処理	木部への薬剤処理は高含水状態になる部材を対象とする
	イエシロアリ		床下に土壌処理，木部表面処理または加圧処理	床下の土壌処理が有効
乾材害虫	ヒラタキクイムシ	耐虫性のある樹種（針葉樹），心材の選定	木部表面処理，拡散処理，加圧処理	部材の取付け前に薬剤処理することが有効

表6 各種木材の着火点と発火点

針葉樹				広葉樹			
樹種	気乾密度 (g/cm³)	着火点 (℃)	発火点 (℃)	樹種	気乾密度 (g/cm³)	着火点 (℃)	発火点 (℃)
サワラ	0.34	257	442	キリ	0.30	269	425
スギ	0.38	240	435	ホオノキ	0.49	270	436
トドマツ	0.40	253	—	カツラ	0.50	270	470
エゾマツ	0.43	262	475	トチノキ	0.52	264	406
ヒノキ	0.44	253	430	シオジ	0.53	248	425
ヒバ	0.45	259	—	ミズナラ	0.68	265	450
アカマツ	0.52	263	485	ケヤキ	0.69	264	464
クロマツ	0.54	—	465	アカガシ	0.87	—	440

し，光沢が減少し，組織がもろくなる。これを風化といい，風化が進むほど吸水しやすく菌類の生息に適するようになるため腐朽しやすい。

4-7 耐火性（燃焼）

　木材が燃焼しやすいことは，建築材料として利用するに際しての欠点であり，木造建築では対策をとるべき重要な課題である。木材は，大気中において260～270℃以上で着火するため，木造建築物では260℃を火災危険温度としている。

　木材を完全に不燃化することはできないが，次のような方法で燃えにくくすることができる。なお，木材ごとの着火点と発火点を**表6**に示す。

①木材表面を金属板・プラスター・モルタルなどの不燃性の材料を用いて被覆する。

②木材表面に不燃性塗料（防火ペイント）を塗って表面に被膜をつくる。あるいは木材にモリブデン，リン酸などのアンモニア塩類などの薬剤を注入して発炎性を抑え，着火点を高くする。

③木材が燃焼すると表層から炭化していくが，炭化速度は比較的遅く1分間に0.6mm程度なので，木材の断面を厚くして防火性を付与する。

5 木材の使われ方

5-1 構法の種類

　木造，鉄筋コンクリート造，鉄骨造など建築物のつくり方はさまざまあるが，戸建て住宅に限れば，わが国ではかなりの割合が木造である。木造とは，構造耐力上の主要部分を木材でつくった構造のことをいうが，次のようにその構造方式は多様である。

（1）木造軸組構法

　日本で古くから発達してきた伝統構法を発展させたもので，在来構法とも呼ばれている。主に柱や梁といった軸組（線材）で構造を支える。**図20**に，この構法における木材の使い方の例を示す。

図20 木造軸組構法における木材の使い方

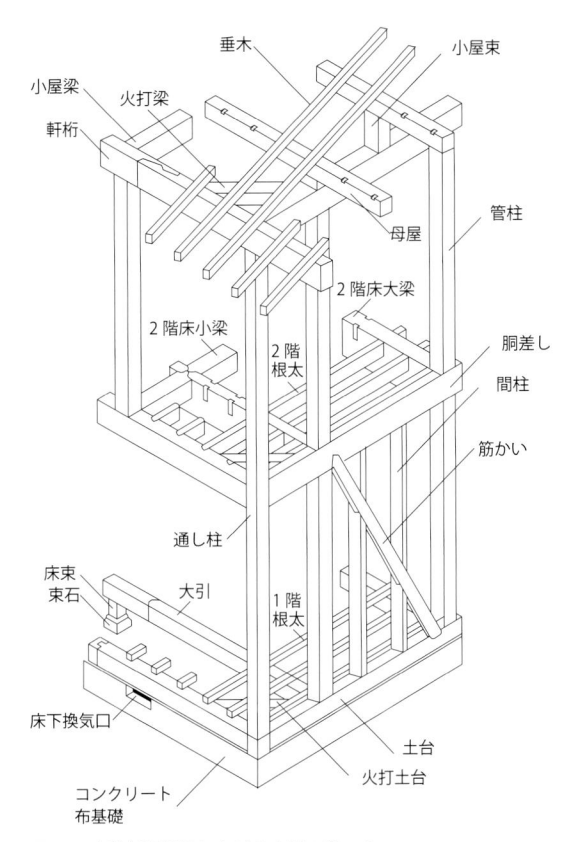

表7 接合金物の種類

接合具等	適用される構造または部位
くぎ	全構造。多数本使用により大規模構造の主要構造部に適用可
木ねじ	ボード類の取付け。部材が金属でもよい
グルーラムリベット	中〜大規模構造。比較的軽微な接合部
ボルト	全構造
ラグスクリュー	全構造。断面の大きな木材に向いている
ドリフトピン	中〜大規模構造
スプリットリング	中〜大規模構造。木材と木質材料の接合
シアプレート	中〜大規模構造。主として鋼板と木材の接合
その他のジベル	中〜大規模構造
メタルレートコネクター	トラスの節点
住宅用接合金物	住宅構造。中〜大規模の軽微な接合部にも適用可

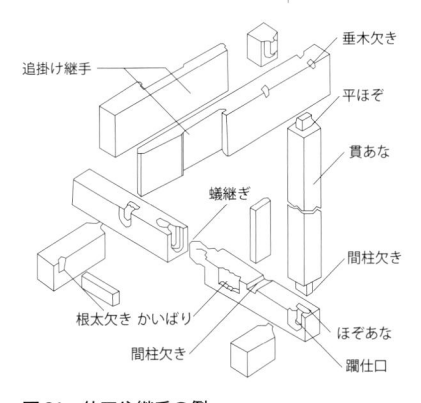

図21 仕口や継手の例

図22 接合金物の例

(2) 枠組壁工法

断面が2×4インチ（実際には38×89mm）の用材を中心に，限られた種類の長方形断面の用材を用いることから，ツーバイフォー工法ともいわれる。この用材をフレーム状に組み，これに構造用合板などのボード状材料を打ち付けて壁や床を構成する。

(3) 木質プレハブ工法

建築生産の効率化・合理化のため，工場において生産された部品やユニットを現場で組み立てる方式，すなわちプレファブリケーション（プレハブ）化による構法をいう。木製パネルを工場で生産した後に現場で組み立てるタイプと，工場で空間ユニットを製造した後に現場に輸送して並べるタイプのものがある。

(4) 丸太組構法

わが国伝統の校倉造と呼ばれてきたもので，丸太を横に積み上げて壁をつくり，空間を構成したものをいう。現在は別荘建築などに見ることができるが，明治以降に北米や北欧から導入された構法のものが多い。

5-2 接合部

軸組構法では，各種の軸材を組み合わせていくため，軸材同士はなんらかの方法で接合される。軸材をその長さ方向に継ぐ接合部を「継手」といい，直角方向に継ぐ接合部を「仕口」という。

図23　軸材としての使用例

図24　外装材としての使用例

図25　内装材としての使用例

継手・仕口ともに部位・用途に応じて多くのものがあるが，組み合わせる材同士の接する面にすべり勾配という微妙な傾斜面を付けて，上側の材を落とし込むに従ってきつく締まるような工夫がなされている。

図21は代表的な継手や仕口の例である。複雑な加工を必要とするが，現在はプレカット工場で加工されることが多い。

木造建築物の構造安全性を確保するうえでは，接合部の設計は重要である。工業化が進む以前には，長い歴史の中で工夫・改良された和風の継手・仕口が用いられてきた。しかし，鉄類の大量生産が可能になり，くぎやボルト，かすがいなどが用いられるようになり，近年は表7に示すように，さまざまな接合具や住宅用接合金物が用いられるようになった。図22は，接合部に用いられている接合金物の例である。

5-3　木材の多様な使われ方

木材は，図23に示すように住宅の軸材として使われるだけでなく，板材として図24に示すような外装材としても用いられる。また，内装にも木製のサッシや床材・天井材などとして使われており，建築用材料としての用途は幅広い（図25）。

(小山明男)

COLUMN

木造と耐火性能

一般に木材は燃える素材であることから，火に弱いといったイメージがある。しかし，断面が大きな木材では，表面が燃焼するとその部分にできる炭化層が遮熱材の役割として働き，また，木材組織の多くの空隙が空気を含むことで，熱を内部に伝えにくくし，火災時の急激な断面減少は生じにくいといわれている。

このような性質を利用した防耐火設計法として，準耐火建築に用いられる「燃えしろ設計」がある。これは，想定した火災時間分の燃えしろ寸法を差し引いた断面が十分な耐力をもつようにする設計方法である。しかし，準耐火建築と異なり，火災終了まで倒壊や延焼防止に必要な性能を保持しなければならない耐火建築では，図に示すような「燃え止まり」部材の考えが必要となる。

また，わが国では，住宅といえば木造建築が主流で，特に密集した都市部では，古来から多くの大火を経験し，多大な被害を受けてきた。仮に隣家に火災が発生した場合，炎は執拗に燃え広がり，軒裏，屋根，外壁にと襲いかかる。

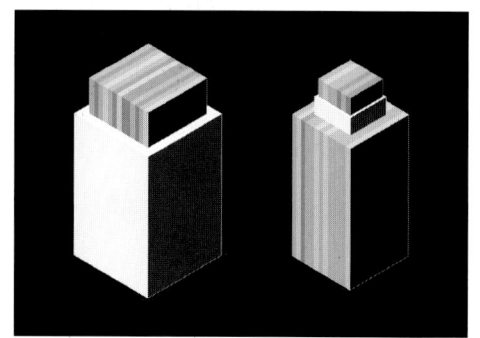

石膏ボードなどの不燃材で木材を被覆した部材（耐火被覆）

外周部に炭化層を形成させるだけでなく燃えどまり層を設けて中心部の木材を守る（燃え止まり部材）

耐火建築用部材（『マテリアル・デザイン 2009 - 2010』彰国社，2009）

木造住宅の火災時の燃焼温度は1,200℃に達するといわれており，3m離れた隣家が受ける温度は840℃にも達するといわれている。木材の着火温度が260℃とすれば，それ以下の温度に抑えるための対策や隣家との間隔を確保することが重要である。

(小山)

構造用合板
(「宝積寺駅」,設計：隈研吾建築都市設計事務所,2008年)

III 高分子素材

14 木質材料

　木質材料とは，原料の木材を大小のエレメントに分解し，これを接着剤を用いて軸材料または面材料へと再構成した材料のことをいう。木質材料の多くは，素材のもつ欠点（節や目切れなど）を除去，あるいは分散させ，平均強度を高くし，バラツキの小さい材料に変換する目的で製造されている。また，断面が大きく長大スパンの梁材などの大材が得やすいこと，低品質な木材や，未利用樹材，工場廃材の利用を図ることができるなどの利点もある。

1 木質材料の歴史

　合板の歴史は古代エジプトにまでさかのぼり，薄くはいだ板を接着したものが発見されている。日本でも，正倉院の御物の中に合せ板によるものが発見されている。現在のように工業化された合板を製造できる最初のロータリーレース機械は19世紀中盤のアメリカで設置されたといわれている。日本では1907年，名古屋の浅野吉次郎が独自に開発した「ベニヤレース」の実用化によって合板の工業化が始まったとされている。

　日本の創成期の合板は，大豆グルー・ミルクカゼイン・ニカワなどの接着剤を用いてベニヤチェスト（茶箱）用や楽器用，家具用などのものが製造されていたが，耐水性が向上するに従いその用途が拡大された。1950年ころには，尿素系の接着剤が開発され飛躍的に接着性能が向上し，建築用材料にもその用

途を広げていった。

　一方，集成材については，1708年に再建された東大寺大仏殿で，高さ48mの木造建築の柱に集成工法が見られる。これは現在の定義では集成材に含まれないが，集成材と同様の特徴をもつ工法である。

　現在の接着集成材の技術はドイツのオットー・ヘッツァーによって20世紀の初めに考案されたとされ，世界最初の接着集成材による木造建築物は，スイスのバーゼルにあるオーディトリアムであったといわれている。その後接着剤の開発と合わせて，これらの技術が北欧，アメリカに伝わり，以後アメリカを中心に発展していった。

　日本では第2次世界大戦が終了する直前に製造した事例があったが，本格化したのは戦後である。構造用集成材を用いた最初の大型建造物は，1951年に東京に建てられた森林記念館であるといわれている。

2 木質材料の種類と性質

　木質材料を分類すると図1のようになる。これらは，原料の木材を細分化したもの（エレメント）を接着剤で再構成したものであり，エレメントの種類もそれぞれ異なる。各木質材料のエレメントを表1に示す。

　木質材料では，原料を細分化することで，原料形状が異なっても軸材や面材に活用でき，製材廃材はもちろん，解体木材などもパーティクルボードやファイバーボードに転換できるメリットが生まれる。

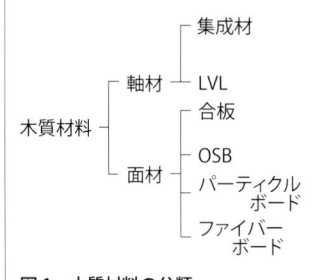

図1　木質材料の分類

表1　木質材料のエレメント種類

エレメント	木質材料
挽き板（lamina）	集成材（laminated wood）
単板（veneer）	合板（plywood） LVL (Laminated Veneer Lumber)
チップ（chip） 木材小片 （wood particle）	パーティクルボード （particle board） OSB（Oriented Strand Board）
パルプ，ファイバー 木材繊維（wood fiber）	ファイバーボード （fiber board）

図2　集成材とその分類
①造作用集成材
②化粧梁造作用集成材
③化粧梁構造用集成材
　（在来軸組構法の住宅の柱用，1辺の長さは90mm以上135mm以下）
④構造用集成材
　（構造物の耐力部材に用いるもの。③以外の化粧したものを含む）

2-1　集成材

　集成材は，日本農林規格（JAS）によって図2のように分類され，表2のように製造上の違いがある。また，構造用集成材は，梁や柱といった骨組材として使われるため，表3に示すように強度など構造設計に関わる指標が決められている。

　集成材は，非常に高次の加工が施された工業製品で，製材に比べて次のような優れた特性をもつ。

表2 集成材の製造上の違い（JAS）

	化粧梁造作用集成材	化粧梁構造用集成材	構造用集成材
挽き板積層数	制限なし，小角材も可	5枚以上 （挽き板は等厚）	異等級ラミナ構成では4枚以上 同一等級構成では2枚以上
使用接着剤	ユリア	積層用にはレゾルシノールまたは水性高分子イソシアネート 長さ方向継ぎにはメラミン，メラミンユリアも可（使用環境2*を想定）	使用環境1*に対してレゾルシノール（長さ方向継ぎにはメラミンも可） 使用環境2（中断面，小断面に限る)*では化粧梁構造用集成柱と同じ
ラミナの継手	バットジョイントでも可	スカーフジョイント，またはフィンガージョイント	
化粧梁の場合の化粧薄板厚	敷居，かまち，階段板 上面≧ 1.5m 柱≧ 1.2mm 上記以外≧ 0.6mm	≧ 1.2mm	階段板上面≧ 1.5mm 階段板の上面以外≧ 0.6mm 階段板以外≧ 1.2mm

* 使用環境1：絶えず温湿度の変化や生物劣化にさらされている屋外のような厳しい環境
　使用環境2：温湿度変化が穏やかな室内のような環境

表3 構造用集成材の基準材料強度等の特性値の例　　　　　　　　　　　　　　　　　[単位：N/mm^2]

集成材の等級	基準材料強度				弾性係数（E）
	圧縮 （Fc）	引張り （Ft）	曲げ		
			平使い	縦使い	
E135-F375	29.4	25.8	37.2	27.6	13,500
E120-F330	25.2	22.2	32.4	24.0	12,000
E105-F300	22.8	19.8	29.4	21.6	10,500
E95 -F270	21.6	18.6	27.0	20.4	9,500

注）　E135は弾性係数に，F375は曲げ材料強度 375kgf/cm^2 ≒ 37.2N/mm^2 に由来する

①所定の含水率に乾燥した挽き板（lamina）から構成される集成材は，含水率のバラツキが少ないため，割れ，反り，曲がり，ねじれ等のくるいが発生しにくい。

②挽き板の節，割れなどの欠点の大きさや，曲げ弾性係数などにより挽き板の等級区分を行った後，これらを適切に配置することで，強度が高くバラツキの少ない製品が得られる。

③挽き板を縦つぎや幅はぎ（幅方向に接着すること）することによって，大断面で長尺な製品が得られる。

④適切に乾燥されて腐りにくく，高い耐久性能を有している。さらに防腐処理を施した挽き板を積層接着することで，部材内部まで防腐薬剤が注入された高耐久性部材を製造することも可能。

⑤木材は燃えても表面にできる炭化層が内部を保護するため，大断面集成材を用いれば，防火構造とする必要のある建築物でも使うことが可能。

2-2 合板

主に建築用に用いられる合板を**図4**に示す。合板は，種類や品質が日本農林規格（JAS）によって規定されている。その他にもAQ認証（JAS対象外の建

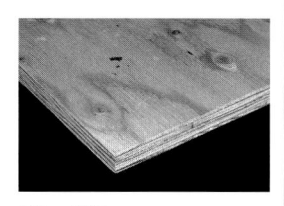

図3　合板

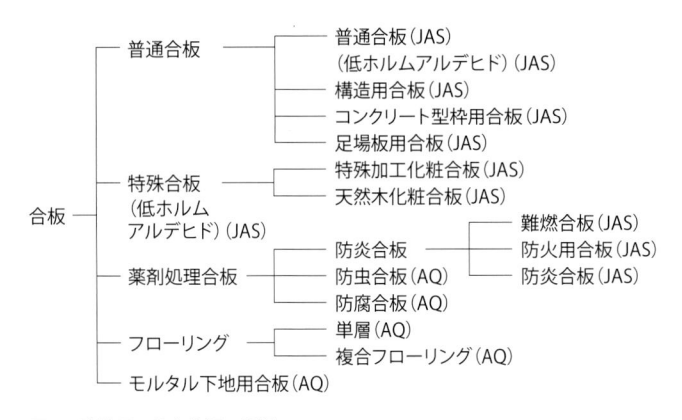

図4 建築用の主な合板の種類

```
          ┌─ 普通合板 ──┬─ 普通合板（JAS）
          │           ├─（低ホルムアルデヒド）（JAS）
          │           ├─ 構造用合板（JAS）
          │           ├─ コンクリート型枠用合板（JAS）
          │           └─ 足場板用合板（JAS）
          │
          ├─ 特殊合板 ──┬─ 特殊加工化粧合板（JAS）
  合板 ──┤（低ホルム    └─ 天然木化粧合板（JAS）
          │  アルデヒド）（JAS）
          │                         ┌─ 難燃合板（JAS）
          ├─ 薬剤処理合板─┬─ 防炎合板─┼─ 防火用合板（JAS）
          │              ├─ 防虫合板（AQ）└─ 防炎合板（JAS）
          │              └─ 防腐合板（AQ）
          │
          ├─ フローリング ─┬─ 単層（AQ）
          │              └─ 複合フローリング（AQ）
          │
          └─ モルタル下地用合板（AQ）
```

図5 パーティクルボード

築材料について，日本住宅・木材技術センターが品質を認証するもの）を受けたJAS同等品もある。一般に壁，天井，床などの下地材として広く用いられている普通合板のほかに，表面に種々の化粧加工を施した特殊合板，枠組壁工法の床，耐力壁など構造耐力が必要な箇所に用いる構造用合板，化学的に難燃処理を施した難燃合板，コンクリートの型枠用として使用することを目的としたコンクリート型枠用合板など種類は多岐にわたっている。

2-3　パーティクルボード

　パーティクルボードは**表4**に示すとおり，JIS A 5908によって表裏面状態，曲げ強さ，接着剤，ホルムアルデヒド放出量，難燃性の5項目の組合せで分類されている。また，パーティクルボードはその構成によって単層，3層，多層ボードに分けられる。このうち3層は，表裏面層の小片が細かく，内層は比較的粗い小片で構成され，多層は表面から中心層に向かって微小片から粗大片と連続的に構成される。表面層を緻密にし，内層を粗にすると，全体の密度は低くしつつ曲げ強さを大きくする。また，表面が平滑になることで，後の表面加工を容易にしている。

　なお，北米では大きなフレーク状の小片からなるパーティクルボードを「ウェーファーボード」と呼び，繊維方向に細長い小片（ストランド）を一方向に配向させたり，表層と内層でそれらを直交させたりしたボードをOSB（Oriented Strand Board）と呼んでいる。

表4　パーティクルボードの分類（JIS A 5908）

種類	表裏面状態	曲げ強さ	接着剤	ホルムアルデヒド放散量	難燃性
素地パーティクルボード	無研磨 研磨	8タイプ	Uタイプ	E0タイプ E1タイプ E2タイプ	普通 難燃 (2級, 3級)
		13タイプ 18タイプ			
		24～10タイプ 17.5～10.5タイプ	Uタイプ Mタイプ Pタイプ		
単板張りパーティクルボード	無研磨 研磨	30～15タイプ			
化粧パーティクルボード	単板オーバーレイ プラスチックオーバーレイ 塗装	8タイプ	Uタイプ		
		13タイプ 18タイプ	Uタイプ Mタイプ Pタイプ		

インシュレーションボード

MDF

ハードボード

図6　繊維板

表5　繊維板の分類（JIS A 5905）

種類		密度 (g/cm³)	曲げ強さ (N/mm²)	吸水厚さ膨張率 (%)	厚さ (mm)
インシュレーションボード	タタミボード	0.27未満	1.0 以上	10 以下	10, 15, 20
	A級インシュレーションボード	0.35未満	2.0 以上		9, 12, 15, 18
	シージングボード	0.40未満	3.0 以上		
MDF	30 タイプ	0.35以上0.80未満	30.0 以上	厚さ 7mm 以下のもの 17 以下 厚さ 7mm を超え 15mm 以下のもの 12 以下 厚さ 15mm を超えるもの 10 以下	3, 7, 9, 12, 15, 18, 21, 24, 30
	25 タイプ		25.0 以上		
	15 タイプ		15.0 以上		
	5 タイプ		5.0 以上		
ハードボード	S 35 タイプ	0.80以上	35.0 以上	吸水率（%） 25（35）以下＊	2.5, 3.5, 5, 7
	S 25 タイプ		25.0 以上		
	S 20 タイプ		20.0 以上	30（35）以下＊	
	T 45 タイプ	0.90 以上	45.0 以上	20 以下	
	T 35 タイプ	0.80 以上	35.0 以上		

＊吸水率の（ ）内の数値は 3.5mm 未満の厚さの板に適用する。
注）このほか，接着剤の種類による区分やホルムアルデヒド放出量による区分がある。

2-4　繊維板

　繊維板は，パルプまたはファイバーを用いたもので，木質材料の中でも最も細分化したエレメントで構成されている。繊維板は，JIS A 5905（繊維板）によって種類や品質が規定されており，**表5**のように密度によって3種類に区分されている。

3　木質材料の製造方法

　木質材料の製造工程の概要を軸材料と面材料に分けて，**図9**および**図10**に示す。

3-1　集成材

　集成材の製造は，①挽き板の乾燥，②挽き板の切削，③挽き板の縦つぎ，④積層接着といった工程で行われる。化粧梁集成材では，その後化粧単板の処理・接着といった処理が行われる。

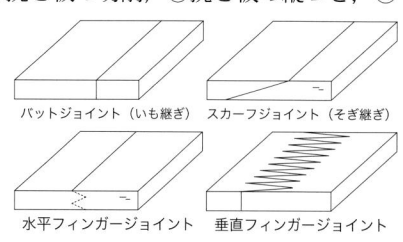

　挽き板の縦つぎには，**図7**に示すような種類があるが，広く用いられているのはフィンガージョイントで

バットジョイント（いも継ぎ）　スカーフジョイント（そぎ継ぎ）
水平フィンガージョイント　垂直フィンガージョイント

図7　集成材の縦つぎ方法の種類

図8 湾曲集成材の例

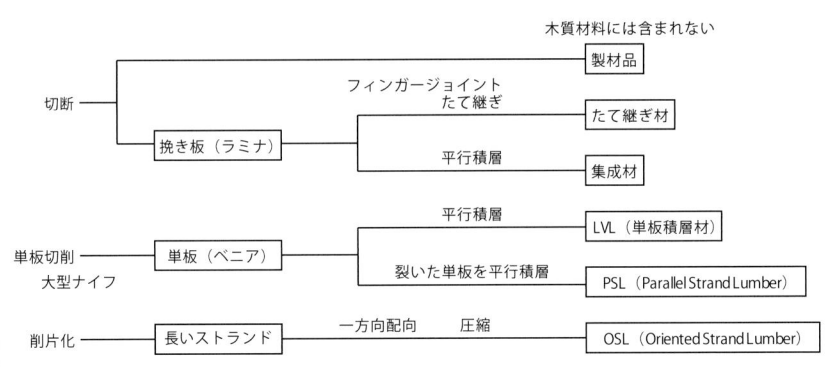

図9 木質材料（軸材料）の製造方法の概要

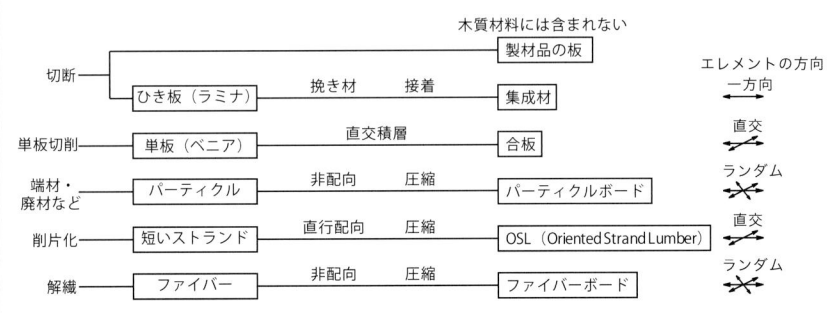

図10 木質材料（面材料）の製造方法の概要

ある。また，積層接着工程において，挽き板を曲げたまま一定の圧力を保つ特殊な圧縮装置を用いることで図8のような湾曲材を得ることもできる。

3–2 合板およびLVL

合板は単板（veneer）を繊維方向が直交するように互い違いに重ね接着剤ではり合わせて製造される。合板は薄板の3枚またはそれ以上（奇数枚）をはり合わせたものが多いが，両面のうち見付け面のものを化粧板，他の一方を裏板といい，中間部を心板という。

一方，LVL（単板積層材：Laminated Veneer Lumber）は，単板を製造するところまで合板と製造方法は同じであるが，合板と異なるのは，繊維方向が平行になるように積層接着するところである。合板に比べて厚く，骨組み材に用いることを指向している。単板積層数を多くしたLVLは，集成材よりも節等の欠点の分散度が高まり，材質の変動が小さくなる。また，より曲率の大きな湾曲材を製造することができるといった特徴もあるが，釘打ちによって割れが生じやすい欠点もある。

なお，LVLに類似の木質材料として，針葉樹のストランド（細長い切削片）を軸方向に平行に積層接着したPSL（Parallel Strand Lumber）があり，これはLVLよりもさらに強度のバラツキが小さい。

3–3 パーティクルボードとOSB

パーティクルボードは，木材その他の植物繊維質の小片（パーティクル）に接着剤を塗布し，一定の面積と厚さに熱圧成形して製造される。壁などの構造用パネルや床材，野地板として使用される。また，パーティクルボードの表裏面に単板を張り，力学的性能を向上したコンポジットパネルがある。

パーティクルボードの原料となる木片　　OSBの原料となる木削片　　MDFの原料となる繊維

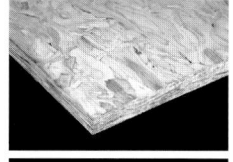

図11　木質材料とその原料

　OSB（Oriented Strand Board）は，ストランド状の切削片を配向させた層をつくり，この層を直交するように配置したボードで，3層構造としたものが多い。OSBは北米において構造用パネルとして開発された木質材料で，主に屋根下地，床下地あるいは外壁下地などに使用される。

3-4　繊維板（Fiber Board）

　繊維板には，パルプをどろ状にかき混ぜて軟化させ，これを乾燥して成形したものや，乾燥繊維に接着剤を添加して加圧成形したものがある。

　インシュレーションボード（軟質繊維板）は，水を媒体として繊維マットを抄造した後に乾燥して製造され，畳の芯材や断熱材・吸音材として天井や壁などの内装に用いられる。MDF（中質繊維板：Medium Density Fiberboard）は，乾燥繊維に接着剤を添加し，熱圧成形したもので，材質が均質で表面が平滑である。主として下地材，化粧材，家具材料として用いられるが，構造用パネルとして用いられるものもある。ハードボード（硬質繊維板）は，インシュレーションボードと同様の工程で抄造した繊維マットを，さらに熱圧成形したものであり，密度や強度が大きい。畳の芯材や壁の下地材として用いられる。

　パーティクルボードや繊維板の原料のほとんどは，工場廃材，小径木・林地残材，建築解体材といったリサイクル資源であり，環境的に優れた材料といえる。

4　木質材料の使われ方

4-1　集成材

　集成材は，安定した品質と高い寸法安定性を兼ね備えており，年々需要が増えている。その使われ方も大規模な木質構造建築に用いられるだけでなく，図12に示すような木質ラーメン構造の住宅への活用など，工夫されてきてい

図12　集成材による木質ラーメン構造の骨組み

参考文献
1)『マテリアル・デザイン 2009 − 2010』彰国社，2009

る。また，構造材として用いられるだけでなく，造作用集成材は，階段の手すり，各種木質パネルの心材，鴨居，敷居，上がりかまちや床材など住宅の各所に多用されている。

4-2 各種木質ボード

合板をはじめとする木質ボード類は，その優れた加工性から，図13に示すように住宅の内外装の下地材として使われる。また，部材試験によって構造耐力などが確認されれば，合板だけでなくMDFやOSBなども構造用パネルとして活用される。さらに，建具類などにも多用されるが，この場合は表面に化粧シートなどを張り合わせた化粧パネルが用いられる。

(小山明男)

床下地として使われる合板

外壁下地材として使われるMDF

OSBパネルの構造実験風景

建具に用いられる化粧パネル

図13 各種木質ボードの利用例

COLUMN

木材・木質材料はなぜ水に弱いか

木材は繊維と繊維が絡み合った構造をしており，繊維同士がほどけにくいため強度を保つことができる。木繊維を原料としている紙は，引き裂くと（せん断力によって）簡単に破れるが，これは繊維そのものが切れるのではなく，絡み合った繊維がずれたり，ほどけたりするためである。

繊維同士は水素結合によって互いに引っ張り合って結合している。しかし，この水素結合力は弱く，繊維が水を含むと繊維同士の水素結合の間に水が入り，繊維と水が水素結合し，繊維同士の水素結合が壊れるため弱くなる。

そのほかにも，水分は木を腐らせてしまい，性能低下を招く。これは空気中，土の中どこにでもいる腐朽菌の仕業で，適度な水分があると菌が繁殖する。腐りだすと，木の組織はスポンジ状になり，さらに内部まで水が浸透していき，やがては形を保てないほどになる。

また，木質材料は，木片やパルプなどを接着剤などによって固めたものであり，木材に比べれば耐水性は高いと考えられる。また，表面に緻密な素材を積層することで耐久性

木質材料（OSB）とその小口

を確保しているものが少なくない。しかし，そのような材料でも小口面は吸水しやすく，水分による繊維の膨潤が強度低下を引き起こしたり，水分が腐朽を増長したりするため，木質材料における小口処理は重要である。

(小山)

III 高分子素材

15 植物材料

越前和紙
(「高崎ビューホテル式場改修」，設計：白石設計，2005年)

[カヤ・ワラ]

　古来より，日本建築には，数多くの植物材料が用いられてきた。カヤ（茅）やワラ（藁）もその1つであり，一般に植物の組織を構成する維管束が一定の配列で集まった束状の構造をもつ。

　カヤはイネ科の多年生植物を屋根葺き材料として用いた際の総称であり，その原料としては，水辺で生育したヨシ（アシ），陸地で生育したススキなどが当てはまる。茎の太さで使われ方が変わり，一般にススキはヨシよりも茎が細いものの，茎の耐久性は優れており，古くから屋根材として用いられてきた。

　一方，ワラは，稲や麦の刈取り後の茎を用いており，養分は種子にとられるため，繊維組織は弱く腐りやすいため，一般農家の屋根や納屋などに限定的に用いられてきた。ここでは，屋根材として歴史のあるカヤを中心に取り上げる。

1 カヤの歴史

　カヤ葺きによる屋根は，ススキやヨシなどイネ科の植物が育つ世界各地にあり，建築史上最も古い屋根の1つといえる。日本では農耕の始まりとともにカヤを用いた屋根だけの住居がつくられたと考えられており，弥生時代以前に普

表1 カヤの歴史

年代	内容
縄文時代中期 紀元前3000年ごろ	農耕が始まり，ススキやヨシのイネ科多年生植物の草原が拡大する．竪穴住居など，カヤを用いた屋根だけの原初的な建築物が発達する
鎌倉・室町時代	草庵風茶室などの屋根葺き材に多用される
江戸時代ほか	防火対策としてカヤ葺きによる屋根施工が禁止された事例がある
現在	地場産業の活性化とともにカヤ葺き屋根建築の復興が試みられる

表2 カヤの特徴

分類	特徴
ススキ	陸地で採取されるため，ヤマガヤ（山茅）とも呼ばれる．原初的な屋根であるカヤ葺き屋根の中心的な材料であり，茎に含まれる水分が多いと腐朽が生じやすくなるため，採取時期と乾燥条件に配慮がなされ，材料の耐久性を高めるため煙で燻したりする場合もある
ヨシ	水辺で採取されるため，ウミガヤとも呼ばれる．生育環境によっては，地下茎が1年に数m程度伸びることもある．暑い夏によく成長し，干潟や河川の下流域などにヨシ原を分布させる．東北北上地方のヨシ原は有名である

及した竪穴住居はその典型といえる．12世紀末になると，「草庵風茶室」と呼ばれる建築が登場し，カヤは屋根材の表層と屋根支持・断熱層とで種類を区別したうえで使用された．

近年は，カヤを用いた伝統的建築の技術を伝承していくために，自治体などを中心に，地場産業を活性化する仕組みと関わりをもたせたかたちで，既存建築物の保存・修繕がなされている．中には，屋根材の防火対策を解決したうえで，カヤ葺き屋根の建築物を新築するような事例も見られる．

急勾配の合掌造りで知られる白川郷・五箇山の集落が，カヤ葺き建築を維持できるのは，葺替え・補修を定期的に地域住民の共同作業で行う「結」の文化が重要な役割を果たしているためであろう．

2 カヤの性質

表2にカヤの特徴を示す．カヤは，樹木にならない植物であり，温帯から熱帯にかけての湿地帯に分布する．成長するに従い，地上には茎と葉が，地面下には地下茎と根が形成され，十分な気温と適度な日照および水分の供給が得られる夏によく成長する．刈取りは秋から冬にかけて行われ，刈り取られたカヤは，乾燥処理後に屋根材料として用いられる．

3 カヤの用途

日本の各地には，カヤを屋根に用いた古民家が数多く残されている．日本民家の屋根形態として代表的な寄棟造り，切妻造り，入母屋造りの屋根をはじめ，地方に特有の合掌造り，曲り屋造り，かぶと造りなど，さまざまな屋根形態をもつ古民家にカヤ葺きの使用事例がある．また，歴史的・文化的な価値が高い

図1 カヤの原料となるススキ

国宝級の建築物や，伝統的建造物群保存地区の建築物などでも永きにわたりカヤ葺きが使用されている。

図2にカヤ材の使用事例を示す。国の重要文化財に指定されている京都・高台寺にある傘亭のカヤ葺き屋根は，表層部分は山カヤで覆われた簡素な仕上げとなっているが，屋根裏側にかけては茎の太いヨシを用いて断熱層にもなる重厚な屋根層が形成されており，最終的には竹垂木で屋根全体を支える構造となっている。

カヤ葺きの建築物は，伝統性を備えた観光資源ともなるが，今後の維持保全対策は重要な課題である。葺替え前の劣化したカヤは，旧来から堆肥などに使われており，本来資源循環が可能な材料でもある。伝統的価値・自然素材的価値・資源環境的価値をうまく活かす仕組みづくりが必要といえる。

京都高台寺・傘亭のカヤ葺き屋根

ヨシを用いた屋根構造と断熱部分

日除けとなるヨシズ

図2　カヤの使用例

[イグサ]

イグサ（藺草）は，カヤと同様の草本類の植物であり，細径の茎を糸で編み込む加工を施して，**畳表やゴザなどとして広く用いられてきた。そのうち，主要な建材建具である畳は，平安時代から存在するといわれ，伝統的な木造建築における建築空間の基準寸法を決める役割を担うとともに，いわゆる「和」の空間の雰囲気づくりに多大な影響をもたらした。本節では，イグサの代表的な用途である畳について述べる。**

1 畳の歴史

畳の語源は「たたむ」からきており，平安時代になると，稲ワラでできた畳床を，イグサの畳表でくるみ，畳縁で縫い止める方法が普及した。その後，祝儀敷きと不祝儀敷きという畳の敷き方が生まれ，儀礼や年中行事に応じて畳を敷き替える風習が生まれた。

畳の大きさによる区分は，一般に，本間（京間），三六間（中京間），五八間

図3　畳表を縫い付けた畳

表3　畳の歴史

年代	内容
飛鳥時代	712年に完成した古事記に「菅畳（スガタタミ）」の記述がある。これは，スゲを折り込んだ敷物を重ねたようなものであり，畳床がついたものではなかった
平安時代	現在の畳に似た形態となり，板敷きの上に寝具として置かれた。畳の厚さやへりの柄・色などに複数の種類があったとされる
室町時代	書院造の建築様式が登場し，部屋全体に畳を敷き詰めた畳敷きが一般化する。茶の湯文化の普及に伴い，利用が拡大した
江戸時代	武士の豊かさの象徴となっており，身分により使用制限が生じていた。茶道や数寄屋建築が普及した後は，一般町人の家にも畳が敷かれ，畳師・畳屋と呼ばれる人々が活躍し，普及が進んだ
現代	建築の高気密化・洋風化に伴い，畳を部屋に敷き詰めた和室は減少しつつあるが，板間の上に敷く薄厚の畳などが新たに登場している

（江戸間），五六間（団地間）などに分けられており，その他にも地域ごとのさまざまな規格がある。部屋の寸法構成において基準（畳割り）となる畳の基本寸法である1間が，江戸時代以降に6尺3寸から6尺に変わり，柱を基準（柱割り）として部屋が構成されるようになった。ちなみに，1間の寸法の起源は，江戸時代の年貢米の採取に関わる検地竿（間竿）の長さを基本単位としたことによる。

2 畳の構成・種類

畳床は，いわゆる畳の心材であり，稲ワラをはじめ，ポリスチレンフォーム，インシュレーションボードなどの種類があり，JISに分類されている。伝統的な稲ワラ床は，乾燥した稲ワラを強く圧縮して縫い止め，最終的に厚さ5cm程度の板状に加工したものであり，保温性，弾力性に優れ，室内の調湿作用や空気浄化作用などをもつ。建材畳床は，材料の組合せにより寸法的，性能的な変化を多様にもたせることが可能である。

畳表は，イグサを格子状に製織したものである。国内では，熊本，広島，岡山などを中心に栽培され，冬に植え付け，夏に1mを超えるほどに成長したものを用い，畳1帖に使用されるイグサは5,000本程度といわれている。イグ

稲ワラ（縦）稲ワラ（横）
6層を交互に積層

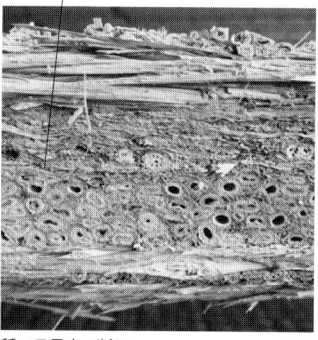

稲ワラ畳床の断面

インシュレーションボード　ポリスチレンフォーム

建材畳床の断面

燈心
（スポンジ状の海綿構造）

柔細胞

イグサの断面

イグサの畳表と綿糸・麻糸

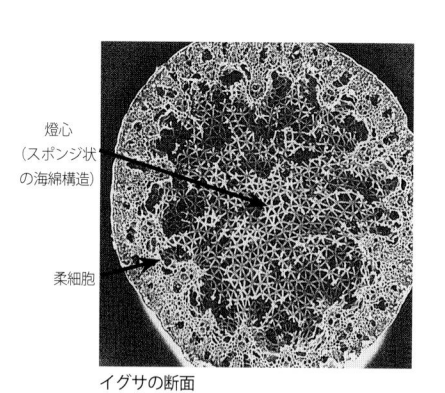

図4　畳床・畳表とその原料

表4 畳床・畳表・畳の寸法と規格

畳床の主な区分	主な寸法区分	関連規格
稲わら畳床 （特，1，2，3級） ポリスチレンフォーム サンドイッチ稲わら床 タタミボードサンド イッチ稲わら床	本間（京間）：100W（2,000×1,000×50mm） 三六間（中京間）：95W（1,900×950×50mm） 五八間（江戸間）：92W（1,840×920×50mm）	JIS A 5901 床および稲わ らサンドイッ チ畳床
建材畳床 タタミボード，ポリス チレンフォームによる 複合構成（I，II，III， K，N形）	本間（京間）：100W（2,000×1,000×50mm） 三六間（中京間）：94W（1,850×940×50mm） 五八間（江戸間）：91W（1,820×910×50mm）	JIS A 5914 建材畳床

畳表の主な区分	主な寸法区分	関連規格
縦糸が麻糸のもの （特，1，2級）	1種表（本間）：95cm（+0.5cm）×103cmの整数倍（+5cm） 2種表（三六間）：91cm（+0.5cm）×91cmの整数倍（+5cm） 3種表（五八間）：89cm（+0.5cm）×96cmの整数倍（+5cm）	畳表の 日本農林規格
縦糸が綿糸のもの （1，2，3級）		

畳の主な区分	主な寸法区分	関連規格
JIS畳床に畳表および 畳縁をなどを縫い付け たもの	95W-55：1,910×955×55mm（畳表1種表） 91W-55：1,820×910×55mm（畳表2種表） 88W-55：1,760×880×55mm（畳表3種表） 88W-60：1,760×880×60mm（畳表3種表）	JIS A 5902 畳

サは，茎が長く育っても倒れることがないのは，その断面が竹やカヤなどと同様に，円筒状となっており，茎の内部にはスポンジ状の充填物があり，弾力性と柔軟性を備えたコア構造が形成されているためである。

　畳表の糸は，麻・綿を中心に用いられるが，最近はポリプロピレン系やビニロンなど耐久性に優れた化学繊維も用いられる。一般に，麻糸は強度があり，イグサを強く織り込むことができるため，畳目が強く出て表面の高級感が向上するといわれる。近年は，イグサの代わりに和紙や樹脂で製造した繊維を折り込む化学畳表も登場しており，着色の多様性，日焼防止性などの特徴を活かした畳がつくられている。

　近年，気密性・断熱性に富む室空間に合わせた畳の製造が重要となっている。畳床のJISに規定されているポリスチレンフォームなどは，断熱性と耐湿性に優れるとともに，防カビ・防虫効果なども期待でき，稲ワラと合わせたサンドイッチタイプとして製造がなされている。現在，畳床の製造は，多くが機械で行われており，裁断・縫付け・仕上がりまでの製造の合理化が図られている。また，バリアフリー化を進めた場合，一般的な畳厚さである55mm程度のサイズが段差の原因となることもあり，それに対処するために，薄くしたもの（薄畳）もつくられるようになった。

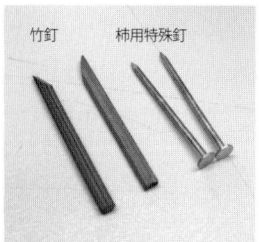

銀閣寺・平成大改修時の柿葺きの止め付けに使用した竹釘

京都・高台寺の茶室（傘亭）の放射状の竹垂木

図5　竹の使用例

［竹］

　12世紀末に禅宗とともにもたらされた茶の湯文化は，茶室に引き継がれ，室町時代になると千利休により「草庵風茶室」と呼ばれる茶室建築が生み出され，開花した。そこでは，質素で静かなものを求めるわび・さび（侘・寂）の精神性につながる形で，建築材料としては自然に近い材料が多用され，竹はその中心的な役割を果たした。一方，現存する世界最古の木造建築物は法隆寺の五重塔であるが，これらの古代以後に成立した社寺建築にも竹は多く用いられており，伝統的な檜皮葺きや柿葺きの屋根材の固定に不可欠な竹釘，土壁の骨となる竹小舞，割竹を編み合わせて内外装材とした網代，各種の補強材など，建築物全般にさまざまな形で利用されてきた。

1 竹材の歴史

　竹は繊維強度が高く，また加工性にも優れ，さまざまな特性をもつ建築材料として多用されてきた。たとえば，すでに古墳時代において，割竹などを編み合わせて建築物の屋根・外壁や天井を覆う網代として用いられている。檜皮葺き・柿葺きに用いられる竹釘は部品的な要素として用いられた。室町時代以降の数寄屋造においては，構造的・形態的な特性を活かしてさまざまな部位に用いられた。

2 竹材の性質

　竹はイネ科タケ亜科に属する多年生常緑草本植物で，成長すると木本類のように茎が木質化することが特徴である。国内では数百種類の竹があるとされており，中でも真竹，淡竹，孟宗竹がその多くを占める。
　図6に竹の維管束とその内部構造を，図7に竹の高さと維管束鞘分布の関係を示す。竹は，基本組織である柔細胞の中に，師部（水溶性の光合成同化産物

表5　竹材の歴史

年代	内容
古墳時代 3～7世紀	4～5世紀の日本最古である竹製網代が出土（岐阜県御嵩：顔戸南遺跡）。古墳時代の家形埴輪には建物の外壁や屋根の覆いなどに網代が表現されており，建築資材として竹が用いられた可能性がある
飛鳥時代	カヤ葺きの次に古い，檜皮葺き，柿葺きが広がる。668年に建立した崇福寺諸堂は，檜皮葺き屋根の日本最古の事例とされ，檜皮を屋根に止めるために，竹釘が使用された
室町時代以降	数寄屋造において竹材を多様に用いるようになり，中でも荒壁下地に竹小舞の割竹を多く用いた。屋根裏の垂木や，外構材としても使用され，その後，一般的となる
現代	自然材料による意匠性を表現する際に用いられることが多くなっている。国内では，人材育成と需要の問題により，竹林の管理が容易ではなくなっている

を運ぶ)と導管孔(水と水に溶解したイオンを運ぶ)から成る維管束が散在しており,師部,導管孔を保護するために維管束鞘が形成され,木質化した強固な組織となり,植物体を機械的に支持している。そして,内皮から表皮に向かうほど,維管束が細くなり,その密度が増加する構造となっている。また,竹は,上部に向かうにつれて,表皮側の維管束鞘の密度が大きくなり,大変形に耐えうる強固な構造をもつようになっている。

また,竹の組織は,細長い縦方向に伸びた管状の繊維が集まり,維管束鞘も縦方向に並ぶ組織を形成するため,縦方向における引張抵抗力が大きく,かつ弾性的性質にも富むものの,縦方向には割けやすい。そのために,径に応じて一定の間隔ごとに節が自然に形成されており,そのような割裂が生じにくくなっている。

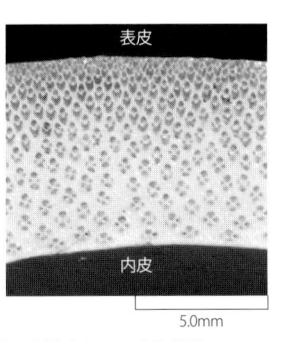

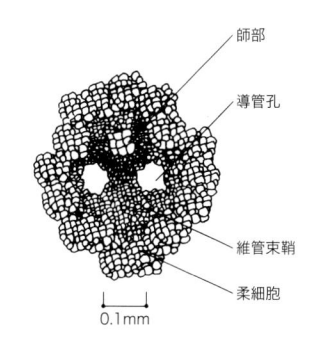

図6 竹の維管束とその内部構造

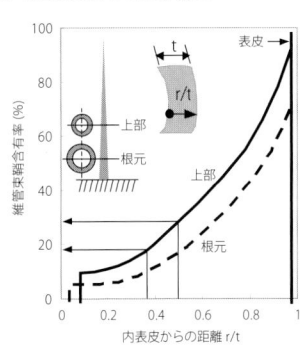

図7 竹の高さと維管束鞘分布の関係

3
竹材の用途

　図8に竹材の使用例を示す。竹材は，青竹をそのまま用いる場合もあるが，乾燥により水分除去したり，煙で燻したりするなど，用途に応じて必要な前処理を行ったうえで使用される。

　京都・銀閣寺の庭園内における手すりには，青竹をそのまま用い，緑豊かな日本式庭園の色彩に馴染む工夫が施されている。竹ベンチは，地元住民を中心とした竹林整備も兼ねる竹材利用として根付いている。また，中国，台湾，東南アジアでは，高層ビル建設現場の足場用資材として活用されている。小舞竹は，和風の塗り壁建築の基本的な素地である荒壁づくりに不可欠な下地材料である。数寄屋造では，その特徴的な下地窓は，竹を組んだ小舞の下地を残して窓としたものであり，また雨樋も竹でできており，木材を極力用いずに竹材を中心とした建築が追求されている。竹を叩いて板状に延ばしたひしぎ竹は，漆喰仕上げ等の外壁仕上げの耐用年数を高める防護的な役割を担っている。その他，竹垂木，竹簀の子天井をはじめ，節を除いた半円筒の竹材で葺いた竹屋根や，鉄筋を竹で代替した竹筋コンクリート橋などもあり，竹材の歴史は長く深い。

| 青竹による外構材（銀閣寺） |  孟宗竹のベンチ（木曽国定公園） |  竹材の足場（中国・上海） |
|  荒壁の下地となる小舞竹（川越） |  数寄屋建築における竹の雨樋（京都・高台寺） | 外壁材の保護資材（京都） |

図8　竹材の使用例

和紙の原料となるコウゾの木

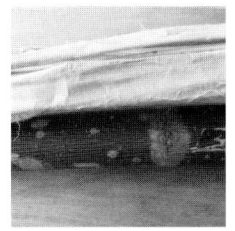

皮をはいで得られたジンピ

叩解による繊維のフィブリル化

流し漉きによる湿紙の製造

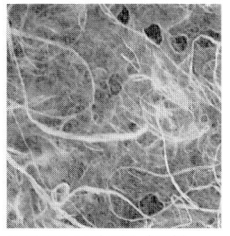

和紙の仕上げの例（雲竜）

光をやわらかに透かす障子

図9　和紙の製造工程と使用例

[紙]

　紙は，洋紙と和紙に大別され，地球最大量の有機物といえるセルロースを主原料としている。セルロースは，地球の表層を覆う木々や草木類などのさまざまな植物組織から得ることができ，人類は，有史以来，紙を発明したことで，新たな文化を構築してきており，現在も紙の使用は文化のバロメータであるといわれている。日本建築においては，障子紙，ふすま紙，壁紙などを通じて，建築における紙文化を築いてきた。著名な古典文学においても，障子やふすまを介した豊かな空間情景が描写されてきた。

1 紙の歴史

　紀元前3000年ころ，エジプトで用いられるようになったパピルスは，草の繊維を縦に裂き，シート状に重ねてつくられたものである。その後，羊や子牛の他，さまざまな動物の皮を処理・加工した羊皮紙は，13世紀以降，西欧で木材を主原料とする紙の機械による製造がはじまるまで，長きにわたり用いられていた。これらパピルスや羊皮紙は，文字を筆記する媒体ではあるが，いわゆる紙漉きの工程を経ていないため，一般にいう「紙」ではない。

　日本では，4～5世紀より紙漉きが始められたとされる。飛鳥時代には中国大陸から仏教が伝来するとともに紙が多用されるようになり，以後，福井（越前）や岐阜（美濃）で本格的な和紙漉きが始まった。鎌倉時代以降は，今でいう紙のリサイクルともいえる古紙を用いた宿紙（しゅくし）が使われるようになり，価格の低下とともに一般の生活でも用いられるようになり，障子やふすまなど，建築材料として普及するようになった。

表6　紙の歴史

年代	内容
B.C.179～142年	最古の紙とされる放馬灘紙（ほうばたんし）が中国で使われる
古墳時代 105年	中国蔡倫，製紙技術を開発
飛鳥時代 577年	百済より仏教理論が伝来し，奈良周辺で本格的な製紙利用がはじまる
飛鳥時代 610年	朝鮮より紙漉き技術が日本に伝えられる（「日本書紀」）
奈良・平安時代	越前，美濃などで，年代・産地が特定できる最古の和紙の製造がはじまる
平安時代	紙の装飾加工がはじまり，唐紙・装飾紙などが普及する
鎌倉時代	古紙をふきかえした宿紙が拭かれ，全国的に製紙が普及し，障子やふすまに紙が多用される
明治時代	洋紙が国産化され，和紙よりも製造量が多くなる，機械式抄き和紙の製造開始
現代	用途が多様化する

2 紙の性質

　紙の建築での利用建築といえば，和紙を用いた障子，ふすまなどが思い浮かぶ。また，紙を建築材料・建築製品の原料として取り扱う場合もあり，よく知られたものとして石膏ボード紙がある。スラリー状の石膏を成型紙上に流し込んで固化させており，ボードの形状を保つために，紙は必須の材料となっている。

　紙は JIS では「植物繊維その他の繊維を膠着させて製造したもの」と定義されており，建築に使用される紙も，植物繊維の一加工形態として捉えることができる。主成分となるセルロースは，$(C_6H_{10}O_5)n$ で表される炭化水素化合物であり，1分子当り3つの水酸基（OH 基）を含んでおり，それらの水素結合により，化学的に付着している。そのため紙となった状態で植物繊維同士の立体的な膠着（粘り付くこと）状態が確保されているといえるが，水が含まれると水素結合が解かれるので，形態を保持するためには防水性が必要となる。

　また，洋紙などの木材パルプを用いた紙は，繊維が短く滑らかであるため，繊維同士の膠着力による接着が，機械的な絡み合いより優位となる。和紙などのコウゾの靱皮繊維を用いた紙は，繊維が長く荒いため，繊維同士の機械的な絡み合いによる接着が膠着力より優位となる。これらの繊維の長さや太さなどは，紙の製造方法や紙自身の基礎的物性に大きく影響を及ぼす（**表2**）。

　このような特徴を有する紙を用いた建築材料は，空隙構造に起因する軽量性（繊維密度 1.6 に対して，紙密度は 1 以下など），空隙と繊維の境界面の反射・拡散による調光性，断熱・調湿性，美観性など多様な性質を併せもっており，その特性を活かした利用がなされる。

表7　紙繊維の特性

繊維の種類		例	繊維長（mm）	繊維幅（μm）
木材繊維	広葉樹	上質紙	0.8〜1.8	10〜50
	針葉樹	クラフト紙	2.0〜4.5	20〜70
非木材繊維	靱皮繊維（コウゾ）	和紙	6.0〜20	14〜31
	草木繊維（竹）	クラフト紙等	1.5〜4.5	7〜27

3 紙の製造

3-1　和紙

　表8に和紙の製造工程を示す。和紙は，コウゾ，ガンピ，ミツマタなどの樹木を原料として，皮はぎ，煮熟，漂白等により靱皮繊維を抽出し，叩解・練り，紙漉きおよび乾燥の工程を経てできあがる。和紙の繊維は叩解を重ねることで，内部から外部までほぐれた状態（外部フィブリル化：フィブリルは小繊維の意）になり，それを粘液（トロロアオイ等）と練り混ぜて，最後に流し漉きを行うことで，薄くても繊維同士が十分にからみ合う状態の湿紙となる。これにより，

表8 和紙の製造工程

工程	原料比率	内容
原料採取	100%	コウゾ、ミツマタ、ガンピなどを用いる。繰り返し自生させるために、切り口は斜めにして刈り取る
皮はぎ（黒皮づくり）	15%	採取した枝を鉄釜で蒸し煮（蒸煮）にした後、水で冷やし、皮を収縮させて、木質部から靱皮のみをはがす。天日で乾燥させる
川さらし	9%	靱皮部の黒皮・甘皮・白皮から、白皮のみをはがすために、川水で踏みしごく。白皮には、セルロース、ヘミセルロース、リグニン、ペクチンなどが含まれる
煮熟・乾燥	5.5%	煮熟には草木灰（K_2CO_3、Na_2CO_3などのアルカリ含有）を混ぜ、熱湯を加えて弱アルカリ化し、数時間の沸騰後、水で不純物をあく抜きし、漂白する
漂白	5%	昔は、川さらし、雪さらしにより天然漂白をした。現在は、水洗浄をした後に、さらし粉（$CaHCl_2$）で漂白する
叩解・ネリ	4.5%	叩くことで、繊維をほぐす。そして、トロロアオイの根（酸性基）を用いて、水に粘性を与えて繊維が均等に分散しやすくする
紙漉き	—	漉船から漉桁で挟んだ漉簀で紙を汲み上げ、「湿紙」をつくる。厚さに応じて紙の汲み上げ回数と量を加減する。その加減を「調子」という
圧搾・乾燥・仕上		水を搾り、乾燥させて仕上げとする。この段階までに、完成量の1,500〜2,000倍の水が必要となる。近代化した洋紙の場合は 20倍程度である

和紙は繊維率が高い。また、脱水時に熱を加えることなく温和な状態で繊維が抽出されるため、繊維の傷みが少なく耐久性に富む素材となる。

3-2 洋紙

図10に洋紙の製造工程と適用例を示す。洋紙は、18世紀に欧米から伝来しており、広葉樹と針葉樹の丸太をチップ化したものを処理して得られる木材パルプを中心に、非木材パルプや古紙パルプも含め、それらを原料に用いて製造する。木材パルプは、苛性ソーダ（NaOH）と硫酸ソーダ（Na_2SO_4）を用いて高温高圧の混合溶液で木材チップを溶かして製造し、廃液となったリグニンは燃料に、廃薬品は分離抽出して再利用するなど、循環型の製造体系が確立されている。広葉樹の繊維は寸法が短く表面がなめらかで、軟らかい紙の製造に適している。

一方、非木材パルプは、製紙による森林伐採の抑制の観点からも注目されており、竹やワラなどの草類繊維や、ケナフ等の靱皮繊維などを原料とする。原料の採取が効率的ではないことから、木材パルプと比べて一般に高価となる。古紙パルプは、古紙を水に溶解し、薬品を用いて夾雑物・インク等を分離・除去した後に、漂白処理を行って紙の原料とする。これらの原料パルプを用いて、繊維の自己接着力を補うための強度増進剤やにじみを防止するためのサイズ剤を加え、薬品による色調整などの処理を施した後に、抄紙工程で網を用いて紙の原料を漉き、得られた湿紙をフェルトで圧縮したり加温したりして、水分を蒸発させて紙とする。

チップ用木材の集積場

パルプ原料となる木材チップ

木材チップと製造された繊維

さまざまな洋紙

図10 洋紙の製造工程と使用例

4 紙の環境問題と新たな用途

建築材料に使用される紙の生産量は大量にあると考えられ，紙は原料に木材チップを用いているため，森林管理の問題と切り離して考えることは難しい。実際，世界の木材需要の40％は製材・パルプ材利用とされており，国内ではパルプ材の70％程度が海外からの船舶による輸入に頼っている。その大部分は広葉樹の低品質材を原料としており，広くオーストラリア，南アフリカ，チリ，アメリカ，ブラジルなどから輸入されている。それ以外のパルプ材は，大部分が国内材からの供給分となり，その多くはスギなどの針葉樹であり，間伐材や低品質材が積極的に利用されている。最終的なパルプ利用量は，年間3,000万t程度であり，木材伐採量および木材パルプの使用量は小さくはない。

そのような状況下で，国内の製紙会社は，国内外に広大な森林を所有しようとする動きがある。また，海外の温暖な生産地では，8～10年程度でパルプ原料として使用が可能になるように，樹木特性や生長量などを細かく管理したうえでの計画的植林伐採が実施されており，持続的な木材パルプの需給システムは構築されつつある。

2000年に開催されたハノーバー万博の日本館では，紙菅の骨組みでパビリオンが建設され，紙の構造材としての新たな利用方法が提案された。また最近は，壁紙として，和紙のような耐久性と風合いを保持しつつ，化学物質の吸着性なども確保した機能的紙材などが出てきており，紙建材の新たな動きは見逃せない。

（田村雅紀）

参考文献
1) 宮入裕夫『生体材料の構造と機能』養賢堂，2001
2) 梶田茂（編）『木材工学』養賢堂，1961
3) 全国畳産業振興会「畳ミニ百科」1992
4) 野方文雄『傾斜機能材料研究』工業調査会，1993

取材協力
・羽染畳店（埼玉）
・美濃和紙の里会館（岐阜）
・大王製紙・可児工場

COLUMN

茶室と自然素材

鎌倉時代に，「庵」という建物様式が確立した後，室町時代に千利休により「草庵風茶室」と呼ばれる茶室建築が生み出された。茶室は，本来，主人が客のために茶をもてなすための施設であり，古くから庭の中に庵が建てられ，その中に，炉のある畳間が設けられた。現代ではホテルや商業ビルなどの一角につくられ，茶道の稽古なども行われたりしている。茶道は，わび・さび（侘・寂）の精神性を感じ取ることが目的であるため，茶室建築は，その境地に辿り着くためのひとつの手段であり，素朴な自然素材が多用される。

たとえば，京都の高台寺・遺芳庵では，竹，竿，土壁などが用いられ，中に居ながら自然素材の価値が感じられるような空間となっている。太陽光は，軒と土壁でさえぎられ，素材の透光性により光を淡く伝える窓があるなど，光の多様な変化をも感じとれる。

昨今，物質性よりも精神的な満足を，結果よりもプロセスの重要性を，そして地球環境問題の改善と豊かなコミュニティの再建を重視するロハス（LOHAS：Lifestyles of health and sustainability）という行動規範が広く知られつつある。茶道，そして茶室建築は，この考え方と共通の理念を有していると考えられる。これからの取組み方によっては，自然素材を用いた古（いにしえ）の伝統を新しい時代の中で再び根付かせることができるかもしれない。

深いカヤ葺きと土壁から覗く竿格子の下見窓（京都・高台寺・遺芳庵）

障子と庇から伝わる淡い日差し（京都・高台寺・時雨亭）

（田村）

III 高分子素材

16 プラスチック系材料

FRPのグレーチング
(「Plastic House」，設計：隈研吾建築都市設計事務所，2002年)

　プラスチックとは本来「可塑性をもつもの」という意味であるが，一般には「人工的に合成された高分子物質で可塑性のあるもの」と定義される。高分子物質は，粘弾性をもち，種々の加工が可能で，膜状や繊維状にすることができる。床タイル・シート，パイプ，化粧板，発泡品等の成形品，塗料，接着剤等の液状品など，さまざまな形態の建築材料として利用されている。

1 プラスチックの歴史

　工業的にプラスチック（合成樹脂）が製品化されたのは，1851年のエボナイトで，1868年のセルロイドがそれに続く。しかしこれらは，天然ゴムやセルロースといった天然高分子を原料とするため半合成品といえ，合成品としての最初のプラスチックは，ベークランドが発明したフェノール樹脂（1907年）である。これらのプラスチックは合成されてはいたものの，それらが巨大分子から成ることが認識されたのは，1920年ドイツのH.シュタウディンガーが高分子化合物の存在を発表してからである。それ以降，高分子の合成研究が盛んになり，1930～40年代には，ポリエステルやナイロンなどの高分子が合成され，その後，次々に多くのプラスチックが開発された。

　日本においても，1950年代に石炭化学の時代から石油化学の時代に突入し，プラスチックが大量かつ安価に生産されるようになった。現在，1年間に世界

表1 プラスチックの歴史

年	項目
1839年	グッドイヤーが，天然ゴムの加硫化を発明
1868年	ハイアット兄弟が，セルロイドを開発・商品化
1884年	シャルドンネが，ニトロセルロースの紡糸化に成功（人造絹糸：レーヨンと命名）
1907年	ベークランドが，フェノール樹脂を開発
1920年	尿素樹脂（ユリア樹脂ともいう）が，ドイツで発明される
1927年	ユニオンカーバイドがポリ塩化ビニルの工業化に成功
1935年	カロザース（デュポン社）が，ポリアミド（ナイロン66）を開発
1936年	ICI社が，アクリル樹脂を開発。1950年アクリル繊維が工業化される
1938年	チバ社が，メラミン樹脂を開発
	ICI社が，ポリエチレン（高圧法）を開発
1944年	ICI社が，ポリエステル（PET）を開発
	ダウ・コーニング社が，ケイ素樹脂の工業化に成功
1946年	USラバー社が，ABS樹脂を開発
1954年	バイエル社が，軟質ポリウレタンフォームの連続製造法を開発
1956年	バイエル社が，ポリカーボネートを合成
	フィリップ・ペトロリアム社が，ブタジエン樹脂を開発

で生産されるプラスチックの量は約2億2,400万トンといわれている。最近では金属と同等の強さをもち熱や衝撃に強いプラスチック，あるいは人間の皮膚のようにとても柔らかなプラスチックも開発され，さまざまな分野で利用されている。

2 プラスチックとゴムの種類

2-1 プラスチック

プラスチックの分類を図1に示す。プラスチックは，成形加工法と分子構造によって，熱可塑性樹脂と熱硬化性樹脂に大別される。

熱を加えると可塑性を帯び，冷却すると硬化するものが熱可塑性樹脂で，加熱すると最初は可塑性を帯びて成形できるが，その後硬化してしまうのが熱硬化性樹脂である。熱可塑性樹脂は，一度硬化した成形品でも，再度熱を加えれば可塑性を生じる。しかし，熱硬化性樹脂は，一度硬化した成形品を加熱しても可塑性は現れない。一般に，熱硬化性樹脂は熱可塑性樹脂よりも耐熱性や耐薬品性に優れるが，成形加工性には劣る。

2-2 ゴム

プラスチックと同様の高分子材料にゴムがある。ゴムは，弱い応力でかなり変形した後，その応力を除くと急速にほぼ元の寸法および形状に戻る性質（ゴム状弾性）を有する高分子化合物である。しかし，ゴムとプラスチックの中間的な性質を有するものも多くあり，最近は，ゴム状弾性に特徴づけられる高分子をエラストマーと呼んでいる。

ゴムの分類を図2に示す。ゴムは天然ゴムと合成ゴムに分けることができる。天然ゴムは主にゴムノキの樹液に含まれるポリイソプレン［$(C_5H_8)_n$］を主成分とする物質で，生体内での付加重合によって生成されたものである。これに対して合成ゴムは，いろいろな重合法によって合成される。

```
プラスチック ─┬─ 熱可塑性樹脂 ─┬─ 塩化ビニル樹脂（PVC）
              │                 ├─ 酢酸ビニル樹脂（PVAC）
              │                 ├─ ポリエチレン（PE）
              │                 ├─ メタクリル樹脂（PMMA）
              │                 ├─ ポリプロピレン（PP）
              │                 ├─ ポリスチレン（PS）
              │                 ├─ ポリアミド（ナイロン，PA）
              │                 ├─ ポリカーボネート（PC）
              │                 └─ フッ素樹脂（PTTE）
              └─ 熱硬化性樹脂 ─┬─ フェノール樹脂（PF）
                                ├─ ユリア樹脂（UF）┐アミノ
                                ├─ メラミン樹脂（MF）┘樹脂
                                ├─ ポリエステル（UP）
                                ├─ シリコーン樹脂
                                ├─ ポリウレタン（PU）
                                └─ エポキシ樹脂（EP）
```

図1　プラスチックの分類

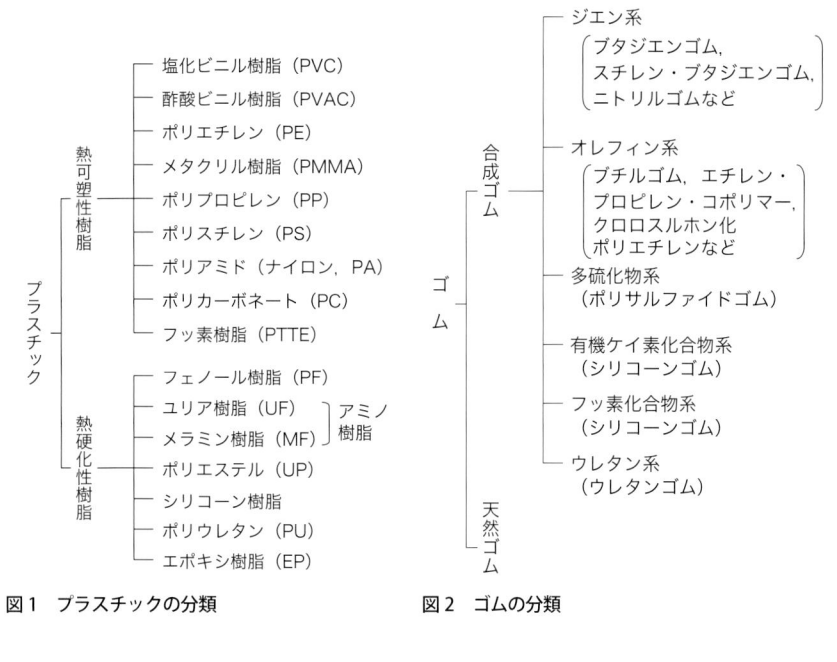

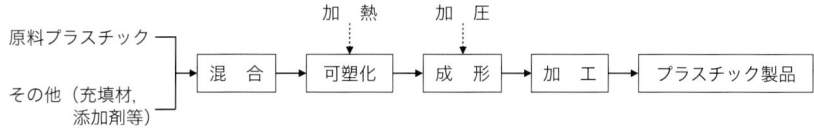

```
ゴム ─┬─ 合成ゴム ─┬─ ジエン系（ブタジエンゴム，スチレン・ブタジエンゴム，ニトリルゴムなど）
      │            ├─ オレフィン系（ブチルゴム，エチレン・プロピレン・コポリマー，クロロスルホン化ポリエチレンなど）
      │            ├─ 多硫化物系（ポリサルファイドゴム）
      │            ├─ 有機ケイ素化合物系（シリコーンゴム）
      │            ├─ フッ素化合物系（シリコーンゴム）
      │            └─ ウレタン系（ウレタンゴム）
      └─ 天然ゴム
```

図2　ゴムの分類

```
原料プラスチック ┐
                 ├→ 混合 → 可塑化 → 成形 → 加工 → プラスチック製品
その他（充填材，  ┘        (加熱)   (加圧)
添加剤等）
```

図3　プラスチック製品の基本的な製造工程

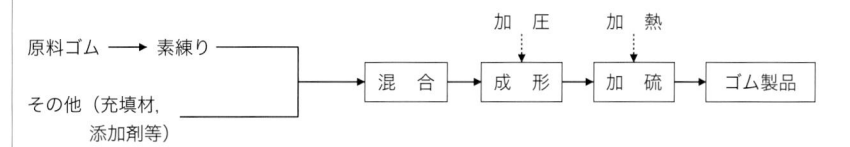

```
原料ゴム → 素練り ┐
                   ├→ 混合 → 成形 → 加硫 → ゴム製品
その他（充填材，   ┘        (加圧)  (加熱)
添加剤等）
```

図4　ゴム製品の基本的な製造工程

3
プラスチックとゴムの製造方法

　プラスチックやゴムのような高分子は，石油，石炭，天然ガス，水，空気などから合成した種々の単量体を原料として，これらの重合によって合成される。合成された原料プラスチックや原料ゴムは，それだけでは種々の要求性能を満足できないことから，いろいろな添加剤や充填材を加えて混合して製品として製造される。

　プラスチックおよびゴムの製造方法は，原料の種類と特性，製品の形状・寸法などによって異なるが，基本的な製造工程は，図3および図4のとおりである。

　プラスチック製品は，原料プラスチックに充填材等を混合し，これを加熱して可塑化したものを加圧などによって成形する。成形されたものはさらに，曲げたり，接着，印刷，塗装などの加工処理をして，プラスチック製品となる。ゴム製品の製造工程では，まず素練りによって十分な可塑性を与え，添加剤等

の混合を可能にする。これを加圧などによって成形した後，熱を加えてゴム弾性体とする加硫工程を経て製品となる。なお，プラスチックやゴムの成形方法にはさまざまなものがあるが，代表的なものを以下に挙げる。

①押出し法：加熱して流動状態にした材料を，ダイと呼ばれる金型の口から，トコロテンをつくるように連続的に押し出して成形する方法。同じ断面の長い部材の製造に適し，塩ビパイプ，雨樋，シート，フィルム，ビニール電線などがこの方法でつくられる。

②カレンダー加工法：材料を加熱した回転ローラーで融解しつつ圧延し，所定の厚さに連続成形する方法。熱可塑性樹脂のシート状製品（塩ビ床材など）の製造に用いられる。

③積層法：液状にした樹脂を紙，布，ガラス繊維などに含浸した薄膜材料を重ね合わせ，所定の型に入れ加圧，加熱して成形する方法。熱硬化性樹脂に適用でき，繊維強化プラスチック（FRP：Fiber Reinforced Plastic）の成形方法の1つである。

④発泡法：発泡剤を加えて発泡させつつ成形する方法で，発泡系プラスチック断熱製品に用いられる。発生気体を樹脂内部に気泡化させて，樹脂を膨張させることで，軽く断熱性に優れた成形品をつくることができる。

4 プラスチックとゴムの性質

4-1 物理的性質

プラスチックおよびゴムの物理的性質を**表2**に示す。

プラスチックおよびゴムの密度は，おおむね1.0g/cm³程度で，建築材料の中でも軽量な素材である。ただし，製品では充填材等が加えられるため，**表2**の値よりも密度は高い。

素材としてのプラスチックやゴムの引張強さは，種類ごとの分子構造やガラス転移点に依存する。しかし，一般的な製品では充填剤等の配合条件や成形条件に応じて強度は変化する。一般的なプラスチック製品の引張強さは100MPa以下であるが，FRPのような加工製品では，一般の鋼材と同等の強度（300MPa以上）を出すこともできる。また，ゴムはプラスチックに比べて強度が小さいものの大きな伸び能力を有している。

そのほか，プラスチックやゴムは，一般に，吸水率が小さく透湿性に優れるとか，電気絶縁性がよいなどの特徴を有している。また，メタクリル樹脂のように非常に透明度の高いプラスチックもあり，ガラスの代わりに用いられることもある。

4-2 熱的性質

プラスチックおよびゴムは，金属材料やセラミック材料に比べて耐熱性に劣ることはよく知られている。軟質塩化ビニル樹脂，メタクリル樹脂，ポリスチレン，ポリエチレン，ポリエステル，ウレタン樹脂，あるいはスチレンブタジ

エンゴム，ポリサルファイドゴム，天然ゴムなど多くのものが燃えやすい性質をもつ。しかし，フッ素樹脂（ゴム）やシリコーンゴムのように難燃性を示すものや硬質塩化ビニル樹脂，フェノール樹脂，メラミン樹脂，ユリア樹脂，あるいはクロロプレンゴムのように自己消火性（炎に接すると燃えるが，炎を除くと自然に消火する性質）を有するものもある。

物質の燃焼のはじまりには，発火と引火の2種類がある。周囲に点火源がなくとも可燃性の物質が燃焼することを発火といい，発火に必要な最低温度を発火点という。発火点以下の温度でも，物質から発生した可燃性ガスが物質周辺の点火源に触れると燃焼することを引火といい，引火に必要な最低温度を引火点という。これら発火点や引火点は物質固有の値であり，プラスチックについて**表3**に示す。

高分子も低分子と同じように熱運動をしており，温度が低いと分子運動性が低く（ガラス状態と呼び，硬く，もろくなる），温度が上がると分子運動性が高くなる（ゴム状態）。その境目をガラス転移点といい，熱可塑性のプラスチックやゴムなどの高分子材料では熱的性質として重要である。プラスチックやゴムのガラス転移点を**表4**に示す。

一般に，プラスチックやゴムを加熱すると比較的低い温度で熱変形を生じ，

表2　プラスチックおよびゴムの物理的性質（大濱）

種類		物理的性質			
		密度（25℃）(g/cm³)	引張強さ (MPa)	伸び (%)	弾性係数 (GPa)
熱可塑性樹脂	酢酸ビニル樹脂（PVAC）	1.18～1.20	20～40	20～60	1.0～1.5
	塩化ビニル樹脂（PVC）	1.30～1.40	35～63	2.0～4.0	2.5～4.2
	ポリエチレン（PE）	0.92～0.93	7～39	150～650	0.1～1.3
	ポリスチレン（PS）	1.04～1.07	21～63	1.0～3.6	2.8～4.2
	ポリアミド（ナイロン，PA）	1.09～1.14	49～84	20～320	1.0～3.1
	メタクリル樹脂（PMMA）	1.18～1.19	42～77	2～10	2.1～3.5
	ポリカーボネート（PC）	1.20	63～72	110～150	2.1～2.5
	ポリエチレンテレフタレート（PET）	1.29～1.40	48～72	30～300	2.8～4.1
熱硬化性樹脂	フェノール樹脂（PF）	1.25～1.30	49～70	1.0～1.5	5.3～8.8
	ユリア樹脂（UF）	1.47～1.52	42～91	0.5～1.0	8.1～11.2
	メラミン樹脂（MF）	1.47～1.52	49～91	0.6～1.9	7.0～10.5
	エポキシ樹脂（EP）	1.11～1.40	28～85	1～70	3.0～5.0
	ポリエステル（UP）	1.53～1.57	42～70	0.5～5.0	2.1～4.5
	ポリウレタン（PU）	1.00～1.30	30～75	100～600	0.1～7.0
合成ゴム	スチレンブタジエンゴム（SBR）	0.93～0.94	2～7	300～350	—
	アクリロニトリルブタジエンゴム（NBR）	0.98～1.00	3～7	450～500	—
	クロロプレンゴム（CR）	1.15～1.23	15～29	550～600	—
	ブチルゴム（IIR）	0.91～0.93	13～20	600～700	—
	エチレン・プロピレンゴム（EPDM）	0.86～0.87	7～25	300～800	—
	ポリサルファイドゴム（T）	1.27～1.60	5～14	200～700	—
	シリコーンゴム（Q）	1.40～2.00	2～12	200～500	—
	ウレタンゴム（U）	1.00～1.30	20～55	300～1000	—
	天然ゴム	0.91～0.93	20～40	600～1200	—

（笠井芳夫・大濱嘉彦ほか『新版　建築材料学』理工図書，2000のp.222～223表9-3をもとに作成）

表3 プラスチックの引火点および発火点

プラスチック種類	引火点 (℃)	発火点 (℃)
ポリスチレン	370	495
ポリウレタンフォーム	310	415
ポリエチレン	340	350
エチルセルロース	290	296
ナイロン	420	424
スチレン・アクリロニトリル	366	455
スチレン・メチルメタアクリレート	338	486
ポリ塩化ビニル	530<	530<
ポリエステル＋ガラス繊維	398	486
メラミン樹脂＋ガラス繊維	475	623

（出典：S.L.Madorsky：J.Polymer Science, 4, 1949）

表4 高分子（ポリマー）のガラス転移点（大濱）

	プラスチック種類	ガラス転移点 (℃)
熱可塑性樹脂	ポリ酢酸ビニル	30～34
	ポリ塩化ビニル	70～90
	ポリエチレン	－25～－21
	ポリスチレン	80～100
	ポリメタクリル酸メチル	40～120
	ポリアミド	40～50
合成ゴム	スチレンブタジエンゴム	－51
	アクリロニトリルブタジエンゴム	－15
	クロロプレンゴム	－70～－40
	ブチルゴム	－61
	シリコーンゴム	－123
天然ゴム		－75～－60

（出典：笠井芳夫・大濱嘉彦ほか『新版 建築材料学』理工図書, 2000, p.227 表9-6）

次いでガラス転移や結晶の融解による熱軟化を示す。さらに熱を加えると熱分解を起こして材質は劣化していく。また，逆に極端な低温ではもろくなってしまう。よって，プラスチックやゴムなどの製品は常温付近で使用することが望ましい。

4-3 耐久性

塩化ビニル樹脂やメタクリル樹脂のように耐候性に優れるものもあるが，一般にはプラスチックやゴムの耐候性は低い。これは屋外にさらされると熱，紫外線，水，酸素，オゾンなどの作用を受けて，分子構造が化学的に変化し，強さや伸び能力が減少したり変色したりするなどの劣化を起こす。ただし，プラスチックやゴムは，その種類によって違いはあるものの，一般的に耐薬品性に優れる。

図5 塩ビ樹脂の使用例（雨樋）

図6 塩ビ樹脂の使用例（外装材）

図7 塩ビ樹脂の使用例（床シート・壁紙）

5 プラスチックの用途

プラスチックは建築材料としてさまざまなところに用いられているが，ここではプラスチックの種類ごとに代表的な使用例を示す。

5-1 塩化ビニル樹脂

主原料は石油と海水（塩）で，建築材料として最も広く用いられている。使用する可塑剤の量によって，硬質と軟質に分類される。硬質塩化ビニル樹脂は耐久性に優れ，雨樋などの配管材（図5）や外装材（図6）などに用いられる。また，可塑剤量の多いものは軟質となり，図7のような床シートや壁紙などとして用いられる。

5-2 ポリスチレン

ポリスチレンは，スチレンとブタジエンを重合させたもので，これを発泡させたものが発泡スチロールで，図8のように断熱材などに使用される。密度が比較的小さく，耐水性に優れる。

図8 発泡ポリスチレン断熱材

図9 ユリア樹脂を用いたMDF

図10 ウレタンフォームの吹付け工事

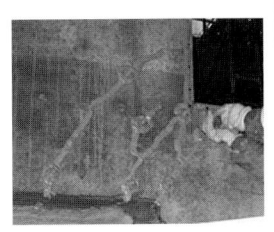

図11 エポキシ樹脂系接着剤による外壁ひび割れ補修の例

5-3 メタクリル樹脂

メタクリル樹脂は，アクリル樹脂ともいう。軽いわりに強度が大きく，透明度もよく，ガラスの代用として採光板に用いられることが多い。ガラスよりも大型で曲面状に加工できるのが長所であるが，100℃程度で変形する短所もある。成形品には平板・波板などの板状製品がある。また，アクリル樹脂は塗料の原料にもなる。

5-4 ポリエチレン

ポリエチレンは製造時の触媒と重合法を変えることで，密度，結晶度，分子量分布などを変化させ，プラスチックとしての性質を広い範囲にわたって調節することができる。低分子量のものは液状で潤滑油として用いられ，高分子量のものは強靭な樹脂となり，工業材料として利用される。ルーフィング，コーティング材，パイプなどに用いられるほか，ポリスチレンと同様に樹脂を発泡させ断熱材として使用される。

5-5 フッ素樹脂

フッ素樹脂は，熱に強く，高度な耐薬品性や耐候性を有し，塗料やコーティング材に使用されることが多い。そのほか，耐候性に優れることから，野球場やサッカースタジアムのドーム，また空港などの大型の膜構造建築の膜材として使用されることがある。なお，一般にテフロンという用語が使われるが，これはフッ素樹脂を原料とした商品名の1つである。

5-6 フェノール樹脂

フェノール樹脂は，セルロイドに次いで歴史が古く，プラスチックの草分けといえる樹脂である。電気絶縁性，耐熱性，成形加工性に優れ，接着剤，化粧合板，塗料に使われる。

5-7 ユリア（尿素）樹脂・メラミン樹脂

両者は，アミノ樹脂の一種で類似の性質をもち，板・塗料・接着剤などに用いられる。両者を配合し接着剤として用い，優れた性質としたものに，耐水合板がある。また，これらの接着剤をバインダーとして木質ファイバーを加圧成形したものにMDF（図9）がある。

5-8 シリコーン樹脂

シリコーン樹脂は，耐熱性・耐候性に優れ，十分な弾性を保つ。有機酸には弱いが他の酸やアルカリには強い。また，接着力も強く，接着剤・塗料などに用いられる。コンクリート外壁の防水仕上げ塗料やシーリング材などに適している。

5-9 ポリウレタン

ポリウレタンには，熱可塑性無発泡性と熱硬化性発泡性のものがある。変形性能がよく，耐薬品性に優れる。発泡体はウレタンフォームと呼ばれ，断熱材として用いられる（図10）。その他，シール材・塗料などにも用いられる。

5-10 エポキシ樹脂

エポキシ樹脂は，接着力が強く，接着剤，成形材料，積層材，塗料，ポリマー

図12　塗膜防水の施工例

コンクリートなどに用いられる。また，金属との接着性，電気絶縁性，耐熱性，機械的性質にも優れ，硬化収縮率が低いため寸法精度に優れており，図11のようなコンクリートのひび割れ補修などにも用いられる。

6 ゴムの用途

　ゴムの建築材料としての代表的な利用方法は，防水材料としての利用である。防水工法にはいくつかあるが，屋根や床等において不透水層の膜を形成し，防水性を確保するメンブレン防水が主流となっている。メンブレン防水には，アスファルト防水，シート防水，塗膜防水，ステンレスシート防水などがある。

　塗膜防水の例を図12に示す。塗膜防水は，コンクリートなどの下地材の上に液状の合成ゴム（ウレタンゴム，アクリルゴム，クロロプレンゴム，シリコーンゴムなど）や合成樹脂エマルションを直接塗布し，その硬化によって防水層を形成する。液状の高分子材料を塗布するため，複雑な形状の場所でも容易な施工が可能であり，ゴムの性質を活かした利用方法といえ，接合部の欠損の心配がなく，塗膜面への着色仕上げも可能である。シート防水に用いる合成高分子系ルーフィングシートの種類を表5に示すが，その多くがゴムを原料にしている。

　また，建築仕上げ材の取付け部分，接合目地部分，窓枠取付け周辺，ガラスはめ込み部などの隙間を気密・水密にする目的でさまざまなシール材が用いられる。シール材は，ガラスパテ，コーキング材，シーリング材に分類されるが，目地部分に，合成ゴム系・合成樹脂系のシール材を充填し，目地部分の水密性・

表5　合成高分子系ルーフィングシートの種類

種類		主原料
均質シート	加硫ゴム系	ブチルゴム，エチレンプロピレンゴム，クロロスルホン化ポリエチレンなど
	非加硫ゴム系	ブチルゴム，エチレンプロピレンゴム，クロロスルホン化ポリエチレンなど
	熱可塑性エラストマー系	ポリオレフィン系など
	塩化ビニル樹脂系	塩化ビニル樹脂，塩化ビニル共重合体など
	エチレン酢酸ビニル樹脂系	エチレン酢酸ビニル共重合体など
複合シート 一般複合タイプ	加硫ゴム系	ブチルゴム，エチレンプロピレンゴム，クロロスルホン化ポリエチレンなど
	非加硫ゴム系	ブチルゴム，エチレンプロピレンゴム，クロロスルホン化ポリエチレンなど
	熱可塑性エラストマー系	ポリオレフィン系など
	塩化ビニル樹脂系	塩化ビニル樹脂，塩化ビニル共重合体など
	エチレン酢酸ビニル樹脂系	エチレン酢酸ビニル共重合体など
複合シート 補強複合タイプ		塩化ビニル樹脂，塩化ビニル共重合体，塩素化ポリエチレン，クロロスルホン化ポリエチレン，エチレンプロピレンゴム，ポリオレフィン系，アクリル系など

表6 シーリング材の種類と特性

シーリング材の種類		復元性	充填後の収縮	耐久性		接着性		
				耐疲労性	耐候性	コンクリート	金属	ガラス
2成分形	シリコーン系	◎	○	◎	◎	○	○	◎
	変成シリコーン系	◎~○	○	◎~○	◎~○	○	○	×
	ポリサルファイド系	○	○	◎	◎	○	○	○
	アクリルウレタン系	◎~○	○	◎~○	◎~○	○	○	×
	ポリウレタン系	○	○	◎~○	◎~○	○	○	×
1成分形	シリコーン系	◎	○	◎	◎	○	○	◎
	変成シリコーン系	◎~○	○	○	◎~○	○	○	○
	ポリサルファイド系	○	○	○	◎~○	○	○	○
	ポリウレタン系	○	○	○	○	○	○	×
	アクリル系・SBR系	△	×	△	○~△	○	○	—
	ブチルゴム系	△	×	△	○~△	○	○	—
	油性コーキング材	×	×	×	△	△	○	—

気密性などを確保することをシーリング防水という。

シーリング材の種類とその特性を**表6**に示す。シーリング材には，水密性・気密性のほか，目地の動きに対する変形追従性・復元性，耐久性（温度・水分・紫外線）などが要求され，ゴムを主原料としているものが多い。

7 接着剤

一般に接着剤は，合成樹脂や合成ゴムから成る主結合材に，可塑剤，溶剤，充填材などを加えて製造される。そのほか，天然の原料から成る接着剤もある。

接着剤は種類によって性質が異なるため，紙・布・木材・金属・コンクリートなどの被着材（接着される材料）の種類や用途に求められる性能を考慮して適切に選択することが重要である。JISでは，個々の建築材料の種類に適した接着剤の品質を規定しており，建築用接着剤のJIS一覧を**表7**に示す。

接着剤の種類ごとの特徴は次のとおりである。

表7 建築用接着剤のJIS一覧

JIS A 5536	床仕上げ材用接着剤
JIS A 5537	木れんが用接着剤
JIS A 5538	壁・天井ボード用接着剤
JIS A 5547	発泡プラスチック保温板用接着剤
JIS A 5548	陶磁器質タイル用接着剤
JIS A 5549	造作用接着剤
JIS A 5550	床根太用接着剤
JIS A 5557	外装タイル張り用有機系接着剤
JIS A 6922	壁紙施工用及び建具用でん粉系接着剤
JIS K 6804	酢酸ビニル樹脂エマルション木材接着剤
JIS K 6806	水性高分子―イソシアネート系木材接着剤

合成樹脂系接着剤
- 熱可塑性
  - 酢酸ビニル系接着剤
  - アクリル樹脂系接着剤
  - シアノアクリレート接着剤
- 熱硬化性
  - フェノール樹脂系接着剤
  - ユリア樹脂系接着剤
  - メラミン樹脂系接着剤
  - レゾルシノール樹脂系接着剤
  - ポリエステル系接着剤
  - エポキシ樹脂系接着剤

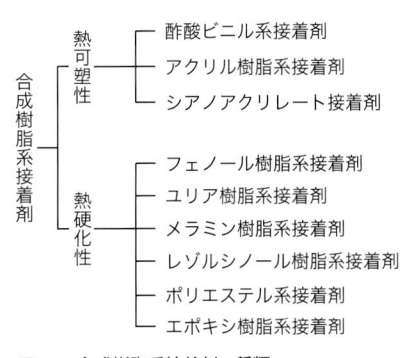

図13 合成樹脂系接着剤の種類

7-1　天然高分子系接着剤

　天然系接着剤は，動物質接着剤と植物質接着剤に分けることができる。前者には，獣の皮・筋肉または骨を原料とする獣ニカワ，牛乳を原料とするカゼインニカワなどがあり，後者には，大豆ニカワがある。一般に，天然系接着剤は，接着力や耐水性に劣り，その品質は安定しないため，近年，建築用途に使われることは少ない。

7-2　合成樹脂系接着剤

　合成樹脂系接着剤は，一般に接着力に富み，安定性・耐薬品性・耐熱性・耐水性などを有しており，建築用として優れた接着剤である。**図13**のような種類があり，使用に適した被着材や部位が異なる。主な合成樹脂系接着剤の特徴は以下のとおりである。

(1) 酢酸ビニル樹脂系接着剤

　酢酸ビニル樹脂系接着剤は，安価で良好な作業性をもつが，耐水性・耐候性・耐熱性などはあまり優れず，屋外使用には適さない。*溶剤形と*エマルション形とがあり，溶剤形は，初期接着力が比較的強く，木工用，ガラス・金属・発泡系断熱材などの接着剤として用いられる。エマルション形は展性がよく，均質に接着剤を塗布できることから，床タイルや天井・壁などのボード類を接着するのに用いられる。

(2) アクリル樹脂系接着剤

　アクリル樹脂系接着剤は，ポリアクリル酸エステルまたはポリメタクリル酸エステルを主成分とするもので，エマルション形と溶剤形の2種類がある。接着力が強い，可塑性が大きい，耐候性に優れるといった特徴がある。皮革・繊維・ゴムなどの接着に適しており，ビニル系の床タイルやシートなどの接着剤としても用いられる。

(3) シアノアクリレート系接着剤

　シアノアクリレート系接着剤は，「瞬間接着剤」とも呼ばれるもので，シアノアクリレートモノマーを主成分とした強固な接着力を発現する接着剤である。被着体の表面の微量な水分と接触し，瞬間的に硬化するため，迅速な作業を要する場合には効果を発揮するが，耐水性はあまりよくない。

(4) エポキシ樹脂系接着剤

　エポキシ樹脂系接着剤は，主成分であるエポキシ樹脂にポリアミン・ポリアミドなどの硬化剤を加え，その化学反応によって硬化する2成分形接着剤で，耐薬品性・耐熱性・耐水性などに優れる。エポキシ樹脂系接着剤は，金属・ガラス・陶磁器・コンクリート・木材・プラスチックなど，適用できる被着材が多いのが特徴である。

7-3　合成ゴム系接着剤

　合成ゴムを主結合材とする接着剤で，接着にあたり加熱を必要としない。代表的な建築用途の合成ゴムは以下のとおりである。

---

*溶剤形（ようざいけい）
水分ではなく，有機溶剤などで樹脂を溶かすもの。

*エマルション形
液体中に他の液体が微粒となって存在しているもの。たとえば，牛乳は，水分中に油が微粒となって分散しているエマルション形の1つ。

(1) クロロプレン系合成ゴム接着剤

クロロプレンを主成分とし，粘着性を付与するために樹脂等を加えて有機溶剤に溶解したもので，建築用途では，主に合板等の木質材相互の接着，または木質材とコンクリートの接着などに使用される。使用法は通常の接着剤と異なり，接着対象物の両方に塗布し，ある程度乾燥が進んで，塗布した接着剤の凝集力が増した時点で張り合わせる。張合せと同時に強力な接着強さが発現する反面，張直しが不可能である。

(2) ニトリルゴム系合成ゴム接着剤

ニトリルゴム系合成ゴム接着剤の特徴は，耐油性に優れる点である。たとえば可塑剤（油成分）を含むプラスチック製品の接着では，可塑剤が合成ゴムの分子内に浸透・移行し，接着後の接着力を大きく低下させる現象が起こるが，ニトリルゴム系合成ゴムを使用した接着剤は，この減少が起こりにくく，長期にわたり良好な接着力を保持する。そのため，軟質系のビニルシートの接着などに適している。

(3) SBR（スチレンブタジエンゴム）系合成ゴム接着剤

SBR系合成ゴム接着剤は，溶剤の選択性が広いなど，取扱いが容易であることから広く普及している。一般的な接着用途のほか，特異な用途として，透明性を利用したシール材等がある。また，類似のものにSBR系ラテックス型合成ゴム接着剤がある。これは，性能のバランスがよく，取扱いが容易であり，水系であるため引火等の心配がなく，安価である。最近では，有害化学物質の含有量が少ないため，環境安全面の見地からも見直されつつある。特に，床の仕上げ材の接着に大量に使用されている。

7–4　接着剤とシックハウス症候群

(1) シックハウス症候群

シックハウス症候群とは，室内空気汚染に由来するさまざまな健康障害のことである。症状は，目のかゆみ・痛みや頭痛，アトピー性皮膚炎，アレルギー疾患，化学物質過敏症など幅広く現れ，個人差も大きい。シックハウス症候群の原因としては，空気中に放散される揮発性有機化合物（VOC）が増加したことや，住宅の高気密・高断熱化が進んで換気が不十分となったことなどが挙げられる。

表8　ホルムアルデヒドに関する規制（建築材料の区分）

ホルムアルデヒドの発散量	告示で定める建築材料		大臣認定を受けた建築材料	内装の仕上げの制限
	名称	対応する規格		
0.12mg/m²h 超	第1種ホルムアルデヒド発散建築材料	JIS，JASのF☆ 旧E2，FC2相当，無等級		使用禁止
0.02mg/m²h 超 0.12mg/m²h 以下	第2種ホルムアルデヒド発散建築材料	JIS，JASのF☆☆	第20条の5第2項の認定（第2種ホルムアルデヒド発散建築材料とみなす）	使用面積を制限
0.005mg/m²h 超 0.02mg/m²h 以下	第3種ホルムアルデヒド発散建築材料	JIS，JASのF☆☆☆	第20条の5第3項の認定（第3種ホルムアルデヒド発散建築材料とみなす）	
0.005mg/m²h 以下		JIS，JASのF☆☆☆☆	第20条の5第4項の認定	制限なし

（2）揮発性有機化合物（VOC：Volatile Organic Compound）

揮発性有機化合物とは，住宅に用いられる建築材料，家具などから空気中に放散される揮発性のある物質のことである。特に，接着剤や塗料に含まれていることが多く，代表的なものに，ホルムアルデヒドやトルエンなどがある。

建築基準法では，合板や集成材をはじめとした接着剤を使用する木質系建材，壁紙，保温材・断熱材，塗料・仕上げ塗材，接着剤などをホルムアルデヒド発散建築材料として指定し，表8の区分に従って内装の仕上げを制限している。

8 塗料

塗料は，素地となる材料の表面に塗り，時間の経過によって乾燥し，表面に固着し皮膜を形成するもので，表面保護（錆止め，虫害・腐食防止），美観の付与（色彩調整，仕上げ装飾等）および機能の付与（防火性，防湿性，電磁波吸収等）を目的に使用される。

塗料の構成要素を図14に示す。塗料は，塗膜形成要素と塗膜形成助要素から構成される。塗膜の主体となる成分（油・樹脂）である塗膜形成主要素と不溶性粉末である顔料に種々の添加剤を加えることで，各種の性能をもつ塗料をつくることができる。また，塗膜形成助要素は，樹脂や油を溶かすためのもので，塗膜にならないものである。

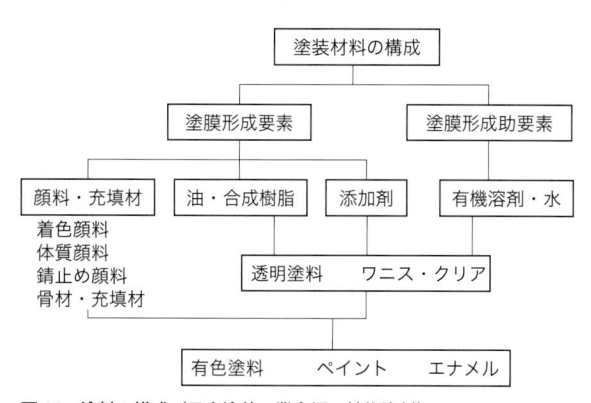

図14 塗料の構成（日本塗装工業会編：技術資料）

8-1 塗料の種類と特徴

（1）油性ペイント

油性ペイントは，動・植物油などの油脂を塗膜形成主要素とし，これに着色顔料および体質顔料を練り合わせたものである。以前は，現場で練り合わせたものが使用されていたが，最近は，工場であらかじめ調合され，現場で塗るだけでよい油性調合ペイントが使われている。油性ペイントは，着色効果があるものの，光沢が少なく，乾燥が遅いのが特徴である。

（2）合成樹脂ペイント

合成樹脂ペイントは，アクリル，エポキシ，ポリウレタン，フッ素，塩化ビニルなどの合成樹脂を塗膜形成主要素とし，有機溶剤を用いるもので，最もよく用いられている。油性ペイントに比べて，耐アルカリ性・耐酸性・耐久性などに優れ，錆止め塗料，防水塗料，外装用塗料など用途が幅広い。

（3）合成樹脂エマルションペイント

合成樹脂エマルションペイント（水性ペイントともいう）は，合成樹脂を顔料とともに水に分散させた水溶性のものである。化学物質が揮発する有機溶剤を使用しないため，近年利用が増えている。セメント系や木質系下地によくなじむが，光沢が少なく，冬季には凍結するなどの欠点もある。

(4) 特殊な塗料

錆止めペイントは，鋼材の防錆を目的とした下塗塗料で，ボイル油を塗膜形成主要素とし，顔料に鉛丹やジンクロロメートを用いた油性ペイントである。錆止め効果のほかに耐候性や耐水性もある。

エナメルペイントは，油ワニスと着色顔料を練り合わせた塗料で，乾燥が速く，きわめて光沢があり，色調が鮮明である。中でも，顔料にアルミニウム微粉末を混合し，光線・熱線の反射，耐熱，防水などの機能を付与したアルミニウムペイントは，構造材，パイプ，屋外設備用の塗料としてよく用いられる。

防火塗料は，大別すると，塩化ビニリデンエマルション中にアンモニウムなどの薬剤を入れるなどし，火災時に温度が上がると発泡し，断熱によって可燃物への熱の移動を遮断するタイプと，酸化アンチモンや塩素を組み合わせることで，熱が上がると液状溶融物を生成し，酸素を遮断するタイプの2種類がある。

9 仕上げ塗材

仕上げ塗材とは，セメントや合成樹脂などの結合材，顔料，骨材などを主原料として，立体的な造形をもつ模様にした仕上げ材料である。仕上げ塗材は，主に建築物の内外壁や天井に下地の保護や室内の美観を保つことを目的に用いられ，吹付け，ローラー塗り，コテ塗りなどによって仕上げられる。

9-1 仕上げ塗材の種類と特徴

仕上げ塗材は，用いる材料の種類，仕上がりパターンなどによって，豊富な種類がある。JIS A 6909 では，仕上げ塗材を形態と材料によって，「薄付け仕上塗材」，「厚付け仕上塗材」，「軽量骨材仕上塗材」，「複層仕上塗材」および「可とう形改修用仕上塗材」に分類している。また，吸放湿性，防水性，耐候性など，性能によっても仕上げ塗材が分類されている。

図15は，仕上げ塗材の仕上がりパターンの例であり，代表的な仕上げ塗材の特徴を表9に示す。

(小山明男)

参考文献
1) 笠井芳夫・大濱嘉彦ほか『新版建築材料学』理工図書，2000

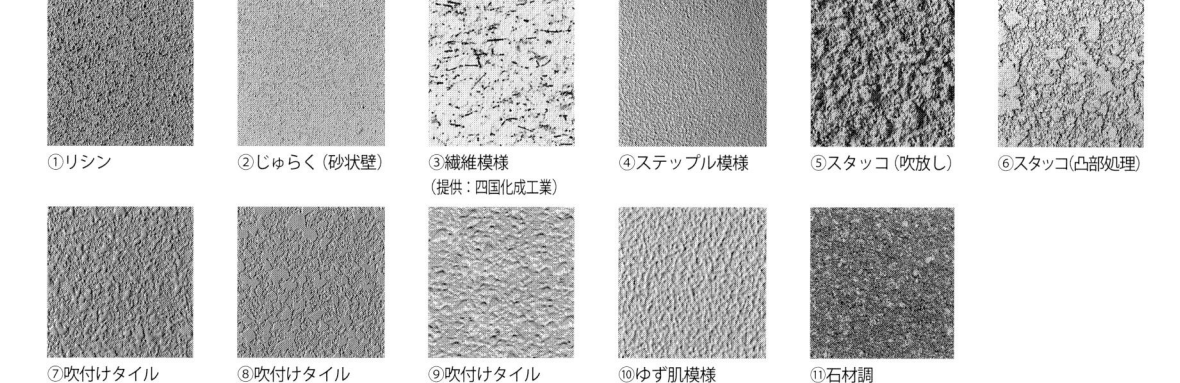

①リシン　②じゅらく（砂状壁）　③繊維模様（提供：四国化成工業）　④ステップル模様　⑤スタッコ（吹放し）　⑥スタッコ（凸部処理）
⑦吹付けタイル（凹凸模様）　⑧吹付けタイル（凸部処理）　⑨吹付けタイル（クレーター状）　⑩ゆず肌模様　⑪石材調

図15　建築仕上げ塗材のテクスチャー（提供：エスケー化研）

表9 仕上げ塗材の代表的な意匠

分類	通称	塗装作業	特徴	耐久性※
薄塗材	①リシン〔砂壁状〕	吹付けまたは、ローラー	・塗り厚は3mm程度以下 ・水蒸気透過性がある ・経済的で，最も汎用的に使用されている ・構成するビヒクルの種類では，アクリル樹脂系（E），ケイ酸質系（Si），溶液系（S），セメント系（C）が代表的 ・硬質タイプと弾性タイプがある	D
	②じゅらく〔砂壁状〕	吹付けまたは、ローラー	・京壁風の落ち着いた仕上がり ・塗り厚は1mm以下。内装専用	E
	③繊維模様	コテ	・水溶性樹脂系で構成されるため，水に弱い。内装専用	E
	④ローラータイル模様	ローラー	・塗り厚は3mm程度以下 ・主材着色のため，表面に傷が入っても目立たない ・塗膜に弾性があり，優れた防水性を示す ・ローラー施工で飛散が少ない	C
厚塗材	⑤スタッコ〔吹放し〕	吹付け	・塗り厚は4〜10mm程度 ・重厚感のある仕上げを提供 ・構成するビヒクルの種類では，アクリル樹脂系（E），ケイ酸質系（Si），セメント系（C）が代表的 ・硬質タイプと弾性タイプがある	C
	⑥スタッコ〔凸部処理〕	吹付け＋ローラー		
複層塗材／薄塗材	⑦吹付けタイル〔凹凸模様〕	吹付け	・塗り厚は3〜5mm程度 ・下塗材＋主材＋上塗材の3層で構成される ・耐久性能は上塗材の種類による ・構成するビヒクルの種類では，アクリル樹脂系（E），ポリマーセメント系（CE），ケイ酸質系（Si），反応硬化形合成樹脂エマルション系（RE），合成樹脂溶液系（RS）が代表的 ・硬質タイプと弾性タイプがある	C〜A
	⑧吹付けタイル〔凸部処理〕	吹付け＋ローラー		
	⑨吹付けタイル〔クレーター状〕	吹付け		
	⑩ゆず肌模様	ローラー		
その他	⑪石材調	吹付け（＋コテ）	・塗り厚は3〜5mm程度 ・自然石調の豪華な仕上げ ・自然石と比べ，下地に負担がかからず，リフォームにも最適 ・一段目地，二段目地の豪華な石積み模様仕上げができる	C〜A

※ 高耐久性　A＞B＞C＞D＞E　低耐久性

COLUMN

化学結合と結晶構造

　建築材料には，金属，木材，プラスチック，コンクリートなどさまざまなものがあるが，物質は，分子や結晶を形成する原子同士，またはイオン同士の結びつきによって化学的に結合している。

　化学結合は，共有結合，イオン結合，金属結合に分類され，そのほかにも分子同士の間に働く弱い引力によるファンデルワールス（van der Waals）結合や水素原子を介して弱く結びつく水素結合がある。結合の種類によって物質の性質は大きく異なる。

　また，物質をつくる原子，イオン，分子などの粒子が規則的に配列した状態は結晶と呼ばれる。結晶構造は，その配列の単位の立体（単位格子）で表現される。物質には，アスファルトやプラスチックのように明確な結晶構造をとらないものもある一方，同じ金属結合でも，物質が異なれば，体心立方，面心立方，稠密立方など異なる結晶構造をもっている。建築材料の性質は，化学結合や結晶構造の種類によって特徴づけられている。
　　　　　　　　　　　　　　　　　　　　（小山）

	イオン結合	共有結合	金属結合	ファンデルワースル結合
強さ	強い	強い	さまざま	弱い
融点	高い	高い	さまざま	低い
電気伝導性	悪いものが多い	悪い	良い	悪い
密度	中程度	低い	高い	高い

索引

ア行

赤れんが　104
アスファルト防水　168
圧延　35, 50
圧着張り　110
アノード　39
網入り板ガラス　115
荒壁土　73
アルカリ骨材反応　85
合せガラス　115
イオン化傾向　58
維管束　149, 154
イギリス積み　99, 104
石張り工法　66
板目　133
引火　165
引火点　165
インシュレーションボード　145, 147
裏足　108
AE 減水剤　79
AE 剤　79
ALC　87
SSG 構法　119
エポキシ樹脂　167
MDF　145, 147, 148
LVL　146
塩害　84
塩化ビニル樹脂　166
応力　10
応力ひずみ曲線　82
応力腐食割れ　44
OSB　147, 148
押出し　50, 93
押出し加工　50
押出し成形　98, 106
押出し成形法　93
押出し法　164

カ行

カーボン・ニュートラル　126
外装材　7
外装タイル　106, 108,
改良圧着張り　110
改良積上げ張り　110
化学結合　174
化学混和剤　78
花崗岩　62, 63, 65

ガスケット構法　118
火成岩　62
カソード　39
型板ガラス　115
形鋼　40
紙漉き　157, 158
カヤ　6
ガラススクリーン構法　120
ガラス繊維　92
ガラス転移　166
ガラスブロック　115, 116
還元　34
還元焼成　98, 107
乾式工法　62, 66, 67, 111
乾式成形　98
乾式製法　106
含水率　136
乾燥収縮　10, 73, 83, 89, 135
機械等級　132
犠牲防食　41, 58
擬石　64, 65
木取り　133
機能材　11
揮発性有機化合物（VOC）　74, 171
吸水率　10
強化ガラス　115
凝結　82
凝結遅延剤　79, 82
強度　10
空隙　76
空隙構造　158
クリープ　10
グリフィス・フロー　117
ケイ酸塩鉱物　97
ケイ酸カルシウム水和物　88
ケイ酸カルシウム板　91
ケイ酸系酸化物　70
珪藻土　74
結晶構造　37, 42, 68, 120, 174
減水剤　79
建築用れんが　98, 99
硬化促進剤　79, 82
合金　30, 41, 48, 54
合成ゴム　162
合成ゴム系接着剤　170
合成樹脂系接着剤　170
高性能 AE 減水剤　79
高性能減水剤　79
構造材　7, 11

高耐候性鋼　33
高張力鋼　33
鋼板　41
合板　7, 141, 143, 146, 148
降伏　37, 42, 44, 51
広葉樹　8, 130
高炉　34
高炉スラグ微粉末　78
コールドジョイント　82
小たたき　65
骨材　7, 79
小舞竹　156
小舞壁　70, 72, 73
ゴム　162, 168
コンシステンシー　81
混和材　78
混和剤　78
混和材料　78

サ行

再資源化　123
再利用　74
材料分離　80, 81
砂岩　62, 63
酸化焼成　98, 107
酸化皮膜　46, 51
産業副産物　34
残留応力　35
仕上げ材　11
仕上げ塗材　173
GRC　92
シート防水　168
シーリング材　169
ジェットバーナー　65
紫外線　100, 126
磁器質　108, 109
仕口　139
資源循環　7
JIS　39, 101
下地材　7, 11
漆喰　156
シックハウス症候群　171
湿式工法　66, 67
湿式成形　98
湿式製法　106
収縮　72, 133, 135
集成材　142, 145, 147
準不燃材料　92, 93

障子　157, 158
消石灰（Ca(OH)$_2$）　124
抄造法　93
小片　146
シリカフューム　78
シリコーン樹脂　167
シロアリ　137
心材　135
針葉樹　8, 130
水酸化カルシウム（Ca(OH)$_2$）　78, 84, 126
数寄屋造　69, 154, 156
スケーリング　85
スサ　73, 125
ステンレスシート防水　168
スライド構法　89
スライド方式　95
スラグ　91
スラグ石膏ボード　91
スランプ　81, 85
すり板ガラス　115
スレート　90, 93, 94, 102
製材　133
脆性破壊　60
生石灰　87, 125
精錬　49
石綿　90, 96
石灰　6, 77
石灰岩　62, 63
石灰石　33, 76, 77, 114, 125, 126
せっ器質　108, 109
石膏　6, 77, 91, 121
石膏ボード　74, 123, 158
接着剤張り工法　111
接着剤　142, 148, 169
セメント　11, 77, 101
セメント瓦　102
施釉　106, 107
セラミックブロック　98, 99
セルロース　134
背割り　136
繊維板　145, 147
繊維飽和点　135, 136
線膨張率　10, 38, 41, 44, 45, 57, 83, 114

タ行

耐火ガラス　115
耐火鋼　33
ダイカスト　50
耐火被覆　91, 96
耐食性　44, 51, 53, 54, 55, 56, 57
堆積岩　62
耐凍害性　107
大理石　62, 63, 64
タイルシート法　112
タイル単体法　111
ダイレクトスプレー法　94
竹小舞　154
たたき　65
畳　151
畳表　152
畳床　152
単位構造　71
炭酸化　124
弾性係数　10, 36
炭素鋼　32
断熱性　52, 89
単板　142, 146
単板集成材　146
地殻　7, 60, 70
チップ　142
着火点　10, 138
虫害　137
中性化　84
調湿　74, 158
調湿性　123
着火点　10
継手　139
土壁　69
DPG 構法　119
テクスチャー　66
テラコッタ　107
テラゾ　64, 65, 66
転位　37, 42
電気炉　34, 35
天然高分子系接着剤　170
天然ゴム　162
凍害　85
透過損失　10
陶器質　108
都市鉱山　7
塗膜防水　168
塗料　39
塗料　172

ナ行

内装材　7
内装タイル　106, 108
ナイロン　161
熱間加工　35
難燃材料　93
二酸化炭素　52, 84, 125, 126
日本工業規格（JIS）　39
尿素樹脂　167
熱可塑性樹脂　162
熱硬化性樹脂　162
熱線吸収ガラス　115, 118,
熱線反射ガラス　115, 118, 119
熱伝達率　10
熱伝導率　10, 38, 44, 45, 51, 55, 57, 89,
熱割れ　118
粘土　70, 77, 101
粘土瓦　101, 102
年輪　135
のみ切り　65
ノリ　73, 125

ハ行

パーティクルボード　144, 146
ハードボード　145, 147
爆裂　84
蜂の巣構造　71
発火　165
発火点　138, 165
パネル工法　111
反射率　10, 51, 68
PSL　146
PC 鋼材　41
光触媒　56, 57
挽き板　142, 143, 145
比強度　51
びしゃん　65
ひずみ　10
引掛け工法　111
引掛け桟瓦　103
比抵抗　44, 45
ビニロン　153
ひび割れ　72, 84, 85, 126
ヒラタキクイムシ　137
干割れ　133
ファイバー　142, 145
VOC　74, 171

フィンガージョイント　145
風化　137
フェノール樹脂　161, 167
腐朽　10, 137
腐朽菌　148
複層ガラス　115, 118
腐食　10, 30, 38, 41, 44, 46, 78, 84, 126
ふすま　157, 158
普通れんが　98
フッ素樹脂　167
不動態皮膜　39, 41, 44, 46, 84
不燃材料　93
フライアッシュ　78
フランス積み　99, 104
プリズムガラス　115
プレカット　134
プレス成形法　94
フレッシュコンクリート　80
フロート板ガラス　115, 118
フロート法　114
ヘミセルロース　134
辺材　135
変成岩　62
ポアソン比　83
防火材料　121, 168
棒鋼　41
防水工法　168
膨張材　78
ポリウレタン　167
ポリエステル　161
ポリエチレン　167
ポリスチレン　152, 153, 166
ポリプロピレン　153
ボルト止め構法　89
ポルトランドセメント　75, 76, 77, 87
本磨き　64

マ行

マイクロクラック　92
柾目　133
マスク張り　110
摩天楼　86
摩耗　10
丸太組構法　139
密着張り　110
ムーブメント　112
無機材料　8

無等級　132
目地　99, 104, 112
目地ます法　112
メタクリル樹脂　167
めっき　41, 57, 58
メラミン樹脂　167
メンブレン防水　168
綿毛構造　71
燃えしろ設計　140
燃え止まり　140
木材チップ　160
木材パルプ　158, 159
木質プレハブ工法　139
目視等級　132
木繊維　92
木造軸組構法　138
木片　92
木片セメント板　92
木毛セメント板　92
モザイクタイル　106
モザイクタイル張り　110
モデュール　104

ヤ行

役物　108, 109
有機材料　8
床タイル　106, 109
ユリア樹脂　167
窯業系サイディング　91
洋紙　158, 159

ラ行

リグニン　134
リサイクル　33, 34, 47, 49, 51, 55, 86, 90, 147
流動性　79, 80
両性金属　51
冷間加工　35
0.1％オフセット耐力　44
0.2％耐力　36, 41, 51
レディーミクストコンクリート工場　85
ロッキング構法　89
ロッキング方式　95

ワ行

ワーカービリティ　80
枠組壁工法　139
和紙　158
割り肌　65

【著者略歴】

野口貴文（のぐち・たかふみ）
1961年　岡山生まれ
1987年　東京大学　大学院工学系研究科建築学専攻修士課程修了
東京大学助手，同准教授を経て，
現在，東京大学教授　博士（工学）

今本啓一（いまもと・けいいち）
1966年　米国カリフォルニア州生まれ
1992年　東京理科大学　大学院工学研究科建築学専攻修士課程修了
東急建設，足利工業大学講師，同准教授，東京理科大学准教授を経て，
現在，東京理科大学教授　博士（工学）

兼松　学（かねまつ・まなぶ）
1972年　大阪生まれ
1998年　東京大学　大学院工学系研究科建築学専攻修士課程修了
東京大学助手，東京理科大学講師，同准教授を経て，
現在，東京理科大学教授　博士（工学）

小山明男（こやま・あきお）
1968年　埼玉生まれ
1994年　明治大学　大学院工学研究科建築学専攻博士前期課程修了
東京都立大学助手，明治大学講師，同准教授を経て，
現在，明治大学教授　博士（工学）

田村雅紀（たむら・まさき）
1973年　岐阜生まれ
1998年　東京大学　大学院工学系研究科建築学専攻修士課程修了
首都大学東京助教，工学院大学准教授を経て，
現在，工学院大学教授　博士（工学）

馬場英実（ばば・ひでみ）
1975年　東京生まれ
2002年　東京大学　大学院工学系研究科建築学専攻修士課程修了
隈研吾建築都市設計事務所を経て，
現在，KLOP主宰

ベーシック　建築材料
2010年　4月10日　第1版　発行
2023年　7月10日　第1版　第12刷

著　者	野口貴文・今本啓一・兼松　学 小山明男・田村雅紀・馬場英実	
発行者	下　出　雅　徳	
発行所	株式会社　彰　国　社	

著作権者との協定により検印省略

自然科学書協会会員
工学書協会会員

Printed in Japan

© 野口貴文（代表）　2010年

162-0067　東京都新宿区富久町8-21
電話　03-3359-3231（大代表）
振替口座　00160-2-173401

印刷：三美印刷　製本：誠幸堂

ISBN 978-4-395-00883-4　C3052　https://www.shokokusha.co.jp

本書の内容の一部あるいは全部を，無断で複写（コピー），複製，および磁気または光記録媒体等への入力を禁止します．許諾については小社あてご照会ください．